제2판

정책학

맥락으로 정책 이해하기

박치성

박영사

"모든 견고한 것은 공기 속으로 녹아버린다
(All that is solid melts into air)"

- Karl Marx, Communist Manifesto

약 170년 전 마르크스에 의해 제시된 현대사회에 대한 통찰은 매우 놀랍다. 소위 포스트모더니즘(post modernism) 사회의 모습을 그 누구보다도 앞서 통찰해 낸 것이다. 21세기를 살고 있는 사람으로서 우리는 20세기와는 다른 시각을 견지하고 살아가야 하고, 정책학 역시 이러한 새로운 시대의 흐름에 기여하는 학문이 되어야 한다고 생각한다.

우리가 사는 세계는 계속 쉼 없이 변화하고 있으며, 완벽한 진리로 여겨지는 것은 그 무엇도 없는 세상이다. 이러한 변화의 소용돌이 속에서 무엇을 어떻게 붙잡고 살아가야 인간의 존엄성이 더 소중하게 여겨지는 사회로 나아갈 수 있을까?

이 책(제2판)은 위의 질문에 대한 고민의 여행 경로 궤적(진행 중)으로서 2019년 발행되었던 책의 내용을 보다 체계적으로 구성하는 데 초점을 두었다. 1판을 작성할 당시(2016~18년)에는 이명박, 박근혜 전 대통령의 정책이 내용에 많은 영향을 미쳤다는 것이 새삼 보인다. 5년이라는 시간이 흐른 현시점에 있어 당시보다 대한민국의 정책과정이더 민주화되었는지에 대한 고민과 걱정이 되면서, 개정판 작업에 있어 정책 의사소통 및 정책의 민주화를 위한 기본조건과 관련된 내용에 더 많은 의미부여를 하려 노력하였다.

정책은 변화하는 사회의 모습을 반영하여야 하는데, 이를 위해서는 정책이 처한 사회·문화·역사적 맥락을 명확하게 이해하는 것이필요하다. 개정판은 이를 위한 방법으로서 후기실증주의의 사회적실재(social reality), 그리고 후기구조주의의 주요 시각인 차이라는 키워드를 가지고 민주적 정책 수립의 기초가 될 수 있는 이항대립 탈구축 접근을 반영하려 노력하였다.

진보적 방향(변화)을 담보하는 사회문제 해결책 고안을 위해서 '정책문제 및 해결책의 민주적 합의'가 무엇보다 중요하다고 생각한다. 정책학은 이를 위한 학문적 노력이라는 점에서 이 책이 '정책문제 및 해결책의 민주적 합의'에 대한 고민을 하는 데 일조하기를 기원한다.

마지막으로 1판에서도 내용상 상당한 오류가 있었음에도 개정판에서 이를 모두 수정하지 못하였다는 양해의 말씀을 드린다. 이는 모두 저자의 책임이며, 앞으로 기회가 있다면 조금씩 수정 발전시키려 노력하겠다는 약속을 드린다.

2024년 6월

저 자

서 문

정책학이라는 것을 제대로 배우기 시작한지 20년이 조금 안 된다. 이 기간 동안 과연 내가 제대로 정책학을 이해하고 있는가에 대한 질문을 하여왔는데, 이에 대하여 아직도 자신 있게 대답을 하지 못하고 있으면서, 이렇게 덜컥 정책학에 대한 책을 쓰게 되어 버렸다. 우선 이 책의 내용에 대하여 변명을 하자면, 독자들께서는 지금까지 저자가 이해하는 바대로 정책학이 무엇일까에 대한 중간 정리쯤 된다고 보시길 바란다.

정책학은 학문으로서 그 존재이유가 명확해야 한다. 저자가 생각하기에 정책학은 우리 사회가 사람살기 더 좋은 사회로 진보하는데 실천적·비판적으로 기여한다는 점에서 그 존재이유가 있다고 생각한다.

정책이 우리 사회, 더 정확히는 시민들의 손에서 유리되는 순간 사회의 민주화는 더 어려워진다. 사회현상인 정책을 학문적으로만 접근할 때 정책학은 소위 책상물림들의 지적 유희가 되어버리기 쉽다. 이러한 측면에서 정책학이라는 학문이 지금까지 시민들로 구성된 시민사회와 엘리트로 구성된 정부 간 관계를 더 소원하게 만들었는지에 대한 반성이 필요하다.

이 글을 지금 읽고 있다면, 최소한 정부 정책에 대하여 상당한 관심이 있는 사람일 것이다. 정책이란 정부가 사회문제를 해결하기 위해서 수행하는 여러 가지 활동들에 관련된 이야기이다. 정책을 이야기 구조로서 이해하면, 정책은 재미없는 학문분야라기보다 소설보다 더 소설 같은 재미있는 이야기로 보일 수 있고, 더 이상 정부 또는 엘리트의 전유물이 아닌 우리들의 삶의 이야기로 될 수 있을 것이다.

본 글은 좁게는 대학교에 처음 들어와 사회과학을 전공으로 하는 학생들을 대상으로, 그리고 더 넓게는 일반인들이 정책이라는 것에 대하여 조금 더 쉽게 접근하여, 정책과 친숙하게 하여, 정책에 대한 이해가 우리가 같이 살아나가는데 어떻게 일조할 수 있을까라는 마음에서 쓰여진 것이다. 그러나 일차적으로는 사회과학(특히 행정/정책학) 공부를 시작하는 학생들을 대상으로 하는 책이기에, 상당히 재미없고 딱딱한 내용들로 채워지게 되어 마음이 무거울 따름이다.

이 책을 읽으면서 정책이 어려운 달나라 이야기가 아니라는 것을 이해하길 바라면서 이 글을 집필하였다. 우리의 삶에 직접적으로 연관된 문제를 해결하는 과정을 학문적으로 포장하여 정책이야기를 만들고, 동시에 사회의 진보에 도움이 될 수 있는 지식을 생산할 때 정책학의 역할이 충족될 것이다.

정책이야기에서 주인공은 정부가 아니라 한 명, 한 명 우리 국민 (이 글을 지금 읽고 있는 여러분!)이 주인공이라는 것을 생각하길 바란다. 이야기 의 주인공으로서, 정책문제 해결에 있어 정부가 먼저 우리에게 다가 와서 친절하게 설명하기를 기대하지 말자. 우리가 먼저 능동적으로 다가가서, 그들이 하는 일로써 정책이 아닌 '우리 – 시민과 정부 모두' – 가 같이 하는 정책을 만들고, 실험해 나가는 사회를 기대한다.

이야기로서 정책은 이야기꾼들이 처한 서로 다른 상황 또는 맥락 에 의해 서로 매우 다른 이야기로 구성될 수 있다는 것을 의미한다. 예를 들면 박근혜 대통령 탄핵이라는 사건에 대하여, 특정 맥락에 처한 사람은 이를 그간 쌓여왔던 적폐청산의 신호 또는 시발점으로 보고 이야기를 만들어 갈 것이지만, 또 다른 맥락에 처한 사람은 같 은 사건에 대하여 전혀 다른 이야기(예를 들면 국가를 위하여 한 평생 헌신하신 가없는 대통령이 모함에 의하여 교도소에 간 비극)로 구성을 할 수 있는 것이다.* 이러한 이유 로 인하여 이야기로서 정책을 이해하기 위해서 우리가 먼저 알아야 할 사항은 정책이라는 사회현상을 둘러싼 맥락이 어떻게 구성되어 있는가이다. 이러한 맥락의 이해가 선행된 상황에서 이야기로써 정 책이 어떻게 구성되는지에 대하여 살펴본다. 구체적으로 정책이라 는 이야기의 기본 골격인 정책문제는 무엇인지, 그리고 정책행위자

---

* 여기서는 어떤 이야기가 맞고 틀린가에 대한 판단은 유보한다. 정책이야기에 대한 해석은, 권위있는 누군가에 의해 일방적으로 주어진다기보다, 우리들이 스스로 이에 대한 적절한 의미 파악 및 이해를 위한 노력을 하고, 이러한 노력 에 근거한 학습이 건전한 상식수준에서 이루어져야 하기 때문이다.

들과 환경(맥락)과의 상호작용에 의해 정책현상이 어떻게 사회적으로 구성되는지, 그리고 일정한 구조적 패턴을 가지는 정책과정(이야기 플롯)은 어떻게 구성되는지 등을 살펴봄으로써 이야기로서 정책을 이해하여 보는 것이 이 책의 목적이다.

정책을 이야기 구조에 빗대어 그 구성요인을 살펴보면, 정책을 둘러싼 배경(문제를 둘러싼 환경, 맥락), 정책문제 상황(문제를 어떻게 정의하는가), 문제와 관련된 인물, 등장인물들의 문제인식(이해)과정, 인물들 간의 관계, 문제해결 패턴 등이 정책 이야기를 구성하는 요소가 될 것이다. 이러한 구성요소의 유기적·통합적 이해를 추구하면 바로 정책이 이야기로서 이해될 수 있다. 이에 따라 이 책의 구성은 이야기로서 정책이 만들어지기 위한 구성요인에 대한 설명으로 이루어진다.

지금 여러분이 읽고 있는 이 책은, 일차적으로 저자의 글이다. 물론 모든 내용이 저자가 혼자서 발견하여 쓴 것이라는 의미는 아니고, 기존에 이미 제시되었던 수많은 다른 학자와 사람들의 의견을 저자가 나름대로 시각에 따라 재정리한 것일 뿐이다. 따라서 수많은 오류가 여기저기서 발견될 것이라는 점을 굳이 숨기지 않는다. 다만 여러분들이 이러한 오류를 발견하였다면 그 오류를 고치는 데 도움을 주시길 바란다. 이 책이 사회적으로 바람직한 의미를 가지기 위해서는 여러분들의 도움에 의해서 가능할 것이기 때문이다.

이 책이 나오기까지 도움을 주신 분들에게 감사의 말을 올린다. 항상 나의 편이 되어주는 아내 우정아에게 이 자리를 빌려 다시 한 번 감사드린다. 그의 도움이 없었으면, 지금까지 제대로 연구를 하지 못했을 것이고, 이 책 역시 나오기 힘들었을 것이다. 이 책을 만드는 과정에서 제대로 써지지도 않은 원고를 찬찬히 보고 건설적인 조언으로 격려를 해주신 마강래 교수님, 임의영 교수님, 이주하 교수님, 박혜성 선생님께 감사의 말씀을 올린다. 또한 난잡한 원고를 처음부터 읽어주면서 코멘트를 해준 백두산, 신나리 원생에게 감사의 말씀을 드린다. 그리고 항상 지적 호기심을 자극해주고, 계속 공부하게 만들어 주는 신희영 교수님, 신현중 교수님, 주재현 교수님, 윤경준 교수님, 한승준 교수님, 김명환 교수님, 명성준 교수님, 이영범 교수님, 오재록 교수님, 이주헌 교수님, 황장선 교수님, 고길곤 교수님, 정창호 박사님, 손호성 교수님께도 감사를 드린다. 마지막으로 이 글이 나오는 데 큰 도움이 된 중앙대학교 공공인재학부 학생들에게 감사를 드린다.

2019년 4월
저 자

차 례

들어가는 말

새로운 시대의 정책학 방향

01 정책을 둘러싼 맥락

02 정책이란

03 정책의 구성 요소

들어가는 말

    우리가 살고 있는 사회는 다양한 사회현상이 연속적으로, 그리고 서로 얽히면서 이루어지는 곳이다. 이 책은 다양한 사회현상 중 정부와 관련된 내용을 정책이라는 틀로 이해하려는 노력이다.

    우리의 삶에 있어 정부의 영향력은 다시 재론할 필요가 없을 것이다. 매우 사소하거나 개인적인 경우를 제외하고, 우리 스스로 해결하지 못하는 문제가 발생하면, 우리는 언제나 정부에게 도움을 청한다. 정부는 국민들로부터 정당한 요구가 있을 때 이에 대응하여야 할 의무가 있기 때문이다.

    여기서 국민들이 편안한 삶을 영위할 수 있도록 하는 정부의 노력이 구체적으로 나타나는 것이 바로 정책이다. 그러나 대부분 보통사람들이 정부의 정책을 이해하기가 쉽지 않다. 왜냐하면 많은 경우 보통사람은 정책을 자신의 일상적 삶과 동떨어진 것으로 생각하기 때문이다. 즉 사회문제를 해결하기 위해 정부 엘리트들이 고안하여 제시하는 수단으로 정책을 바라보거나, 또는 전문적이고 어려운 논의들로 가득찬 과정으로 정책을 바라보게 되면 정책은 어렵고 흥미가 없어지기 때문이다.

정책이 어렵고 이해가 잘 안 된다는 이유로 시민들이 정책을 등한시하게 될수록 정책은 시민을 위한 문제해결이라는 본래의 목적을 벗어나게 될 가능성이 높아진다.

정책을 민주화시키지 못한다면, 다른 말로 하자면 우리가 정책의 주인공이 되지 못한다면 정책은 우리의 문제를 해결하는 수단이 아니라 힘을 가진 사람들의 소원수리를 해주는 수단으로 전락할 가능성이 높아진다.

이 책은 정책을 쉽게 이해하기 위한 가장 좋은 방법으로 정책을 이야기로 바라보자는 것을 제안한다. 왜냐하면, 우리를 둘러싼 세상을 이해하는 데 있어 가장 익숙한 방법이 바로 이야기로 이해하는 것이기 때문이다.

이야기로서 정책

인간은 일상생활을 영위하는 데 있어 이야기하기(storytelling)를 통하여 자신을 둘러싼 세상을 이해하고, 즐거움, 슬픔, 분노 등 감정을 느낀다. 그렇다면 이야기가 없다면 인간은 세상을 이해하지 못하는가?

만약 인간이 본능에만 따라 살아가는 생명체라면 굳이 이야기를 자신의 삶의 중심에 놓을 필요가 없을 것이다. 유전자에 심어진 행동양식에 따라, 즉 본능이 시키는 대로 생존을 유지하기만 하면 되기 때문이다. 그러나 다행히도(불행히도?) 인간의 뇌는 다른 생물들과는 달리 다양한 인식작용을 가능하게 해주기 때문에(뇌의 대뇌피질 영역이 이 작용을 담당한다고 한다), 인간은 자신의 의지를 가지는 동시에 타인과의 교류를 통해서 생활을 그리고 생존을 유지할 수 있다.

인식을 한다는 것은 자신을 둘러싼 상황에 대한 이해가 가능하다는 것을 의미한다. 여기서 개인을 둘러싼 특정 상황은 개개인별로 모두 다르며, 이러한 다른 상황에 대하여 인간은 공감을 통하여 서로 다른 처지를 이해하게 된다. 여기에 더하여 인간은 다른 동물들과 달리 자신이 처한 특수한 상황을 의미하는 맥락을 인식할 수 있으며, 이러한 맥락의 차이에 따른 의미 파악이 가능한 동물이다.

다시 말하자면, 자신을 둘러싸고 있는 상황과 맥락에 따라 이해를 하고, 이러한 이해를 바탕으로 다양한 이야기를 만들어낼 수 있는 능력이 있는 것이 바로 인간인 것이다. 신경과학 연구결과에 따르면 이야기로 세상을 이해하게 하는 뇌의 신경 네트워크가 손상될 경우(예를 들어 알츠하이머 병) 세상을 이야기로 이해하는 기능이 없어지기 때문에, 운동기능에 문제가 생기거나 언어기능을 잊어버리는 병에 걸린 것보다 일상적 삶의 유지에 있어 훨씬 더 심각한 결과가 발생한다고 한다.

이것이 의미하는 바는 인간은 단순히 개별 사물을 다른 사물과 분리시켜서 이해하기보다 인물과 인물, 사건과 사건 간의 관계에서 발생하는 패턴(즉 이야기)을 통하여 세상을 이해하며, 이러한 이해가 우리의 삶의 기본이 된다는 점이다.

그렇다면 이야기는 과연 무엇인가? 표준국어대사전에 따르면 이야기는 '어떤 사물이나 사실, 현상에 대하여 일정한 줄거리를 가지고 하는 말이나 글'이다. 이야기는 특정 인물(동물, 사물 등)이 자신을 둘러싼 다양한 상황(대개 어려운 문제상황)을 맥락적으로 풀어나가는 과정이라고 할 수 있다. 비슷하게 조나던 갓설(Jonathan Gottschal)은 이야기의 구조를 '이야기＝인물＋어려움＋탈출시도'라는 공식으로 설명하기도 하였다.

이러한 측면에서 보자면 정책 이야기가 가지는 가장 기본적인 골격은 문제와 문제의 극복과정이다. 문제(문제가 있는 사람 또는 사람들 간의 관계 등)가 제시되고, 이러한 문제를 둘러싼 환경과 문제가 다양한 상호작용을 하면서, 문제가 해결되어 나가는 과정(대개 갈등 증폭 및 해소)이 이야기의 주요 골격이 된다.

여기서 주의하여 살펴보아야 할 점은, 바로 인물, 사물, 개념 등이 개별적·독립적으로 나열되었을 때는 의미없는 단어들의 조합일 뿐, 이야기가 아니라는 점이다. 이야기가 되기 위해서는 인물 간 관계가 있어야 하며, 이러한 관계에 문제를 일으키는 상황이 있어야 한다.

예를 들어 철수와 영희라는 두 인물이 아무 정보 없이 그냥 제시되었을 때, 우리는 아무런 흥미를 느끼지 못한다. 그러나 철수와 영희가 사랑하는 사이라는 인물 간 관계가 주어졌을 때 비로소 호기심을 느끼기 시작한다. 그러나 이 정도로는 더 이상의 흥미를 유발시키지는 못한다. 여기에 철수의 집안과 영희의 집안이 서로 원수지간이라는 문제상황이 주어졌을 때 비로소 이야기로서 흥미를 가지고 이에 대한 이해가 높아지기 시작한다.

또한 인물, 사물, 개념들이 서로 연관되어 특정한 의미(이야기)를 창출해낼 때 인간은 특정 사건에 대하여 이해를 하고, 이를 해결할 수 있다. 예를 들면 둥글게 생긴 빵이라는 개별사물이 의미를 가지기 위해서는 '배가 고프다'라는 문제상황과, 빵을 획득할 수 있는 다른 사람(빵가게)과의 관계의 패턴이 있을 때 빵이라는 사물의 구체적 의미가 발생한다.

우리가 살고 있는 일상생활에서 우리가 특정한 의미를 찾고, 부여하여 행복감·불행감을 느끼는 것이 바로 이러한 이야기 구조를 통하여 만들어지는 것이다. 이야기 구조는 우리의 모든 삶에 녹아있고, 이러한 이야기가 있을 때, 우리는 세상을 이해하고 문제를 해결하려하고, 행복감 또는 불행감을 느끼는 것이다.

우리가 이야기를 둘러싼 맥락을 이해했을 때 이야기는 더욱 흥미로워진다.

가상의 예를 들어, 야구선수로 성공한 두 명의 프로야구 타자를 비교해 보자. 두 타자 모두 2024년 시즌에 2할 후반 정도의 타율에 20개가 조금 넘는 홈런, 90여 개의 타점을 올린 선수이다. 이 정도 성적이면 상당히 우수한 성적이지만, 소위 언론에서 스포트라이트를 받을 만큼 엄청난 스타급의 선수라고는 볼 수 없다.

그러나 두 선수 중 한 명을 알고 보니, 어렸을 때 지독히 가난한 집안에서 태어나서 어려서부터 생업전선에 뛰어들어 살아오다가, 우연히 회사의 아마추어 야구동아리에서 야구를 접하여 야구에 재능을 발견하였고, 여기에 더하여 우연히 아마추어 야구대회를 구경 왔던 유명 야구기자의 눈에 들어, 프로구단 루키 프로그램에 소개되고, 이어 1년 만에 현재의 훌륭한 타자가 되었다.

이러한 이야기 배경을 가지는 선수는 거의 같은 성적을 낸 다른 선수와 비교하여 매우 큰 스포트라이트를 받을 것이 분명하다. 물론 이 이야기는 매우 과장된 경우이지만, 이것이 바로 우리가 이야기에 열광하는 이유이다.

우리가 지금부터 같이 보고자 하는 정책이라는 것 역시 이야기 구조를 가진다. 다른 말로 하자면 정책의 핵심은 문제이며, 정책과정은 문제를 해결하는 사람들의 이야기이다. 이 이야기에는 주인공도 있고, 조연도 있고, 문제를 둘러싼 갈등도 있고, 문제 해결을 위한 노력(협력)도 있고, 이러한 갈등이 풀어지는 사건이 있음으로써 문제해결이 이루어지거나, 혹은 문제가 더 심각해 지기도 한다. 즉 정책(과정) 역시 이야기와 마찬가지로 보이지는 않지만 일정한 패턴이 있다.

요약하자면 사람들이 공동의 문제를 발견하고, 머리를 맞대서 이를 해결하려는 노력 과정이 바로 정책과정이기 때문에, 정책과정은 정책행위자들이 정책문제를 둘러싸고 벌이는 일정한 패턴(서사구조)을 가지는 이야기라고 할 수 있다.

복잡한 정책문제를 정의하고, 정책과정을 이해하는 데 있어 이야기라는 논리구조가 없다면[1] 정책에 대한 종합적 이해에 어려움이 발생할 것이다. 정책을 구성하는 개별요소들을 하나의 일관된 논리로 묶어주는 이야기 구조 없이 이해하려 한다면 불교 〈열반경〉에 나

---

[1] 정책과정에 참여하는 사람들이 누구인가에 대한 이해, 이들 간의 갈등, 협력 관계가 왜 발생하고, 이것이 어떻게 전개되어 나가는가 등에 대한 이해가 없는 경우를 말한다.

오는 '장님이 코끼리 만지기(盲人摸象)' 우화의 결과와 같은 파편적 이해가 될 것이기 때문이다.

정책학이라는 학문은 정책을 둘러싼 이야기 구조 또는 패턴을 찾아내어, 사회문제 해결을 추구하고, 궁극적으로는 우리 사회를 더 살기 좋은 곳으로 만들어 나가고자 하는 데 기여를 하는 학문이라고 볼 수 있다.

정책의 역사

이야기로서 정책을 이해하는 첫걸음으로 정책학이란 학문을 역사적 내러티브 구조를 통해 파악해보자. 정책의 역사는 수많은 인간(인물)이 모여 사는 사회에서 필연적으로 발생할 수밖에 없는 다양한 사회문제(어려움)를 해결하여, 보다 살기 좋은 사회로의 진보(탈출시도)를 지속적으로 진행해 온 이야기이며, 이를 보다 최근 사회과학이라는 학문적 틀에 근거하여 파악하고자 하는 노력이 정책학이다.

따라서 정책의 역사를 거시적으로 파악한다면, 인간이 일정 규모 이상의 사회를 구성하여 살면서 발생한 '사회' 문제 및 이를 해결하려는 노력의 역사라고 할 수 있다. 이를 다른 측면에서 보면 문제 해결을 위한 지식축적의 역사라고도 볼 수 있다. 즉 정책의 역사는 인간이 다양한 당면 사회 문제들을 해결하기 위하여 체계적 지식탐구 행위 및 이를 통해 문제를 해결하려 노력해왔던 과정이다.

정책의 역사를 논의하기 전에 문제해결을 위한 인간 지식 발전의 한 예를 살펴보자.

인류 역사에 있어 우주에 대한 인간의 지식은 어떻게 발전해 왔을까요?

위의 사진은 밤하늘, 더 정확하게는 지구에서 관찰할 수 있는 우주의 일부를 찍은 사진이다. 일견 사진을 보았을 때, 천문학 또는 별자리 등에 관심을 가진 사람이 아니라면, 까만 밤하늘에 그냥 무수한 점들이 무작위적으로 찍혀있는 것으로 보일 것이다.

과학기술이 제대로 발전하기 이전까지 우주는 지속적으로 경외의 대상이었다. 왜냐하면 그 존재 자체에 대한 지식이 너무 없었기 때문이다. 그림에서 보이듯이 밤하늘에 무수히 많은 별이 보이는데, 그것이 무엇인지, 왜 있는지, 어떤 구조인지 등 전혀 몰랐다.

그러나 시간이 지나면서 일부 사람들에 의해 밤하늘의 일정한 패턴이 발견되기 시작하였다. 즉 계절에 따라 특정한 밤하늘 위치에 특정한 별이 반복적으로 나타난다는 사실, 즉 일정한 빛의 강도를 가지는 동일한 것으로 인식되는 특정한 별이 항상 일정한 주기로 반복적으로 나타나는 패턴을 알게 된 것이다. 그러나 그것이 왜 그러는지, 즉 특정한 패턴이 있는 것 같은데, 그 패턴이 왜 나타나는지 몰랐다.

이후 보이는 것에만 의존한 특정 패턴이 공식적/체계적 지식으로 발전한 것이 아리스토텔레스 이래 천동설이다. 이는 르네상스 시대까지 굳은 믿음으로 지속되었으나, 이후 코페르니쿠스와 갈릴레오 갈릴레이 등의 천문학자들이 새로운 관측 증거들을 제시하면서, 이를 대체하는 지동설이 대두되었다. 이를 바탕으로 이후 요하네스 케플러의 행성운동법칙, 아이작 뉴턴의 새로운 운동 법칙을 통해 지구가 움직일 수 있는 원동력을 설명할 수 있게 되면서 결국에는 지구중심설이라는 지식체계를 밀어내는 데 성공했다. 즉 태양계의 행성들이 태양을 중심으로 질서있게 움직이는 법칙을 이해하게 되었고, 20세기 이후 급속한 천체물리학의 발전으로 우주에 대한 이해가 높아져 가고 있다. 그러나 아직도 우리가 알고 있는 우주에 대한 이해는 극히 일부분일 뿐이다. 이러한 밤하늘(우주)에 대한 인간의 지식 발전(축적과정)을 정리하면 아래와 같다.

무작위 현상 → 특정한 반복적 패턴 인식 → 지구가 중심(천동설) → 태양이 중심(지동설) → 중심은 모르겠지만 행성 간 규칙이 있다(케플러, 뉴턴) → 우주의 중심은 없다(모든 곳이 중심이며, 모든 곳이 중심이 아니다)(현대 천체물리학)

즉 개별자로서 각 개인이 우주를 바라보았을 때는 무엇인지 전혀 알 수 없는 것이지만, 우리의 지식이 발전 및 축적되면서 그 복잡하고 알 수 없는 대상에 대하여 조금씩 알아나갈 수 있었고, 이러한 지식의 진보를 통해 인류의 진보가 이루어져왔던 것이다.

정책학도 마찬가지이다. 정책현상 자체는 우주로 표현될 수 있는 것이고, 이 정책현상 아래에 수 많은 다양한 요소들(우주를 이루는 물질들)이 존재하고, 이들 간 매우 복잡한 관계(우주에 존재하는 복잡한 에너지 체계)로 구조화되어 있는 체계로 볼 수 있다. 천체물리학에서 복잡한 우주의 질서를 조금씩 알아나가는 것처럼 우리도 정책학을 통해 복잡한 정책현상을 조금씩 알아나가고 있는 상태이다.

정책의 주인공인 인간(인류)에게 사회문제가 발생하게 되고, 이를 해결하려 노력한 시점이 역사적/이야기적 관점에서 볼 때, 정책의 시작이라 할 수 있다. 즉 정책현상은 인류가 복잡한 위계질서를 가지는 사회를 형성하여 사회문제를 해결하기 위해 노력한 순간부터 존재하였던 것이다.

우주는 138억 년 전쯤 빅뱅에 의해 탄생되었다고 추측되고 있다. 인류는 약 450만 년 전 오스탈로피테쿠스의 등장으로 시작되었고, 이후 진화를 통해 현생 인류인 호모 사피엔스가 나타났다. 현생 인류가 본격적인 사회생활을 시작한 것은 1만 년 전 신석기 시대 이후라고 할 수 있다. 수렵생활을 하던 인류가 신석기 시대부터 농경사회를 이루고 살면서 정착생활을 시작하였다고 알려져 있다. 농경사회에 기반한 정착생활은 전과 비교하여 상당한 규모의 집단생활, 즉 복잡한 사회적 위계에 따른 사회구조를 가져오게 되었다. 즉, 인류의 정착 및 농경사회로 전환은 농경, 목축, 수렵, 채집 등 다양한 사회적 활동을 하는 사회적 역할 구분의 시작을 의미하며, 동시에 대규모(인구 천 명 이상) 촌락 사회의 안정적 운영을 위한 지배계층(신전을 중심으로)의 등장을 야기하였다. 천 명이 넘는 사람들이 특정 공간에 영속적으로 모여 같이 생활을 하면서, 여러 가지 분쟁이 발생할 수밖에 없게 된 것이다. 이러한 사회문제의 해결을 위하여 다양한 사회적 해결책이 나타나게 되는데, 이는 '살인하지 말라', '도둑질하지 말라' 등의 사회적 규약의 형태의 사회문제 해결노력이었다.

이후 신석기에서 청동기 시대로 이행하면서 나타나게 된 기술격차(석기 대 청동기) 및 사유재산 제도의 발전에 의해 '불평등'이라는 아직까지도 해결되지 못하는 사회문제가 나타나게 되었다. 청동기 이후 대규모의 국가형태는 다양한 제도(왕정, 공화정, 신정)를 통해 사회문제를 해결하려 노력하면서 발전해왔고, 20세기 후반 이후에는 현대 국가의 형태, 특히 민주주의 제도를 근간으로 하는 사회적 문제 해결노력이 대두되었다. 정책학이라는 학문은 민주적 제도에 기반한 (사회)문제 해결을 통한 인류사회의 진보라는 기치를 내걸고 1950년대 독립 학문 영역으로 설립되어, 현재 정책문제 해결을 위한 실용적 지식/정보 창출을 위한 다양한 철학적/사회과학적 논의 및 이론의 발전이 이루어지고 있다.

신화 : 실증주의적 정책접근

정책을 우리가 살고 있는 현실 세계의 이야기로 되찾아오는 데 가장 큰 걸림돌이 되었던 것으로 들 수 있는 것이 바로 실증주의 (positivism)적 정책접근이라 할 수 있다.

20세기 현대 행정국가의 등장으로 국가가 주도하는 사회문제 해결 노력은 보편적 현상으로 자리 잡게 되었다. 특히 이러한 사회문제 해결에 있어 국가(정부)의 역할이 지배적으로 부상하게 된 계기는 대규모 사회혼란(대공황, 세계대전 등)을 정부가 주도적으로 해결해나갔던 경험에 근거한다. 현대행정국가는 이러한 대규모 사회문제를 해결하기 위해 실증주의적 접근을 적용하였고, 이는 전쟁 이후 20세기에 걸쳐 정책문제 해결 또는 해결책 탐구 및 선택에 기준을 제공하는 인식론이자 방법론으로 작동하여왔다. 이에 따라 지난 20세기까지는 실증주의적 관점이 정책문제를 해결하는 유일하고, 가장 바람직한 방법이라고 이해되어 왔다. 그러나 최근 비판적 정책접근(후기 실증주의(post-positivism)적 정책접근)에 따르면, 실증주의는 오히려 정책문제를 제대로 이해하는 데 장애물이 되었으며, 실증주의가 사회문제를 완전하게 해결할 수 있다는 믿음은 신화(myth)로 남게 되었다.

기계적 합리성

실증주의가 사회문제 해결방식으로 발전하게 된 기본바탕으로 기계적 합리성을 들 수 있다.

근대사회로 들어오면서 사람들은 인간의 합리적 이성을 통하여 세상을 합목적적으로 이해할 수 있다고 믿게 되었다. 객관적 사실에만 근거하면 세상에 대한 합목적적 이해가 가능하다는 자신감은 인간이 세상을 지배할 수 있다는 믿음으로 발전하였다. 이러한 믿음은 인간을 더 이상 수단으로 대하지 않고, 인간 그 자체가 목적이 되는 인본주의 세계를 열어주었으나, 인식론적으로 한계가 있었다.

데카르트(René Descartes)로 대표되는 근대의 기계론적 합리주의는 신에 의해 주어진 지식이 아닌 인간의 지성에 기초한 수학적 세계관(논리적인 과정에 따른 명확한 해답이 있는 세계)에 입각한다. 그러나 이러한 세계관 역시 선험적으로 존재하는 보편개념(수학에 있어서 공리)에 의거하여 세상을 연역적으로 해석 및 이해할 수 있다고 보았다.

근대적 세계관에 따르면 우리가 살고 있는 세계는 합목적적으로 움직여나가는 커다란 기계장치로 이해될 수 있으며, 이를 움직이는 법칙은 연역적으로, 즉 선험적으로 존재하는 지식과 법칙에 의해서만 해석될 수 있는 것이다.

예를 들면 세상은 시계에 비유될 수 있다. 시계를 구성하고 있는 정밀한 부품들이 주어진 법칙(합목적)에 의하여 상호작용함으로써 정확한 시간을 알려주는 것과 마찬가지로 세상은 항상 객관적인 사실에 근거한 법칙에 따라 움직이며 그 법칙을 알기 위한 객관적 지식을 찾아내는 것이 당시 지식인들의 사명이었다.

기계론적 세계관에서는 사건 간 인과관계 역시 결정론적으로 이해한다. 인과관계란 선행조건(원인)이 있으면 반드시 이에 따른 결과가 나타나는 것을 의미하는 것으로서 특정 원인과 결과 간 법칙성을 나타내는 것이다.[2] 완벽한 지식 또는 선험적 지식에 의하여 세상이 설

---

2) 가장 원초적인 인과관계의 예로, 우리는 배가 고프니까(원인) 음식을 먹는 것이다(결과).

명될 수 있다고 믿었던 근대사회에서는 절대적 진리에 기반한 기계론적·절대적 인과관계를 세상을 이해하는 기본적인 개념으로 파악하였고, 이에 따라 사회문제를 이해하여 해결책을 설계했다.

그러나 근대사회를 지배하였던 기계론적 세계관은 공교롭게도 자연과학에서부터 흔들리기 시작하였다. 절대적인 것처럼 보였던 뉴턴(Isaac Newton)의 역학법칙은 아인슈타인(Albert Einstein)의 상대성이론에 의해 그 절대성이 흔들리기 시작하였고, 하이젠베르크(Werner Karl Heisenberg)의 불확정성 원리3) 등 새로운 과학이론들이 제시됨에 따라 절대성

기계적 합리성과 고전 경제학

고전 경제학에 기반한 시장은 기계적 합리성의 발전된 형태로 나타나게 되었다. 산업혁명을 거치면서 시장의 영향력은 더욱 커지게 되었다. 사회적 상호작용 수단인 언어가 가진 주관성을 대체하기 위해 화폐가 중요한 상호작용 수단이 되었으며, 근대 세계관은 경제학과 연동하여 발전하면서 사회에 큰 영향을 끼치게 된다.

고전 경제학 역시 근대적 세계관에 따라 객관적인 선험적 지식에 근거한 논리를 그 특징으로 한다. 경제학에 있어 선험적인 지식이란 '방법론적 개체주의'에 따른 인간관으로 볼 수 있다. 모든 인간은 경제활동 및 가치추구 행위에 있어 타인으로부터 영향을 받지 않으며, 자신만의 독립적인 효용함수를 가진다고 가정된다. 특히 여러 다양한 가치 중에서 경제적 가치만을 제일로 간주하며, 다른 모든 가치는 경제적 가치로 환원될 수 있다는 경제적 합리성을 통하여 인간의 모든 행동을 설명하고자 한다.

---

3) 물질을 구성하는 가장 기본단위인 입자의 위치 및 운동량을 동시에 정확하게 아는 것은 불가능하다는 이론.

이 무너지면서 결정론적 세계관은 확률의 세계로 전환되었다. 이에 따라 현대사회로 전환되면서 기계론적 인과관계를 기반으로 사회문제 해결책을 제시하는 것이 더 이상 바람직하지 않게 되었다.

이러한 과학지식의 발전이 우리에게 말해주는 것은 바로 정책이야기를 구성하는 사건, 특히 사회현상에 있어 사건 간 인과관계는 결정론적이 아닌 확률적으로 이해되어야 한다는 것이다.

100% 확실한 기계적(결정론적) 인과관계는 안정된 미래예측을 가능하게 해 준다. 즉 특정 원인이 있으면 반드시 그에 따른 특정한 결과만이 일대일 대응관계로 나타나야만 되기 때문이다. 그러나 확률적으로 인과관계를 이해하면 우리 사회는 항상 변화 가능성에 열려 있게 된다. 특정 결과 발생을 위해 특정 원인이 필요할 수도 있지만, 그 원인이 충분한 발생조건은 되지 않을 수 있기에, 그 원인이 있었다고 반드시 특정 결과가 나타날 필요가 없는 것이다. 이렇듯 확률적 세계관에 근거한 인과관계 이해는 주어진 정답에 의해 살아가는 재미없는 이야기를 지양하고, 우리가 우리의 정답을 찾아나가는 과정으로서 정책이야기의 가능성을 열어준다.

기계적 합리성은 제3장 완벽한 합리성 부분에서 다시 다루어진다.

환원주의

실증주의적 접근이 가져온 또 하나의 오류로 환원주의적 접근을 들 수 있다. 근대 서구 지성사에 있어 개념 또는 물질의 가장 근원적인 존재에 대한 탐구는 환원주의(reductionism)에 의해 진행되어 왔다. 이는 데카르트 등 근대 철학자에 의해 주창되어 왔으며 실증주의 철학자들에 의해 전적으로 받아들여지게 되었다.

여기서 환원주의란 특정 개념이나 물질을 객관적으로 이해하기 위해서, 이를 쪼갤 수 있는 가능한 가장 낮은 단계의 요소로 분할하여 파악하고자 하는 노력이다. 즉 개념이나 물질을 가장 단순한 단위까지 나누면, 단순해진 개별 조각들에 대한 이해가 더욱 쉬워지기 때문이다.

그러나 환원주의는 사회를 이해하는 데 있어 문제가 될 수 있다. 왜냐하면 환원주의에 따르면 쪼개진 구성물의 특성들은 전체를 설명하는 기초가 되어야 하는데, 구성물의 개별 특성의 단순한 합이 전체와 다를 수 있기 때문이다.

분자와 원자의 속성을 안다고 하여 물리 현상을 완전히 설명할 수 없듯이 사회를 구성하는 개별요소들을 파악한다고 하더라도 사회를 설명하고 이해하는 것은 불가능하다.

예를 들어 리처드 르원틴(Richard C. Lewontin)은 〈DNA 독트린〉이라는 책에서 다음과 같이 환원주의적 시각을 비판한다. 국가를 구성하는 개별 국민이 공격적인 성향을 가졌기에 모든 국민을 합한 전체로서의 국가가 공격성을 가지는 국가로 이해될 수는 없다는 것이다. 즉 개인이 타인으로부터 한 대 얻어맞았을 때 느끼는 급격한 호르몬 분비로 인한 감정으로서 공격성을 다양하고 복잡한 국제관계에서 국가의 정치적 의제에 의한 공격성과 혼동하면 안 된다는 것이다.

이렇듯 전체를 구성하는 개별 구성물의 특징을 바탕으로 전체를 파악하려는 데서 나타나는 오류를 환원주의적 오류라고 하며, 이는 사회현상의 복잡성을 이해하는 데 걸림돌이 되기 쉽다.

실증주의적 정책접근

실증주의는 인간의 감각 경험에 의해 인식될 수 있는 것만을 대상으로 하고, 과학적 절차에 따라 실증적 검증이 된 사항만 확실한 지식 또는 사실로 간주한다.

정책문제 해결을 위한 실증주의적 정책접근은 정책을 진공상태의 실험실에 가두어 놓고 문제해결을 하려는 노력이었다. 측정될 수 있는 객관적 사실이 있다는 가정 아래에서, 객관적 사실만을 대상으로 정책이 분석되었기 때문이다.

실증주의적 접근은 체계적이며 객관적인 방법론을 통하여 검증이 가능한 가설(특히 연역적 인과관계에 기반한 가설)이 검증되었을 때에만 이를 객관적 사실로서 받아들인다. 이러한 가정에 따르면 특정 문제에 대한 가장 효율적이며 바람직한 단 하나의 문제 해결책이 존재하기 때문에, 객관적인 사실과 법칙에 근거하여 탐구한다면 이를 찾아낼 수 있다는 것이 바로 실증주의적 정책접근 방식이다. 정책을 실증주의적으로 접근하면, 정책문제에 대한 가장 효율적이며 바람직한 해답이 항상 존재한다. 이러한 해답은 정책을 둘러싼 사회적 맥락과 관계없이, 증명될 수 있는 객관적 사실에만 근거한 정책분석에 의해 산출되는 결과이다.

시공을 초월하는 객관적(또는 절대적) 진리가 존재한다는 기계적 인과성을 정책에 적용할 경우, 사회문제 해결에 있어 시공을 초월하는 하나의 가장 합리적인 해결책(ideal)이 존재하게 된다. 이러한 가정 아래에서 정책의 의무는 이상적 해결책을 찾아내기만 하면 되는 것이며, 이러한 정책을 만들기 위해서는 높은 수준의 전문가가 반드시 필요하다.

그러나 전문가 중심의 객관적 사실(만약 존재한다면)에 근거한 정책문제 해결책 제시의 문제점으로 들 수 있는 것은 사회문제를 맥락 또는 특정한 상황에서 분리시켜 버린다는 점이다.

예를 들어 가난이라는 문제를 진공상태에 놓아두면, 어떤 문제가 발생할까? 실증주의적 접근을 원용한다면, 먼저 가난이라는 것을 이미 검증된 객관적 지식/사실에 기반하여 정의하고(예를 들면 가난이란 최저소득에 미치지 못하는 삶을 유지하는 것), 그리고 이렇게 미리 정해진 정의/기준에 맞추어, 이를 가장 효율적으로 해결할 수 있는 방법을 찾아내고, 마지막으로 이렇게 찾아진 효율적 방법에 의해 정책을 기계적으로 수행하기만 하면 반드시 가장 바람직한 결과가 도출될 것이다.

이러한 기계적 과정이 현실사회에서 그대로 100% 완벽히 재현된다는 믿음이 바로 실증주의적 정책을 지배하는 믿음이다. 그러나 실제상황에 있어 가난이라는 문제는 상대적인 것이다. 즉 이론에서 주어진 절대적 수준에 미치지 않는다고 해서 누구나 가난을 느끼지는 않는다는 뜻이다. 그러나 실증주의적 접근에 있어 정책목표 또는 문제는, 이러한 사회적 맥락을 고려하지 않고 미리 주어진다.

실증주의적 접근에 의한 정책이 반드시 나쁜 것만은 아니지만, 사회적 문제를 해결하는 데는 바람직하지 않을 수도 있다는 것은 경험에 의해 알 수 있다. 미국의 예를 들어보자.

2차 세계대전 승전국으로서 미국은 1950년대부터 세계에서 가장 부유한 국가이면서 당시 소련과 대응하는 자유민주주의 국가들의 빅브라더로 냉전시대를 양분하는 역할을 하였다. 세계대전에서 연합군을 승전으로 이끈 주인공 역할을 하면서, 미국정부는 군사기술 발전에 혁혁한 공헌을 했던 과학기술발전에 따른 자신감이 충만했었다. 이에 따라 미국 정부는 정부운영 방식에 있어서도 실증주의적 방식을 주요 정책방향으로 삼게 되었다. 이러한 자신감에 기반하여 당시 미국정부가 제시하였던 여러 주요 정책 중 두 가지 거대 정책을 비교해 보자.

첫째, 인간 달 착륙(man on the moon) 프로젝트를 보자. 냉전시대인 당시 경쟁국가였던 구소련에서 인류 최초로 유인 우주비행을 성공하자 미국은 자존심에 큰 상처를 입었다. 당시 케네디 민주당 정부는 이에 대응하여 인류 최초로 달에 인간을 보내는 프로젝트를 기획하였고, 1969년 이를 실제 성사시키는 쾌거를 이룩하였다.

둘째, 가난과의 전쟁(War on Poverty) 정책이다. '가난은 나랏님도 구제 못한다'라는 말이 있을 정도로 가난이란 인간의 전역사에 걸쳐 가장 고통스런 문제였지만, 가난의 종식에 대한 해결책이 제시된 단 하나의 사례도 없고, 역사상 가장 힘이 센 국가마저도 이를 제대로 해결한 적이 없는 것이 사실이다.

그러나 1964년 린든 존슨(Lyndon B. Johnson) 미국 대통령은 뉴딜정책을 계승하여 가난을 뿌리 뽑기 위해 교육, 보건, 복지, 도시(재)개발 등에 걸쳐 매우 광범위한 규모의 가난구제 정책을 실시하였다. 이후 미국의 빈곤층 비율은 약간 줄어들기는 하였으나 여전히 15%를 상회하는 인구가 빈곤층이며, 동시에 미국은 여전히 세계에서 빈부격차가 가장 큰 국가 중 하나이다(다음 그림 1 참조).

여기서 우리가 알아야 할 사실은 인류 달 착륙 프로젝트와 가난과의 전쟁과의 차이점이다.

첫 번째 정책은 달성해야 할 목표가 매우 명확하며, 이러한 명확한 목표달성을 위하여 인간 사회의 사회적 맥락에 대한 고려가 상대

적으로 덜 필요한, 즉 과학적 또는 객관적 지식이 지배하여야만 성
공 가능성이 높아지는 정책영역이었다.

반면, 가난과의 전쟁은 그 목표 자체가 상당히 모호하며, 동시에
정책을 둘러싼 매우 다양하고 복잡한 사회적 상황(맥락)들이 얼키설키
엮여있는 지극히 사회적 문제인 것이다. 과학기술 분야와는 달리 사
회적 문제의 해결에 있어 소위 객관적 지식/사실이 존재하기는 거의
불가능하다. 똑같이 보이는 가난이라는 현상이 인종에 따라 또는 지
역에 따라 그 발생 원인이 다를 수도 있고, 가난을 보는 시각에 따라
서로 다른 해결책을 제시할 수도 있기 때문이다.

⁂ 그림 1 미국의 빈곤층 변화 추이

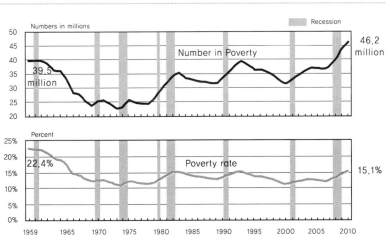

자료: 프레시안(2011). http://www.pressian.com/news/article.html?no=37037

이러한 사회적 맥락을 고려하지 않은 실증주의적 정책접근(가난을 뿌리 뽑는 가장 효율적이며, 어느 상황에서나 적용되는 해결책이 있다는 믿음)을 통한 가난과의 전쟁의 결과는 불 보듯 뻔히 실패할 가능성이 높았던 것이다.

맥락의 중요성 : 정책을 이해하는 열쇠

이야기로서 정책이 기존의 정책을 바라보는 시각과 다른 점은 정책이 변화한다는 것을 전제로 한다는 점이다. 기존의 실증주의적 접근에 근거한 정책에서 제시하는 사회문제해결 방식은 문제상황을 고정시켜 놓은 채(다양한 배경/맥락의 통제, 문제해결책 제시에 있어 일반 이해관계자들보다 엘리트들이 우위에 있으며, 이들의 객관적 지식에만 국한된 계산에 의한 가장 효율적 해결책이 반드시 바람직한 결과를 산출한다는 믿음) 문제해결을 하려 하였다. 그러나 이러한 노력이 거둔 실적은 그리 화려하지는 못한 것이 사실이다. 그 이유는 바로 정책을 둘러싼 배경이나 맥락을 고려하지 않은 채 정책문제를 해결하려 하였기 때문이다.

국립국어원 표준국어대사전에 따르면, 맥락이란 '사물 따위가 서로 이어져 있는 관계나 연관'으로 정의된다. 여기서 사물 따위에 포함되는 것은 사건, 이슈, 인물 등 정책 이야기의 구성요소들이다. 맥락이란 유사한 구성요소로 구성된 서로 다른 두 사건이 구성요소 간 서로 다른 상호작용관계에 따라 서로 다른 의미의 이야기로 만들어질 수 있다는 것을 의미한다.

다음의 그림을 보면, 같은 '오늘 낮부터 비가 온다는구나'라는 남

그림 2 같은 표현의 맥락에 따른 의미 차이

자료: 천재학습백과. http://koc.chunjae.co.kr/Dic/dicDetail.do?idx=30418

자의 말이 둘러싸고 있는 맥락에 따라 그 의미가 전혀 다르게 해석되는 것을 알 수 있다.

이야기의 배경이라고도 할 수 있는 맥락(context)은 이야기를 의미있게 또는 재미있게 만드는 데 있어 상당히 중요한 역할을 한다. 여러분은 지금까지 살아오면서 특정한 대상을 이해하는 데 있어 배경지식이 있는 경우, 그 대상에 대한 내용이 훨씬 더 쉽게 이해되었던 경험이 있을 것이다.

영어표현 중 'putting into context'라는 말이 있다. 이는 특정 개인이 처해있는 특정한 맥락을 고려해 보면, 이해되지 않았던 행동, 즉 그 사람이 왜 그러한 일을 했는지를 이해할 수 있다는 표현이다.

예를 들어 빅토르 위고(Victor-Marie Hugo)의 소설 〈레미제라블(Les Misérables)〉의 주인공인 장발장이 빵을 훔친 사건을 놓고 보자. 맥락을

다 잘라내고 장발장의 행위(빵을 훔친 행위)만을 놓고 보면 장발장은 흔한 좀도둑으로 당연히 사회적 처벌을 받아야만 한다. 그러나 장발장이 처한 맥락을 고려해보면, 의미가 매우 달라질 수 있다.

소설 속의 장발장은 성실한 사람이다. 그러나 성실한 사람이 왜 자신이 일을 하여 번 돈으로 빵을 사는 대신, 빵을 훔치는 좀도둑질을 하였을까? 장발장이 빵을 훔쳤던 시기는 프랑스 대혁명 이후, 혁명정부의 잘못된 재정정책으로 인하여 프랑스의 경제상황이 최악이었던 시기로, 일을 하고 싶어도 일자리가 없던 시절이었다. 이러한 상황에서 자신을 키워준 누나의 조카들이 배고픔에 굶주려 죽어가는 것을 보고 있던 절망적 상황이 바로 장발장이 빵을 훔치게 되는 사건을 둘러싸고 있는 맥락이다.

그렇다면 우리 사회의 사회적 문제해결 방식으로서 정책이 정해지는 방식은 과연 장발장과 유사한 상황에 처해 있던 사람들에 대하여 어떤 자세를 취해 왔을까? 아쉽게도, 지금까지의 사회문제 해결을 위한 지배적인 정책접근은 실제 정책과정을 둘러싼 맥락을 상당히 간과하는 방식이었다. 이러한 맥락에 대한 간과는 소위 실증주의적 정책분석에서 만연해 있는 현상이다. 실증주의적 접근에서는 정책을 둘러싼 맥락을 고려하는 것이 크게 중요하지 않다. 오히려 맥락 또는 정책을 둘러싼 배경은 오히려 통제되어야 할 대상일 뿐인 것이다.

그러나 사회문제를 해결하는 방법을 고안하고, 이를 실행하여 사회문제를 해결하려는 노력으로서 정책을 이해하려고 할 때, 사회문제를 둘러싼 배경을 모두 통제하면 제대로 문제를 해결할 수 있을까? 앞의 장발장의 예로 다시 돌아가 보면 이해가 쉬워진다.

장발장이 저지른 범죄 자체(도둑질)는 선량한 일반 시민들을 불안하게 만드는 용납될 수 없는 사회적 문제이다. 여기서 장발장이 빵을 훔칠 수밖에 없는 맥락을 무시(통제)해버리고 남는 객관적 사실은 사회의 질서를 해치는 좀도둑질을 한 범죄자이다. 이렇게 맥락이 거세된 사회적 문제를 해결하기 위한 가장 효율적인 방법은 신속하게 범법자를 구속하고, 정해져 있는 법에 따라 범죄자를 선량한 시민들로부터 격리시켜 버리는 것이다.

여러분은 장발장이 처한 맥락을 거세해버리고, 객관적인 사실(좀도둑질)에만 한정하여, 이를 처리할 수 있는 객관적인 방법(정해진 법)에 따라 정책을 만드는 것에 찬성하는가? 아마 그렇지 않다고 생각할 것이다. 이러한 이유 때문에 정책을 슬기롭게 이해하기 위해서는 정책을 둘러싼 배경 또는 맥락을 알고 있어야 한다.

모호성

이론적인 측면에서 살펴보면, 특정 정책을 둘러싼 맥락에 대한 고려 없이 정책(또는 정책문제) 자체에만 집중하게 될 때, 정책을 잘못 이해하게 되는 오류가 발생할 수 있다. 여기서는 이를 세상의 모호성 (ambiguity)이라는 특징으로 설명해 보고자 한다.

우리는 무엇인가에 대하여 제대로 알 수 없을 때, 또는 알쏭달쏭할 때, 모호하다고 표현한다. 이러한 현상은 다른 사람과의 관계(즉

^{사회현상)}에 있어 더 심각해진다. 예를 들면 나는 재미있게 보았던 영화에 대하여 같이 본 친구는 지루했다고 하는 경우, 이 영화는 재미있는 영화일까, 아니면 지루한 영화일까?

모호성이 발생하는 가장 결정적인 이유는 특정 대상 또는 정책문제에 대하여 서로 다른 가치나 선호에 의해 하나가 아닌 다수의 해석이 가능하기 때문이다. 가령, '가난'을 문제라고 한다면 밥을 굶는것 때문에 가난이 문제가 될 수도 있고, ^(밥은 굶지 않지만) 문화생활을 즐기지 못해서 가난이 문제가 될 수도 있다. 혹은 가난은 개인의 게으름으로 인해 발생한 문제라고도 볼 수 있고, 가난은 대물림^(흙수저)이기때문이라고도 볼 수 있다. 즉 너무나 많은 해석이 가능하기 때문에무엇이 문제가 되는지 알 수 없는 모호한 상황이 발생하는 것이다.

모호성의 경우에는 불확실성(uncertainty)과 달리 아무리 정보를 많이수집하더라도 해결이 되지 않는다. 모호성을 줄일 수 있는 가장 좋은 방법은 복잡한 현상을 단순하게 만드는 것이다. 대부분 사람들은자신이 아는 범위 내에서만 문제를 인식하고 나서 그 문제를 제대로이해하였다고 생각함으로써 복잡한 현상을 단순화하려 한다.

실제 현실상황에서 정책행위자들은 다양한 해석 가능성을 받아들이기보다 자신들의 경험에서 도출되는 신념체계에 부합하는 하나의해석에 초점을 맞추어 정책문제 해결책을 제시하게 된다. 자신의 주장에만 초점을 맞추고 다른 행위자들의 관점은 고려하지 않게 되면서, 정책행위자들은 자신의 신념체계에 따라 서로 다른 정책주장만을 하게 마련이다.

'아는 만큼 보인다'는 말이 있듯이 사람들은 자신의 경험에 국한하여 세상을 해석하는 경향이 있으며 복잡한 현상을 단순화하고 있다. 그러나 모호성을 부정적인 것으로만 오해해서는 안 된다. 모호성은 우리로 하여금 우리의 한정된 지식을 넘어서는 사고를 가능하게 해주기 때문이다.

  숙고의 과정이 없다면 또 하나의 우물 안 개구리가 될지도 모르는 일이다. 정책 상황에서 모호성은 감소시켜야 할 대상이지만 이러한 과정은 소모 또는 낭비가 전혀 아니다. 모호성을 긍정하게 되면 역설적으로 세상을 바로 볼 수 있게 된다. 자신이 아는 범위를 넘어서야 더 다양한 차이를 볼 수 있는 여지가 생기기 때문이다.

  정책학자인 도날드 숀과 마틴 레인(Donald Schön and Martin Rein)에 따르면, 특정 정책을 둘러싼 다양한 이해관계자들은 상호 풀어낼 수 없는 정책논쟁(intractable policy controversy)에 봉착할 수밖에 없다고 이야기한다. 이러한 상황에서 누구의 정책주장이 더 옳은지(또는 바람직한지) 아닌지에 대한 절대적인 판단기준이 있을 수 없다. 이러한 판단기준은 특정 정책문제를 둘러싸고 있는 특정 맥락에 따라 결정될 수밖에 없는 것이다.

  ## 불확실성

  모호성과 비슷하지만 의미가 다른 개념으로 불확실성을 들 수 있다. 불확실성은 우리가 현재 가지고 있는 정보·지식이 불완전하기 때문에 또는 현재 가지고 있는 정보·지식에 대한 확신이 부족하기 때문에 나타나는 현상이다.

불확실성은 현재 구축된 정보·지식의 미흡함 때문에도 발생하지만, 우리를 둘러싼 환경의 지속적인 변화로 인하여 미래에 어떤 일이 벌어질지 모르기 때문에 오는 불확실성 역시 존재한다. 전자의 불확실성의 경우 더욱 많은 정보를 수집·처리함으로써 극복할 수 있고, 후자의 경우에는 구득 가능한 정보에만 한정하여, 그 안에서 최선의 결과를 내려 노력함으로써 극복할 수 있다.

그러나 한걸음 더 나아가 생각해보면, 미래에 대한 정보부족으로 나타나는 불확실성은 정책과정에 있어 위에서 논의한 모호성과 같은 결과를 도출하게 한다. 미래에 발생할 일이기 때문에 타임머신이 있지 않은 한 그 누구도 미래의 결과에 대해 100% 확실한 정보를 가질 수 없다. 따라서 우리는 미래에 발생할 일을 예측하는 데 있어 자신이 현재 가지고 있는 정보, 경험, 그리고 신념체계에 근거하여 미래를 예측(해석)하는 정도의 정보·지식을 산출해내게 된다.

이러한 미래에 대한 정보는 모호성의 경우와 마찬가지로 정책행위자별로 서로 다르게 나타나기 마련이다. 예를 들면 4차 산업혁명으로 멀지 않은 미래에 대부분의 직업이 사라지고 인간이 기계에게 미래를 빼앗길 것이라는 예측이 있는 반면, 4차 산업혁명은 인간을 노동으로부터 해방시켜서 150여 년 전 칼 마르크스(Karl Marx)가 〈독일 이데올로기〉에서 이야기했던 목가적이며 낭만적인 인간의 삶이 가능해 질 것이라고 기대하는 사람도 있다.

이 중 어느 이야기가 미래에 발생할 것인지는 현재에서는 누구도 알 수 없지만, 각자 현재 정보 및 자신의 가치체계에 한정하여 해석한 미래의 모습에 대한 정책방향을 펼치려 노력할 것이다.

새로운 시대의 정책학 방향

20세기까지의 모더니즘 시대에는 보편적인 사실을 바탕으로 선과 악의 대립구도를 통해 이 세상을 이해하였다. 그러나 후기실증주의 또는 후기구조주의 등으로도 명명되는 포스트모더니즘의 시대에는 소위 '모든 견고한 것'(실증주의적 접근에 따른, 주어진 옳은 것이 있기에 옳고 틀린 것에 대한 이분법적 사고)은 '공기 속으로 녹아버리게' 되었다. 즉 이제는 항상 옳은 것, 영원한 진리에 의해 세상이 이해되는 시대가 지나가고 있다.

실증주의적 접근을 넘어, 현실을 받아들이는 정책학으로 발전하기 위해서 비판적 사고를 통한 정책 이해하기가 필요하다. 비판적 사고란 항상 주어진 정보/지식이 옳은지에 대하여 (더 정확하게는 주류에서 요구하는 방식의 정보/지식이 정말로 옳은 것인지에 대하여) 한 번 의심해보고 생각해보는 능력이라 할 수 있다. 이러한 측면에서 21세기 새로운 시대의 정책학이 되기 위한 기본으로서 비판적 사고란 무엇인가 및 비판적 사고를 하기 위한 전제조건으로서 (주어진) '동일성'보다는 '차이'에 천착하여 정책을 바라보는 것의 의미에 대하여 살펴보고자 한다.

비판적 사고

정책을 이야기하는 데 있어 우리가 생각해야 할 점은 정부의 정책은 수많은 사회현상 중 하나라는 것이다. 그러면 사회현상이란 무엇인가? 사회현상은 사회를 구성하는 사회 행위자(시민, 인간이 고안해 낸 각종 제도, 조직 등)가 상호작용하면서 나타나는 규칙적인 패턴이라고 볼 수 있다.

일반적으로 통용되는 법칙이 지배하는 자연현상은 상대적으로 더 객관적으로 보일 수 있는 반면, 사회현상은 상대적으로 덜 객관적으로 보인다. 그럼에도 불구하고, 우리는 사회현상을 가능한 한 객관적으로 이해하려고 노력해왔고, 사회를 올바른 방향으로 움직여 나가려 노력해왔으며, 앞으로도 인류가 존재하는 한, 이러한 노력은 지난한 시행착오를 겪어갈 것이다.

사회현상을 이해하는 방식으로 사회과학이라는 말에 대하여 한 번 생각해보자. 사회를 과학적으로 연구하는 학문이 사회과학이라고 할 수 있는데, 사회를 과학적으로 연구한다는 의미는 사회현상을 상대적으로 더 객관적으로 파악하려는 노력이다. 과연 이것이 자연세계를 과학적으로 연구하는 자연과학과 동치하여 말할 수 있는 의미로 사회과학인가?

자연과학은 자연세계를 구성하는 객관적인 법칙을 찾아내는 것을 목표로 하는 반면, 사회과학은 인간사회를 구성하는 객관적 또는 절대적 법칙을 찾아내는 것이 목적이 아니라 인간사회가 더 바람직한 방향으로 나아갈 수 있도록 비판적 사고 능력 또는 비판적 시각을 함양하는 데 목적이 있다.

그렇다면 비판적 시각이란 무엇인가? 일반적으로 딴죽 걸기, 까칠하기 등으로 표현되는 행태가 전형적인 비판적 모습일 것이다. 공동체 우위의 사회에서 비판적 자세는 공동체의 질서를 해치는 것으로 간주되는 경향이 있다. 우리나라에서 흔히 통용되는 말 중, '좋은 게 좋다', '우리가 남이가?', '모난 돌이 정 맞는다' 등이 의미하는 바가 바로 비판적인 자세에 대한 경고이다. 다른 말로 표현하자면 아닌 것을 아니라고 말하는 것을 소위 '튄다'라고 해석하여 비판적 사고를 거세하려는 분위기를 고양시키는 표현들이다. 이러한 순응적 태도는 특히 군대 같은 위계적·고립적 조직문화에서 가장 잘 학습된다.

비판적 자세를 거세하여 순응적 인간을 만드는 것은 민주적 사회를 만들어나가는데 바람직하지 않다고 할 수 있다. 그렇다고 하여 무작정 비판적인 자세만을 가지는 것이 민주적 사회를 만들어나가는 데 도움이 될까?

건전한 비판자세와 그렇지 않은 비판자세

비판적 자세는 두 가지 측면에서 이해되어야 한다. 즉 무조건적 비판 또는 비판을 위한 비판의 경우와 본인의 건전한 상식과 비교하여 아닌 것에 대한 반론으로서 비판이다.

무조건적 비판의 예는 모든 일에 대하여 불평을 하는 것을 들 수 있다. 벨기에의 페요(Peyo)라는 만화가에 의해 만들어진 유명한 〈개구쟁이 스머프〉라는 만화 캐릭터 중 '투덜이'라는 친구가 여기에 해당된다(아래 그림 참조). 만화에서 투덜이 스머프는 모든 것에 대하여 "나는 ~가 싫어(I hate ~)"라고 말한다.

⫶ 그림 3 개구쟁이 스머프 중 투덜이 스머프

이러한 비판은 상대방에게 받아들여지지 않는다. 왜냐하면 옳고 그름 또는 좋고 나쁨이 없이 모든 것에 대하여 항상 무조건 비판을 하는 사람의 주장에 대하여 우리는 신빙성이 없다고 느끼기 때문이다.

다음으로 비판을 위한 비판의 경우는 어떤 것인가. 대개 트집 잡기, 말꼬리 잡기라는 표현을 사용하면 그 의미가 조금 쉽게 이해될 것이다. 이러한 비판의 자세는 오류를 수정하는 학습을 통한 발전적·미래지향적 자세가 아니다. 비판을 위한 비판은 비판을 한 다음 이에 대한 건전한 대안을 제시하지 않는다는 측면에서 불량한 비판이라고 볼 수 있다. 불량한 비판은 상대방을 설득시키지 못한다.

오히려 상대방으로 하여금 더 큰 반발을 불러일으킨다.

　그렇다면 건전한 비판은 무엇인가? 갈등이 있는 사항에 있어, 서로 다름을 이해하고, 이러한 다름에 따라 나타날 수 있는 각자의 다른 관점에 따른 다른 해석과 그 차이에 대하여 상호이해하려는 노력이다. 서로 다르다는 것을 인정한다는 것이 의미하는 바는 상대방이 가지고 있는 가치, 경험, 신념, 선호 등이 자신과 다르다고 하여 이를 틀린 것으로 보지 않는 것이다.

　만약 자신과 다른 가치관을 가진 사람이 그 가치관에 근거한 해석을 하였을 때, 이를 틀리다고 비판을 한다면 이는 무조건적 비판 내지 비판을 위한 비판이 될 가능성이 높다. 건전한 비판을 하는 사람들은 가치관의 차이를 당연한 것으로 받아들이고, 이에 근거한 해석이 사실(또는 적어도 일반적으로 통용되는 상식)에 근거한 것인지 아닌지에 초점을 맞추어 증거 내지 자료를 기반으로 한 논리적 비판을 한다.

　불량한 비판을 하는 사람들은 일반적으로 강자에게 약하고 약자에게 강한 경향이 있다. 반면 건전한 비판을 하는 사람들은 모든 사람을 형평성 있게 바라볼 수 있는 능력이 있는 사람이기 때문에 강자에게 강하고, 약자에게 약한 사람이 될 가능성이 높다.

　정책을 만들고 실행하는 것도 사람이고, 정책이 대상으로 하는 것도 사람이다. 인간에 의한, 인간을 위한 노력으로서 정책은 사회에서 무엇인가 잘못된 것이 있을 때, 이를 더 나은 방향으로 나아가도록 하는 것이다.

　잘못된 것이 왜 어떻게 잘못되었는지를 명확히 밝혀내야만 그 잘못된 점을 올바르게 바로잡을 수 있다. 잘못된 것이 왜, 그리고 어떻게 잘못되었는가를 제대로 밝혀내는 첫걸음이 바로 비판적 사고에서 시작된다는 측면에서 우리는 정책의 이야기를 써나가는 데 있어 건전한 비판적 시각을 가지는 것이 필요하다.

건전한 비판을 위한 실천적 방법

건전한 비판을 할 수 있는 실천적 방법은 무엇일까? 무엇보다 타인을 자기중심적으로 해석하는 경향을 조금씩 양보함으로써 타인이 나와 다르다는 것을 인정하는 것이 건전한 비판을 위한 첫걸음이 될 수 있다.

일반적으로 사람은 자기중심적 경향이 강하기 때문에 타인을 바라볼 때, 타인을 자기중심적으로 해석하게 되면서, 타인이 자신과 유사할 것이라고 생각하기 쉽다. 이는 각별한 관계에 있는 사람일수록 그 정도가 심해진다.

소위 명문대 졸업을 한 부모는 자신의 자녀가 자신이 학창시절에 했던 것만큼 공부를 잘 하지 못할 경우, 왜 내 아이가 공부를 못할까를 이해하지 못한다. 자신의 자녀는 자신과 똑같아야 한다고 먼저 결정해버리고 자신의 자녀를 바라보기 때문이다. 이런 경우 자기가 가장 사랑하는 자녀에 대하여 건전한 비판이 아닌, 비판을 위한 비판을 하는 악순환 고리에 빠지게 되기 십상이다.

자비의 원칙(principle of charity)

　사람은 일반적으로 상대방과 대화를 함에 있어 자신의 기존 지식, 믿음 (신념) 등과 배치되는 상대방의 대화 내용(주장)을 다 듣기도 전에 이에 대하여 반박을 하고, 상대방에 대하여 오히려 자신의 주장이 더 올바르다고 (또는 적어도 바람직하다고) 설득하려고 하는 경향이 있다. 이러한 경우 대개 의사소통은 더 큰 갈등상황으로 귀결되기 쉽다.

　이러한 갈등상황을 지양하기 위해서 자비의 원칙이 필요하다. 자비의 원칙이란 상대방이 아무리 자신의 입장 또는 신념과 다른 논리(에 근거한 주장)를 펼치더라도 일단은 이를 이해하려고 노력하는 것을 의미한다. 자비의 원칙에 따라 상대방의 입장을 최대한 이해하게 된다면, 이에 대한 반박을 타인의 입장(논리 및 증거 등에 근거한 주장)에서 할 수 있기 때문에, 상대방을 '설득'할 가능성이 높아진다.[4]

　정책과정에서 정책행위자들 역시 이와 같이 자신이 가지고 있는 신념만이 옳다는 자기중심적 자세를 가진다면 상대방이 아무리 틀리지 않는 주장을 하더라도 이를 받아들이기 힘들어진다. 타인이 자신과 다를 뿐 틀리지 않다는 것을 인정하는 것의 출발점이 바로 자기중심적 사고를 벗어버리는 것이다. 자기중심적이 아니라 자신과 타인을 동등한 선상에 놓고 서로 다름에 대하여 논의를 할 때, 비로소 건전한 비판을 할 수 있는 것이다.

　타인의 입장을 이해함으로써 건건한 비판을 할 수 있는 기본 역량을 함양하는 데 자비의 원칙이 필요하다.

---

4) 자비의 원칙은 후술될 합리적 의사소통의 기반이 된다.

연대성과 공감

상대방에 대한 공감(empathy)에 기반한 연대성(solidarity)이 있어야 건전한 비판이 가능해진다. 먼저 공감이란 무엇인가에 대하여 생각해 보자.

우리는 슬픈 영화를 볼 때, 그 주인공의 슬픔을 같이 느끼면서 눈물을 흘린다. 마찬가지로 다른 사람이 웃는 모습을 보면 괜스레 자신도 기분이 좋아진다. 이것이 바로 인간이 다른 인간과의 교감을 만들어내는 공감능력이다. 우리는 타인의 고통을 보고 같이 고통을 느낄 줄 아는 존재이기 때문에 사회적 연대성의 중요성을 알게 된다.

연대성은 공동체의 응집정도 또는 사회의 통합정도를 나타내는 말로서 특정 사회 구성원들의 동질성(homogeneity)이 얼마나 높은가에 의해 결정된다. 사회학자인 에밀 뒤르껭(David Émile Durkheim)에 따르면 사회를 통합시켜주는 두 가지 구속력으로 가족과 종교와 같은 전통적 구속(traditional bondage)과 사회적 역할에 따른, 즉 인간이 사회적으로 삶을 유지하기 위해 상호의존할 수밖에 없기 때문에 나타나는 유기적 구속(organic bondage)이 있다고 한다.

일반적인 차원에서 사회구성원들은 민족, 인종, 문화 등을 공유하였을 때 쉽게 동질적이라고 느낀다. 또한 같은 직장에서 목적달성을 위하여 상호 도움을 주는 관계에 있을 때 동료의식을 느낌으로써 동질성을 갖게 된다.

그러나 민주적인 사회로 발전하기 위해서는 이러한 전통적 구속에 의한 동질성과 유기적인 사회적 역할에 따른 동질성을 넘어서는 인간으로서 공감에 의한 동질성이 필요하다. 즉 같이 공존해야만 한다는 도덕적·윤리적 규범이 같이 행복해져야 한다는 공감으로 발전하였을 때, 우리는 비로소 공감에 기반한 사회적 신뢰수준을 높일 수 있다. 이러한 사회적 신뢰에 바탕을 둔 연대성의 발현이 있어야 우리가 당면한 사회문제에 대하여 상호이해를 도모하는 건전한 비판의 가능성이 높아질 것이다.

'차이'를 통한 정책문제 이해 노력: 실증주의 신화를 넘어 현실 맥락을 이해하는 정책학으로

정책을 이해하는 첫 단추로서, 우리의 삶에서 반드시 옳은 것, 다른 식으로 표현하면 보편적으로 옳은 것 또는 객관적/절대적 진리가 존재하는가에 대한 고민이 필요하다. 다른 말로 표현하면 '옳은 것(진리) 으로서 A 대 틀린 것 (오류)으로서 B'라는 대립관계가 아닌 'A와 B는 단지 서로 차이가 있을 뿐'이라는 시각을 가질 필요가 있다. 예를 들어 남성 대 여성 간 관계를 대립관계로 이해하려는 전통적 접근에서는 남성위주 또는 가부장적 제도가 옳은 것으로 주어진 상태에서 여성을 이해하기 때문에 여성은 남성과 비교하여 무엇인가 오류가 있는 존재이었다. 이러한 논리에 따르면 여성은 항상 남성에게 종속될 수밖에 없었다. 그러나 21세기에 들어와서 이러한 이항대립적 사고는 이미 상식이 아닌 것으로 받아들여지고 있으며, 남성과 여성 간 대립관계가 아닌 여성과 남성의 차이에 초점이 맞추어지고 있다.

이와 같이 이미 옳은 것 또는 틀린 것이라고 주어진 내용이 실제로는 그렇지 않을 가능성이 상당하다는 것을 전제로 정책(사회문제)을 이해하려는 노력이 비판적 사고의 첫걸음인 것이다. 이러한 측면에서 실증주의적 접근(여기서는 절대적 진리를 전제로 한 문제해결접근이라고 간단히 하자)을 넘어서는 방법으로서 사물 또는 사건을 이해함에 있어 그대로의 모습이 무엇인지를 파악하려는 노력이 필요하다.

차이는 크게 인위적으로 만들어지는 차이와 자연스러운 차이 두 가지로 구분되어 이해될 수 있다. 인위적으로 만들어지는 차이는 실증주의적 접근에 의해 만들어진다. 즉 실증주의에 따르면 객관적으로 증명된 절대적 진실(여기에는 경험적인 실증뿐만 아니라 수학적/이론적 증명 역시 포함됨)이 이미 주어졌기 때문에 이에 따른 진실과 다른 것(즉 차이)은 오류로 간주된다. 반면, 후기실증주의 또는 후기구조주의의 입장에서 보면 모든 진리는 맥락적으로 구성되는 사회적 실재(social reality)이기 때문에 절대적으로 옳은 것이 존재한다기보다 각기 처한 맥락에 따른 차이를 가지게 된다. 즉, 사회적 실재의 입장에서는 차이가 선행적으로 있는 것이며, 반복을 통해 일정한 패턴(정체성 또는 동일성)을 포착할 수 있다. 반면, 보편적 진리의 입장은 먼저 동일한 정체성(진리)가 존재하며, 이러한 진리에서 어긋나는 것으로서 차이가 오류의 형식으로 나타나게 된다.

차이를 시간의 흐름의 차원에서 생각하면 차이라는 것은 너무 당연한 현상으로 이해될 수 있다. '같은 강물에 두 번 발을 담그는 것은 불가능하다'라는 고대 그리스 철학지 헤라클레이토스의 언명은 바로 이러한 차이의 당연함을 이야기해준다. 지금 이 순간 나의 발이 느끼는 강물 자체는 1초 전, 그리고 1초 후의 강물과는 다른 강물이다(왜냐하면 물은 쉼없이 흐르고 있기 때문이다). 그러나 우리는 강물을 생각할 때, 물리적 물질로서 강물이 아니라 특정 강(예를 들어 한강)이라는 추상적 개념을 떠올린다. 여기서 그 강 자체는 하나의 동일성을 가진 개념으로 주어지기 때문에(또는 동일성 개념으로 먼저 상정하고 있기 때문에), 시간의 흐름에 따라 달라지는 물리적으로 다른 물을 같은 강물이라고 인식하는 오류를 범하는 것이다.

그렇다면 모든 것이 항상 변화하고 있다면 우리는 어떻게 이 세상을 또는 정책문제를 이해할 수 있을까? t_0시점의 정책문제와 t_1시점의 정책문제는 100% 동일한 것이 아니라 차이가 발생하니 말이다. 이러한 지속적 변화에도 불구하고 우리가 이 세상, 또는 특정 정책문제를 이해할 수 있는 이유는 다음과 같이 설명될 수 있다.

반복을 통한 차이의 이해

시간의 흐름과 관계없이 불변하는 보편적/절대적 진리를 단 한 번에 제대로 파악할 수 있다면, 이를 반복적으로 볼 필요가 없다. 왜냐하면, 한 번만 제대로 보면 ─또는 불변의 진리가 항상 보편적으로 주어지기 때문에─ 그 특성(고유성)을 이해할 수 있기 때문이다. 그러나 미세하지만, 지속적인 차이가 계속해서 발생하는 경우 한 번 만에 그 대상의 고유성을 완벽하게 이해할 수 없다(왜? 계속 변하고 있는 수많은 차이 중 단 하나만을 보기 때문).

그러나 매 순간 이 세상 모든 것이 다 변화한다면 실질적으로 이 세상을 이해하고 살아가기 어렵기 때문에(실질적으로 불가능하기에), 우리는 사회적으로 특정한 유사한 패턴을 가지는 사건/사물에 대하여 유사 또는 같은 것이라는 합의를 함으로써 특정 기간(시간) 동안은 특정한 사실(존재)이 사회적으로 합의된 상태로 사회적 실재로 인식된다. 따라서 정책과정에서의 사건/사물/제도들은 매 순간 모든 것이 정신없이 매우 큰 폭으로 변화해나가는 현상으로 이해되지 않고, 특정 시간과 공간 내에서 변화가 거의 없는 상태로 반복에 의해 일정 기간 동안 일관적 패턴을 파악할 수 있으며, 이러한 특정 패턴에서 도출되는 특정 의미에 대하여 사회적으로 동의(합의)함으로써 일정한(그러나 영원히 지속되는 보편적인 것은 아닌) 사회적 실재로서 세상을 이해하게 된다.

예를 들어 특정한 A라는 인물이 있다고 하자. 이 인물은 매 순간, 순간마다 변화하고 있기에 항상 100% 완전히 동일한 A라는 인물은 존재할 수 없다(매 순간 새로운 세포가 만들어지고 늙은 세포는 죽는 등 물리적 변화를 생각해보자). 즉 아주 미세하지만 차이가 있기 때문에 10분 전의 A와 지금 이 순간의 A, 그리고 미래 10분 후의 A를 모두 100% 같은 사람(존재)이라고 할 수 없다는 것이다(이것이 이해되지 않는다면 시간 간격인 10분을 10년으로 늘려보면 이해가 쉽다). 그러나 A를 반복적으로 계속 만나보다 보면, A의 미세한 변화를 넘어서는 A라는 총체적 존재가 보이는 것이다. 즉 A라는 사람의 일정한 패턴이 이해될 수 있는 것이다. 즉 생김새, 말투, 행동하는 방식, 걸음걸이, 웃을 때 또는 찡그릴 때 표정(얼굴 주름)이 나타나는 특이한 방식 등의 총체이다. 이러한 A의 특이한 패턴은 A를 다른 사람들과 구분시켜주는 A의 고유성이며, 이러한 특정 대상의 고유성(존재)을 인식하는 것은 반복을 통해서만 가능하다. 우리는 이러한 특정한 패턴을 가지는 존재에 대하여 '김철수', '김영희' 등 사회적으로 합의된 이름을 부여함으로써 그 존재를 상호 이해하게 되는 것이다.

그러나 이러한 패턴 역시 일정 시간 동안만 유지될 뿐, 장기적 시점에서는 변화하게 된다. 예를 들어보자. 지난 10~20년 동안 지속적으로 자주 만나왔던 지인들을 떠올려 보라. 여러분은 그들의 20년 전 모습과 지금의 모습 중 어떤 모습을 보여주어도 같은 사람으로 인식할 것이다. 왜냐하면, 반복적 만남을 통해 미세한 차이를 반복적으로 보면서 미세한 차이를 넘어선 총체적 존재로서 그 친구를 파악할 수 있기 때문이다. 그러나 10~20년 전 같은 학교 또는 학급 친구 중 졸업 이후 한 번도 만나본 적 없던 친구를 20년 만에 동창회에서 만난다고 생각해보자. 20년 만에 처음 그 친구의 얼굴을 보았을 때, 내가 알고 있던 친구로 인식하지 못할 가능성이 매우 크다. 다른 말로 표현하면 지속적/주기적으로 계속 만나온 친구의 경우 시간에 따른 작은(미세한) 변화가 크지 않기에 지속적으로 같은 사람으로 인식할 수 있는 반면, 20년 만에 만나게 되면 20년이라는 시간 동안 축적된 미세한 변화가 큰 변화로 나타나 얼굴을 알아보기 어려운 것이다.

한 걸음 더 나아가보자. 시간의 흐름/공간의 변화와 관계없이 특정 존재가 100% 동일하다는 것은, 이것이 불변의 진리라는 것을 의미한다. 즉 이는 동일성(불변의 보편적 진리)이 먼저 존재한다는 것을 전제로 한다. 이러한 접근에서는 보편적 진리를 유지시키기 위한 두 가지 형태의 반복이 나타난다. 첫째, 아무리 반복하여도 똑같은 결론에 도달하는 것만이 진리라는 실증주의적 인식론으로서 반복과 둘째, 오류를 찾아내고 반복을 통해 이를 수정(동일성, 즉 진리로 수렴함)하는 오류 수정과정으로서 반복이다. 후자에 있어서는 오류가 발생하였을 때, 이를 수정하고, 그럼에도 불구하고 다시 오류가 발생하면 수정과정을 반복한다는 점에서 반복인 것으로, 어느 순간 오류가 완벽하게 수정되면 더 이상 반복이 필요하지 않게 된다.

반면, 차이를 있는 그대로 받아들이면서 맥락적 관점에서 상대적 진리 또는 사회적 실재로서 존재를 이해하는 접근에서는 동일성보다 차이가 먼저 존재하기 때문에, 반복은 차이를 이해함으로써 존재를 파악하기 위해 무한히 지속되는 자연스러운 과정이라고 볼 수 있다.

지금까지 차이를 인위적인 차이와 있는 그대로의 차이(또는 자연스러운 차이) 두 가지로 나누어 비교 논의하였다.5) 이 두 가지 차이 중 변화하는 정책을 맥락적으로 파악하는 데 유용한 접근 자세는 차이를 자연스러운 것 또는 있는 그대로의 차이를 인정하는 것이다. 그러나 오류로서 차이를 이해하는 경우에는 오히려 맥락을 이해하는 것을 방해하는 걸림돌로 작용할 수 있다. 이 두 가지 차이에 대한 개략적 이해를 돕기 위해 요약 정리하면 다음의 표와 같다.

---

5) 이상의 논의는 후술될 정책 가치 중 '평등/불평등' 논의와 직접적으로 연결된다.

∰ 표 1 두 가지 관점에서 '차이'에 대한 이해 비교

	인간이 만들어 낸 차이	자연스러운 차이
차이의 의미	진리로부터 오류: 주어진 진리에 대해 벗어난 정도	반복에 의해 이해되는 고유의 특성: 차이 자체가 존재함
기본전제	시간과 공간을 초월하는 보편적/절대적 진리(이데아)가 주어짐	시간에 의한 변화가 근본적인 차이를 생성: 시간/공간상 존재하는 다양한 차이는 자연스러운 변화에 의한 차이(있는 그대로의 차이)
	주어진 보편적/절대적 진리	상대적 진리(사회적 실재)
맥락	맥락을 고려하지 않음	맥락에 따른 차이 해석
반복의 역할	절대적 진리의 확인: 무한 반복에도 계속 같은 결과로서 진리가 존재	상대적 진리(사회적 실재) 인식: 지속적 변화에 의한 미세한 차이를 반복적으로 파악함으로서 일시적(상대적) 정체성 획득
유의 통치체제	전체주의(독재)	민주주의

차이의 발전적 극복을 통한 민주적 정책과정으로

인간 사회에서 당연히 나타날 수밖에 없는 다양한 차이는 때로는 갈등이라는 형태로 전환되어 부정적으로 인식되며, 종종 제거해야 할 대상으로 인식되기도 한다. 그러나 실제 사회문제를 해결하는 정책과정에서 다양한 정책행위자 간 차이 즉, 정책문제에 대한 이해의 차이 및 이에 따른 해결책의 차이에 있어 특정 행위자의 정책해결책이 다른 해결책과 비교하여 100% 절대적으로 옳은 경우는 존재하지 않기 때문에, 이러한 차이를 일방적으로 제거하는 방식이 아닌 차이

의 발전적 극복이 필요하다. 정책과정에서 차이의 발전적 극복을 위한 방식으로 변증법적 차이 극복을 제시한다.

변증법은 같은 현상에 대하여 서로 다른 두 주장을 하는 사람들이 상호 토론(대화)을 통해 모순을 발전적으로 해결해나가는 과정이다. 즉, 정립된 기존주장 대 이에 대해 반대되는(또는 다른) 주장 간 모순(차이)을 대화를 통해 상호 합의된 새로운 주장으로 발전시키는 것이 변증법이라 할 수 있다. 고대 아테네 변증법은 민주적 과정을 통한 사회 문제 해결 방법의 시초라는 점에서 현재의 민주주의 제도 아래에서 민주적인 정책문제 해결방식으로 재정립될 필요가 있다.

변증법적 발전과정으로서 정~반~합 도식화에 있어 '정(thesis)'과 '반(antithesis)'이라는 것 자체가 '정'과 '반' 간 차이가 있다는 것을 의미하며, 이러한 차이를 극복하는 방식(과정)으로 지양에 의해 새로운 발전적 모습, 즉 합(synthesis)이 발현한다는 것이 변증법적 과정이다.

변증법적 발전과정을 다른 식으로 표현하면, 서로 차이를 가지는 정과 반은 상호작용을 하면서 상호 모순상태로 변화한다. 즉 상호과정 속에서 정이 반으로, 반이 정으로 되는 변화과정을 거친다. 이러한 변증법적 변화 과정은 주인과 노예의 변증법이라는 예시로 이해될 수 있다.

주인은 노예보다 훨씬 큰 자유를 가지는 존재이며, 노예는 주인이 시키는 명령만을 받들어야 한다는 점에서 자유가 거의 없는 존재이다. 즉 노예는 주인의 자유를 위해 존재한다고 할 수 있다. 그러나 시간이 흘러가면서 주인과 노예의 관계가 역전될 수 있다.

무엇보다도, 주인은 노예가 있어야만 주인으로 인정받을 수 있으며, 주인은 노예가 제공하는 다양한 서비스(음식 등)가 없으면 생존이 어려워진다. 즉 주인만으로 이루어진 세계의 주인은 주인으로서 자유를 인정받지도, 향유 할 수도 없는 것이다. 이것이 의미하는 바는 주인이 주인으로서 존재하기 위해서는 노예의 존재에 대한 의존성이 매우 크다는 사실이다.

노예가 이러한 사실을 인지하게 되면, 노예는 자신의 존재 자체와 자신이 만들어내는 다양한 주인을 위한 서비스들이 자신의 자유를 구속하는 요인이라기보다, 오히려 주인과의 관계에 있어 자신을 존재적으로 우위에 설 수 있게 만들어내는 것이라는 점에서, 주인보다 우위에 있는 존재로 상호관계가 변화하게 될 수 있는 것이다. 즉 주인은 노예의 상태로 변화하며, 노예는 주인의 주인이 되는 상호 모순 상태로 변화하게 되는 것이다.

이러한 일련의 변화과정에 있어 정과 반이 서로 지양되면서 새로운 진보적 단계인 합의 상태로 발전한다.

여기서 차이에 대한 (앞서 이야기한 두 가지) 이해방식에 따라 정과 반에 대한 관계 정립이 달라지게 되며, 이러한 정과 반 간 관계규정의 차이에 의해 이 둘 간 지양(止揚)에 의해 나타나는 결과가 완전히 달라지게 된다.

첫째, 차이를 오류로 보는 시각에 따르면 옳은 것과 틀린 것 간 관계로 정과 반의 관계가 정의되며, 틀린 것은 항상 옳은 것에 맞게 고쳐져야 할 대상이기에, 옳은 것은 그대로 있는 반면 틀린 것은 옳은 것으로 수정되는 교화과정을 통해, 즉 정~반의 관계는 지양(반의 틀림을 폐기하고 정을 받아들이는 과정)을 통해 다시 정으로 수렴(회귀)된다. 항상 옳은 원칙(정)에 대하여 다른 주장을 하는 것(반)은 이미 정립된 원칙에 어긋난 것이기 때문에 이를 수정하는 과정이 필요한 것이고, 이에 따르면 결과적으로 모든 다른 (다양한) 주장들은 하나의 옳은 원칙으로 수렴되어야 된다. 여기서 지양의 두 가지 복합적 의미 중 폐기하다의 의미만 사용되는 지양이 되기 때문에 새로운 발전적 상태를 염두에 두는 변증법적 종합의 개념으로서 합이라고 보기는 어렵다.

지양(止揚, aufheben)

　한문 글자 그칠 지(止)와 오를 양(揚)이 합해져 만들어진 개념이다. 지양의 뜻은 정과 반 간 '모순을 없애는 동시에 이를 통해 더 높은 경지에 오른다'라고 할 수 있다.
　지양의 원 독일어는 aufheben으로서 이는 '폐기하다(부정하다)'와 '보존하다(높이다)'라는 두 가지 의미가 있는 단어이다. 이를 통해 이해할 수 있는 지양의 원뜻은 다음과 같이 해석될 수 있다. 즉 지배적인 것(또는 과거의 지배적인 것으로서 정)이 모순(반)에 의해 부정되고 새로운 상태로 발전해나가는 과정에서 기존의 지배적인 것 그리고/또는 모순이 모조리 부정 또는 폐기되는 것이 아니다. 오히려 기존의 정/반의 내용 중 새로운 상태로 나아가는 데 도움이 되는 것은 합으로 발현되는 새로운 상태의 내부에 보존되고, 더 이상 유효하지 않은 것은 폐기 됨으로서 '폐기와 보존'이 동시에 내재화되는 과정으로서 합에 이르는 과정을 의미한다.

옳은 것과 틀린 것 간 차이인 오류를 한 번에 완전히 폐기할 수 있다면 이러한 과정이 단 한번으로 종결될 수 있지만, 실제로 단 한 번만에 오류를 수정함으로써 이상향(옳은 것)과 100% 똑같아지지 못할 개연성이 높다(살면서 같은 실수를 반복했던 경험을 떠올려 보시길). 이상향에 100% 완벽하고 동일하게(즉 오류가 0인 상태) 되는 것은 불가능하기 때문에 이러한 정~반~정 과정은 반복된다.

둘째, 시간의 변화 등에 의한 자연스러운 차이를 받아들이는 입장에서는 옳은 것, 바람직한 것이 먼저 주어지지 않는다. 모든 존재는 단지 다를 뿐(차이)이다. 즉 서로서로 다르기 때문에 차이가 나타난다. 차이를 자연스러운 것으로 이해하게 되면, 앞서와는 달리 정과 반의 관계에 있어 정과 반 중 특정 편(위에서는 정)이 옳다는 것을 받아들이지 않는다. 단지 정의 주장과 반의 주장은 서로 같은 현상에 대한 다른 이해이며, 상호 연관된 내용에 대해 서로 다른 것들을 연결시킴으로써 (무한한) 가능성이 있는 새로운 발전이 발현될 수 있다.

서로 다른 두 상태가 상호작용 과정을 거치면서 '폐기와 보존'이 복합적으로 나타나는 지양이 될 때 과거와 차별되는 변화로서 합이 나타난다. 이러한 변증법적 발전의 도식화는 자연스러운 차이에 의해 설명이 된다. 위에서 제시한 예를 적용시켜보면, 초등학교에 갓 입학한 학생은 한글이라는 새로운 것을 익혀서 한글을 자신의 일부로 만들면서 과거의 자신과는 다른 발전가능성을 가진 새로운 학생이 되는 것이다. 여기서 초등학생은 유치원생일 때 문맹의 모습을 폐기하고 한글을 읽고 쓸 수 있지만, 과거 자신의 가지고 있던 호기 현실세계에서 우리는 항상 익숙한 것과 생소한 것 간 차이 또는 새로운 정보로부터 오는 기존 인식과의 차이 등을 만나게 된다. 따라서 차이를 자연스러운 존재로 보는 시각에 따르면 차이는 새로운 것을 의미한다.

우리가 살아가면서 새롭게 접하는 모든 정보, 경험은 모두 과거의 자신과 차이를 만들어 내는 사회적 행위자들이다. 예를 들면, 초등학교에 입학하면서 한글이라는 새로운 정보를 접함으로써, 어린이는 초등학교에 입학하기 전의 자신과 입학 후 한글을 익힌 자신과의 차이가 발생한다. 이러한 차이는 단순히 '어린이+한글=한글을 아는 초등학생'이라는 1+1=2의 계산 결과가 아닌, 학생이 한글(글자)을 익힘으로써 향후 무한한 생의 가능성을 열게 되는(즉 시간의 흐름에 따라 지속적으로 새로운 차이를 만들어내는 또는 변화하는) 역량이 그 학생의 내부에 생기게 된 것이다. 여기서 어린이가 한글을 익히는 것은 단순한 연결이 아닌 복합적인 합일화(종합)의 결과를 가져와서, 종국에는 한글을 익힘으로써 새로운 역량 및 미래 가능성이라는 시너지로서 발전이 이루어진 것(1+1=2를 넘어서는 결과. 즉 한글을 통해 학생이 어떤 다른 새로운 정보를 받아들여 미래 어떻게 발전하는가에 따라 무한대까지도 가능)이다. 이와 같이 차이와 차이(서로 다른 것)는 시너지효과를 발생시킬 수 있는 가능성을 가졌다는 점에서 변증법의 발전과정인 새로운 상태로서 '합'으로 귀결될 수 있다.

심, 선호 등 자신의 모습은 그대로 간직한 학생으로의 질적 변화(발전)가 이루어진 것이다.

이와 같은 차이의 변증법적 발전은 시간의 흐름에 따라 지속적으로 나타나게 된다. 즉 우리는 살아가면서 끊임없이 새로운 것(현재 또는 과거 자신과 차이를 가지는 것)을 만나고, 이를 받아들이는 경우 전과는 다른 단계의 새로운 자신(의 삶)으로 나아가는 과정을 반복한다. 이를 정책행위자 간 다른 의견이 나타나는 차이의 관점에서 재검토해보자.

우선, 특정 시점 t_0 시점에 A라는 사람과 B라는 사람이 있다고 하자. 이 두 사람은 당연히 서로 차이를 가지고 있는 존재이며, 두 명 중 누구도 옳거나 바람직한 상태(또는 일반적인 표현으로 하자면 사회적으로 지배적인 지위)가 아니고 상호 다른 차이(경험)가 이전까지의 시간의 변화에 의해 축적된 존재로서 차이가 있을 뿐이다. 즉 이들은 서로 수평적으로 동등한 차이를 가진다. 그러나 이 둘은 서로 다르기 때문에 동일한 사회문제 해결책에 있어 갈등(변증법적 용어로는 모순)이 발생할 수밖에 없다. 이러한 갈등은 상호 의사소통을 통해 지양될 수 있다. 만약 A와 B가 서로의 차이에 대하여 새로운 정보로 받아들여 서로 배울 점이 있다고 느꼈다면 이 둘 간 종합으로서 새로운 상태인 합의(두 명의 의견 중 적절한 부분이 혼합되면서 새로운 논의가 배가된 합의)로 나아갔다고 볼 수 있다.

그러나 A와 B 간 합의가 이루어졌다고 하더라도, 이것이 의미하는 바는 A와 B 간 대화/토론 등을 통해 완전히 동일한(통일된) 의견으로 수렴되었다는 것이 아니라, 상호 양보하면서 일정부분 서로 같이 할 수 있는 정도의 합의가 이루어졌다는 것이다. 즉 A와 B 간 차이는 여전히 존재하지만 일정 지점에서 서로를 인정하게 되었다는 것을 의미한다. 그리고 향후 환경변화에 따른 새로운 정보의 도입으로 변화할 가능성이 내재해 있다.

따라서, t_0 시점에 있어 A와 B간 합의된 차이는 시간이 흐르면서 (즉 t_1 시점) 다시 또 다른 차이로 나타날 수 있다는 것이다. 이렇게 변화된 시점에서 발현되는 또 다른 차이는 다시 A와 B 모두 변화하게 만들며(즉 둘 다 전 시점과 비교하여 차이가 생김), 이러한 새로운(시간 흐름에 의해 변화된) 시점에 의해 새롭게 나타난 차이는 다시 발전적으로 다음 단계의 변증법적 지양 과정을 겪게 된다. 이러한 과정이 시간의 흐름에 따라(즉 t_1, t_2, $t_3 \cdots t_n \cdots \infty$) 계속 변화하면서, 지속적 발전이 이루어질 수 있다.

차이의 변화 양상

특정시점(t_0)에서 관찰되는 다름 또는 차이는 시간의 흐름에 따라 다음 시점(t_1)에 있어 다른 양상으로 변화해 나가게 된다. 이는 크게 두 가지 방향성으로 진행된다.

첫째, 차이를 자연스러운 현상으로 인정한다면, 전 시점에 존재하던 차이에서 상호 공감할 수 있는 부분을 찾아내어 공존하는 문화를 만들어 갈 수 있다. 즉 차이 자체는 인정하면서(보존), 이러한 차이를 상호 도움이 될 수 있는 방향으로 발전시키거나, 서로 합의할 수 있는 영역을 찾아나가는 과정(폐기)을 통하여 진보적 변화를 만들어 낼 수 있다. 요약하자면, 차이를 좁히는 것(제거하는 것이 아니다)은 합리적 의사소통을 통한 차이의 인정에 의해 가능하며, 민주적 과정을 통한 합의에 의한 사회문제 정의 및 해결수단 채택의 과정이다.

둘째, 차이를 오류로 판단할 경우, 차이를 없앨 수, 또는 차이를 더 크게 만들 수 있다. 여기서는 오류로서 차이를 가지는 현상이나 대상을 교화하여 오류가 없는 상태로 만드는 것이 주요 방향성이지만, 오류의 수정이 이루어지지 않는 상황에 대하여는 이를 강제로 제거하거나 사회에서 퇴출/격리시키는 방식을 사용하게 된다. 이러한 경우, 중장기적으로 사회의 다양성이 감소되면서 발전 또는 진보에 오히려 역행하는 결과를 초래하게 된다. 예를 들어, 창작(언론)의 자유를 생각해보자. 창작의 자유란 사회에서 동의되는 기본적 상식/윤리에 저촉되지 않는 한 자신의 생각을 마음껏 펼칠 수 있는 것을 의미한다. 즉 작가적 창의력을 바탕으로 독특한(즉 차이가 나는) 창작품을 만듦으로써 문화예술 발전에 기여하고, 더 나아가 사회발전에 기여하는 것이 중요한 창작의 세계에서는 내용 또는 표현이 동일한 작품은 표절로 오히려 진보에 역행하는 것으로 간주된다.

창작의 자유와 유사하게 언론의 자유 역시 사회적 윤리/상식에 저촉되지 않는 이상 자신의 의견을 표현할 수 있는 권리이다. 정책과정에 있어 특정인(대개 권력자)의 의견/주장과 다른 생각/주장은 잘못된 것 또는 틀린 것으로 간주되어 검열 또는 폐기되는 사회가 민주적인 사회로써 인간을 위한 진보가 일어날 가능성이 클까?

정책학은 사회문제의 실질적 해결을 통한 인간의 존엄성 증진이 목표이다. 이를 지금까지 논의한 차이의 변증법적 발전 논의로 재정리해보면 다음과 같다.

무엇보다도, 1) 자연스러운 차이를 바탕으로 상호 다름(차이)을 자연스러운 것으로 받아들이면서 2) 동시에 가능하다면 차이를 상호학습의 기회로 삼아 3) 사회문제를 바라보는 너와 나의 차이를 갈등에만 국한시키지 말고 상호 학습할 수 있는 새로운 정보로 이용하여

4) 상호합의에 도달하면서 동시에 시너지 효과를 발휘하는 새로운 문제해결책을 도출하는 5) 끊임없는 노력이다.

정책학: 맥락으로 정책 이해하기

01

정책을 둘러싼 맥락

정책을 둘러싼 맥락

　인간은 자신에게 들어오는 모든 정보를 일종의 이야기로 꾸며서 이해하는 특이한 동물이다. 인간 사회의 인공적인 구성물[6]인 정책 역시 다양한 정보를 제시하여 주는 역할을 하고 있으며, 이러한 정보를 바탕으로 우리는 정책현상을 이야기로 이해할 수 있다.

　정책은 진공 속에서 이루어지지 않는다. 즉 정책을 둘러싼 다양하고 변화하는 환경의 영향을 받으면서, 그리고 환경에 영향을 주면서 정책은 진행된다. 이러한 환경과의 상호작용 속에서 정책이 어떠한 이야기로 만들어지는지를 이해하는 것이 중요하기 때문에 정책을 둘러싼 맥락에 대한 이해가 기본적으로 선행되어야 한다.

---

6) 정책은 인간이 사회생활을 조화롭게 영위하기 위한 문제해결 및 사회적 목적을 달성하기 위해 고안해낸 인공적 설계이다.

따라서 정책을 이야기로 이해하기 위해서는 정책을 둘러싼 맥락에 대한 이해가 있어야만 정책이 내포하고 있는 재미있는 이야기 구조를 파악할 수 있는 것이다. 다시 말하자면 정책을 이야기로서 이해함으로써 가질 수 있는 가장 큰 장점은 정책을 둘러싼 맥락에 따라 다른 얼굴로 나타날 수 있는 정책의 복잡성을 이해할 수 있다는 것이다.

본 장에서는 정책을 둘러싼 다양한 맥락 중 정책을 둘러싼 환경의 복잡성, 정책행위자들이 정책을 이해하는 데 가장 기본 출발점인 다양한 가치, 그리고 사회적 환경 또는 맥락으로서 민주주의 제도에 초점을 맞추어 설명하고자 한다.

1. 정책을 둘러싼 맥락 ① 복잡하고 변화하는 환경

정책을 둘러싼 첫 번째 맥락으로서 환경은 바로 우리가 살고 있는 사회의 특성이라고 할 수 있다. 본 장에서는 정책에 직간접적으로 영향을 주고, 그리고 영향을 받는 사회적 특성으로서 현대사회의 복잡성과 다양성에 대한 이해 및 수용성의 문제에 대하여 살펴보고자 한다. 먼저 복잡성을 이해하기 위한 전제 사항으로 먼저 우리의 사회적 관계에서 도출되는 '상호작용'과 시간의 흐름에 따라 자연스럽게 나타날 수밖에 없는 '변화'에 대하여 간략히 알아보자.

상호작용과 복잡성

사회적 동물로서 인간은 가장 기본적인 생존 수단부터 자신의 행복에 이르기까지 이 모든 것을 사회적 관계를 통하여 성취할 수 있다. 인간의 삶의 가장 기본적인 단위로서 사회적 관계는 실제 다른 사람 또는 사회적 제도 등과의 상호작용을 통하여 구체적인 모습을 가지게 된다. 그런데 사회적 관계는 우리가 생각하는 것보다 훨씬 복잡하다.

현대사회를 묘사하는 데 가장 많이 사용되는 단어인 복잡성은 수많은 사회구성원들 간 상호작용이 예측하기 힘든 불확실한 효과를 만들어 내기 때문에 발생한다. 우리가 살고 있는 세상은 매우 많은 사람들로 구성되어 있다. 2024년을 기준으로 한국의 인구는 약 5,175만 명이며, 전 세계 인구는 81억 명이 넘는다. 이 수많은 사람들은 독립적으로 살아가는 것이 아니라 서로가 서로에게 영향을 주고받으면서 살아간다. 여기서 재미있는 점은 사람 숫자의 증가 비율과 이들 간 상호작용의 증가 비율이 일치하지 않는다는 점이다. 즉 세상이 복잡한 이유는 단순히 사람이 많아서가 아니라 사람들 간 상호작용이 너무 많아졌기 때문이다.

다음 그림에 나타나듯이 사람 숫자가 선형적으로 증가할 때, 이들 간 가능한 관계의 숫자는 기하급수적으로 증가한다. 예를 들면 행위자가 4명일 때 이들 간 가능한 관계의 숫자는 6개, 8명이면 28개, 10명이면 45개, 100명이면 4,950개 등으로 관계의 수는 기하급

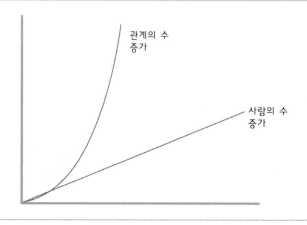

:!!: 그림 4 사람의 수 증가 vs. 관계의 수 증가 비교

관계의 수
증가

사람의 수
증가

수적으로 커진다.

　그림에서는 여러분의 이해를 돕기 위해 모든 사람이 단 한 가지의
관계만을 갖는다고 가정했지만 극히 드문 사례를 제외하고는 어느
누구도 단 하나만의 관계만 가지고 살지 않는다. 일반적으로 사람은
다수의 관계를 동시에 맺고 사회 속에서 살아간다. 게다가 사람들은
자신의 의지대로 관계를 선택하여 살아갈 수도 없다. 극단적인 예로
부모 자식의 관계는 어느 누구의 계획에 의해 결정된 것은 아니다.
우리는 우리의 필요에 의해, 그리고 우연에 의해 아주 많은 관계를
가지고 살아간다.

　여기에 더하여 사회는 사람으로만 구성되어 있지 않으며 윤택한
생활을 하기 위해 고안한 각종 사회 제도와도 관계를 갖게 된다. 이
렇게 보면, 개인이라는 존재는 매우 많은 사람과 사회 제도 속에서

제대로 헤아리기도 어려운 매우 많은 관계를 중첩적으로 가지고 있다. 이러한 다양한 관계까지 고려하면 사람 수의 증가에 따른 사회적 관계수의 증가는 위의 그림보다 더욱 극단적으로 급속히 증가할 것이며, 또한 관계의 증가가 수식으로 표현하기 어려운 임의성을 가지고 있기 때문에 복잡성은 더욱 가속화된다.

우리가 살고 있는 전체 사회 중 일부분의 작은 사회의 예를 들어 보자. 아래의 그림은 한국의 행정학 학문사회에서 학자들 간 학문적 의사소통(논문의 공동저술)이라는 단 하나만의 관계만을 두고 시각화한 것이다. 이 그림에서 점은 학자들을, 선은 그들 간 공저관계를 표현한 것이며, 약 1,750명의 학자와 6,240여 개의 관계로 구성된 작은 사회를 시각적으로 표현한 것이다.

⁝⁝▶ 그림 5　행정학 학문사회 공저자 네트워크

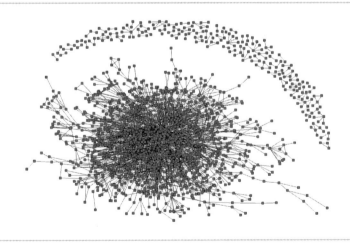

자료: 박치성(2012: 141).

이는 실제 현실 세계와 비교하였을 때, 매우 작고, 행위자 간 관계도 단 하나(공동연구)만을 상정한 매우 단순화된 사회의 모습이다. 그럼에도 불구하고 그림을 보고 첫 눈에 드는 인상은 '뭔가 복잡해 보인다'일 것이다. 그림만으로 누가 어떠한 관계를 가지고 있는지, 사회의 어떻게 조화를 이루고 있는지 알기 힘들기 때문이다.

네트워크로서 사회 이해: 상호작용 구조 파악

사람은 타인과 지속적인 상호작용과 상호의존 없이는 생존이 어려운 존재로서 사회의 다른 행위자들과 관계를 맺고 유지하며 세상을 살아가는 사회적 존재이다.

수많은 사람들이 셀 수도 없는 다양하고 복잡한 관계를 유지하면서 어떻게 조화를 이루며 살고 있는 것일까?

첫째, 사회를 구성하고 있는 수많은 행위자들이 자기와 근접해 있는 다른 행위자들과 지속적인 상호작용을 해나가는데, 이것이 상호학습이라는 형태로 발전하게 된다. 우리는 살아가면서 타인의 도움을 필요로 하는데, 무조건 나의 입장에서 타인에게 내 요구사항을 강요하지 않는다(어린아이들은 예외이다).

예를 들어 학생의 입장에서 필요한 물건이 생겨서 부모님께 돈을 달라고 부탁해야 할 때 학생들은 먼저 부모님이 어떤 기분 상태인가를 살핀다. 부모님이 화가 나 있는 상황에서 돈을 달라고 부탁하면 거절당할 확률이 높기 때문이다. 부모님의 기분이 좋을 때 자신이 왜 특정 물건이 필요한지를 조리있게 설명함으로써 부모님을 설득시키면 돈을 받을 수 있는 확률이 높아진다(반면 부모님이 더 논리적으로 그 물건의 불필요성을 설득하게 되면 그 물건의 필요성이 높지 않다는 것을 이해하는 학습이 될 수 있다).

이러한 지극히 일상적인 삶에서 관계관리가 바로 나와 관계를 맺고 있는 타인과의 조정(기분을 살피는 작업) 및 상호학습(부모님을 설득)을 통하여 이루어지는 것이다. 이러한 상호조정 및 학습의 도모는 복잡한 관계를 관리해 나가는 데 있어 가장 기본적인 요소로 작용한다.

둘째, 수많은 행위자들의 복잡한 관계들이 자연스럽게 총합되었을 때, 개별 행위자들은 인식하지 못하거나 예상하지 못한 조화로운 질서가 발현되기도 한다. 정책으로만 한정하여 본다면, 행위자 간 상호이해를 통해 명확한 정책목표 및 문제해결 수단을 발견할 수 있으며 이는 어떠한 행위자가 의도적으로 만들어낸 것이 아니라 복잡한 상호학습의 결과물로 나타난다.

사회의 행위자들과 이들 간 상호의존 관계는 일정한 구조적 패턴을 형성하고 있기 때문에 이러한 결과가 나타난다. 네트워크[7]는 이러한 구조적 패턴을 파악하는 데 유용한 시각적 형태뿐만 아니라 다양한 구조적 특성을 제공하기 때문에 사회는 바로 네트워크 구조로 이해될 수 있다.

네트워크에 참여하는 모든 행위자는 모두 똑같은 역할을 하지 않는다. 상호의존 관계 패턴에 따라 나타나는 다양한 역할을 하는 행위자들로 구성되어 있는 것이 네트워크이다. 따라서 행위자들의 상호의존 패턴을 나타내는 네트워크의 구조를 이해한다면 더 바람직

---

7) 네트워크는 이를 구성하는 행위자와 이들 간의 관계로 이루어진 구조를 지칭한다.

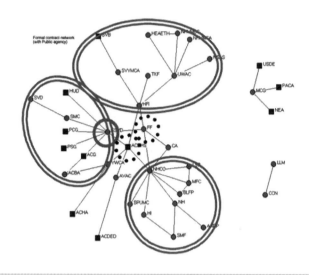

자료: 박치성(2006: 243).

한 사회적 상호관계를 구축하는 데 유용하게 사용될 수 있다.

　단순화된 예로써 위의 그림을 보자. 위 그림은 저자가 수행하였던 연구결과의 일부로 미국 피츠버그(Pittsburgh) 지역의 비영리 조직과 정부조직 간 전략적 협력관계를 시각화한 것이다.

　그림에서 작은 동그라미로 표시된 행위자는 비영리단체이고 네모로 표시된 행위자는 정부조직이다. 그리고 이들 간 사회서비스 공급을 위한 공식적인 계약 관계가 있을 경우 선으로 연결하였다. 즉 위의 그림은 비영리 조직과 정부 간 사회서비스 공급을 공동으로 해나가는 사회구조를 그림으로 나타낸 것이다.

그림을 보았을 때 한눈에 파악할 수 있는 것은 첫째, 대부분의 행위자들이 연결되어 있는 큰 네트워크와 세 개의 작은 하위 네트워크가 형성되어 있다는 점이다. 둘째, 그림의 왼쪽에 위치하는 큰 네트워크를 살펴보면, 네트워크의 중앙부에 위치한 행위자들(점선 원안에 있는 행위자)이 눈에 띄고, 이들을 중심으로 세 개의 하위집단(이중선 타원으로 표시된 세 개)들로 구성되어 있음을 알 수 있다.

즉 사회서비스 공급을 위한 정부－비영리 간 협력 네트워크의 구조는 세 개의 하위집단이 각각 특정 사회서비스 공급을 담당하고, 하나의 비영리 조직과 하나의 정부조직이 세 개의 하위집단의 중간에서 이들 간 업무흐름의 조정을 하고 있다는 것을 알 수 있다. 세 개의 작은 네트워크에서 두 개는 비영리 조직이 주요 구성원인 반면, 다른 하나는 정부조직이 주요 구성원이다.

이상과 같은 간단한 네트워크 분석을 통해 구조를 파악함으로써 정부－비영리 간 사회서비스 공급 협력체계를 효과적으로 관리할 수 있는 힌트를 얻을 수 있다.

예를 들어, 우측 상단의 4개의 행위자로 구성된 고립된 네트워크를 전체 네트워크에 포섭하기 위해서는 허브 또는 중재자 역할을 하고 있는 중앙에 위치한 세 행위자들과 관계를 연결시킴으로서 효율적으로 정보와 자원의 다양성을 증진시킬 수 있는 것이다(앞의 그림 참조). 이렇게 고립된 네트워크의 행위자들이 보다 많은 행위자들과 연결되어 상호의존 관계를 갖는다면, 좀 더 효과적인 서비스를 제공할 수 있는 기회를 가질 수 있을 것이기 때문이다.

네트워크 구조를 파악하는 데 있어 구조적으로 특이한 특성을 가지는 두 가지 행위자 역할을 파악함으로써 네트워크 구조에 대한 더 많은 정보를 파악할 수 있다.

첫째, 네트워크의 허브(hub) 역할을 하는 행위자를 찾는 것이다. 허브는 다른 행위자들과의 관계를 특출나게 많이 가지고 있는 행위자로, 현실 세계에서 마당발 같은 사람이 여기에 해당된다. 연결 관계가 매우 많은 행위자가 네트워크에서 중요한 이유는 정보의 전파에 효율적인 기제로 작용할 수 있기 때문이다. 일단 정보가 허브에 위치한 행위자에게 전달이 되면, 매우 빠른 속도로 정보가 전체 네트워크에 전파될 수 있다.

둘째, 정보나 자원의 흐름에 다리 역할을 하는 중재자를 찾아야 한다. 위의 그림 상에서 전체 네트워크의 중앙에 위치한 행위자들이 중재자 역할을 하고 있다. 하위 네트워크에 속한 행위자들은 다른 하위 네트워크의 행위자들과 교류하기 위해서는 다리 역할을 하는 두 개의 행위자들을 거쳐야만 한다. 이러한 측면에서 다리 역할을 하는 행위자는 서로 다른 소속의 행위자(세 개의 하위집단)들 간 불화가 있을 때 화해시키는 중재 역할을 할 수도 있고, 개별 하위집단이 가지고 있는 장점을 연결시켜 하위집단 간 협력의 시너지를 이끌어내는 등 다양한 역할을 할 수 있다.

사회적 노력과 바람직한 변화

매일 그리고 매시간 우리는 새로운 뉴스들을 접하며 세상이 변화하고 있다는 것을 확인할 수 있다. 굳이 뉴스를 보지 않는다고 하더라도 변화가 지속적으로 일어나고 있다는 것은 쉽게 인식할 수 있다. 현대 정보통신기술이 급속도로 발전하여 새로운 제품이 익숙해지기도 전에 또 다른 신제품이 출시되고 있으며 이에 따라 사회구성원 간 격차(gap)가 발생하고 있다. 특히 청년층과 노년층의 정보습득 능력의 차이로 인하여 전에 없던 디지털 문맹(digital literacy)과 같은 새로운 사회문제가 도래하고 있다.

우리의 삶에 영향을 미치는 실질적인 사회적 변화의 원천은 무엇일까 생각해보자. 즉 정부와 같은 거대한 사회 행위자의 강력한 힘의 작용에 의해 사회적 변화가 일어나는지, 아니면 평소에는 보이지 않을 만큼, 또는 무시할 만큼의 작은 변화가 후에 예상치 못한 큰 변화를 가져오게 되는 것일까? 이에 대한 구체적 답을 하기에 앞서 한국의 교육시스템이 만들어 낸 대학입시 정책을 살펴보고자 한다.

대한민국 정부는 교육문제를 해결하기 위해 해방 이래로 꾸준하게 수많은 자원과 노력을 투입해 왔고, 이에 따라 지금까지 총 16차례의 대학입시 제도 변화가 있어 왔다(다음의 표 참조).

여러분은 대학입시 정책이 효과가 있었다고 생각하는가? 과도한 경쟁 위주의 교육 시스템 속에서 육체적으로 정신적으로 힘들었던 경험을 생각해보면, 지난 수십 년 동안 귀중한 자원을 투자해온 입시 정책은 과연 누구를 위한 것이었는지 궁금할 따름이다. 아마도 이 글을 읽는 독자 여러분도 유사한 경험이 있으리라 생각된다.

이렇듯 수많은 노력이 투자된 대한민국의 입시 정책이 바람직한 변화를 이끌어 내지 못한 이유는 무엇일까? 무엇보다 사회와의 긴밀한 의사소통을 통한 협조를 이끌어내지 못하였다는 것을 들 수 있다.

표 2 대학입시 제도 변천의 역사(연도)

종류	제도내용
1. 대학별 단독 시험제 (1945~1953)	• 대학별 입학시험 실시 • 선지원
2. 대학입학 연합고사제 (1954)	• 대학입학 연합고사(자격고사)와 대학별 본고사 병과 전형 • 선시험
3. 대학별 단독시험제 (1955~1961)	• 고등학교 내신성적에 의한 무시험전형 • 대학별 본고사 및 고등학교 내신성적 병과 전형 • 선시험
4. 대학입학자격 국가 고사제(1962~1963)	• 대입자격을 국가고사로 전환시키고 각 대학에서 실시하는 실기고사, 신체검사, 면접의 결과도 선발자료로 이용
5. 대학별 단독시험제 (1964~1968)	• 대학별 입학시험 실시 • 필기시험 이외에 진학적성검사, 신체검사, 면접을 함께 실시 • 선지원
6. 대학입학 예비고사와 대학별 본고사 병과 (1969~1980)	• 1969~1972: 대학입학예비고사 합격자에게 대학본고사 응 시자격 부여 • 1973~1980: 대학입학예비고사 성적을 대학별 전형에 30% 반영, 내신성적도 입학전형에 반영 • 선시험
7. 대학입학 예비고사와 고등학교 내신성적 반영 병과(1981~1985)	• 대학별 본고사 폐지 • 대학입학 예비고사 성적 50% 이상과 고등학교 내신성적 20% 이상 전형 • 선시험 • 1982~1985: 대입학력고사 성적 50% 이상과 고등학교내신 성적 30% 이상 병과 전형 • 1985: 고등학교 내신성적 등급 간 점수 차이 조정(2.7점~ 2점), 선시험
8. 대학입학 학력고사와 고등학교 내신성적 및 논술고사 병과 (1986~1987)	<1986> • 대학별 논술고사 실시(10%범위 내 성적 반영) • 고등학교 내신성적 학년별 성적 반영 조정 • 선시험 <1987> • 대학입학학력고사 성적 50% 이상과 고등학교 내신성적

	40% 이상 및 논술고사 성적 10% 병과 전형 • 고사과목을 9개 과목(필수 5, 선택 4)으로 축소 • 선시험
9. 대학입학 학력고사와 고등학교 내신성적 병과(1988~1993)	• 선지원 후시험 • 고등학교 내신성적 30% 이상 의무화 • 논술고사 폐지 • 대입 학력고사 대학별 실시(중앙교육평가원 출제) • 면접고사(합·불합격자료), 과목별 가중치 적용 • 입학정원제 환원(1988학년도부터)
10. 고등학교 내신성적과 대학 수학능력 시험 및 대학별고사 (본고사) 병과 (1994~1996)	• 고등학교 내신성적 40% 이상 의무화 • 내신등급은 10등급에서 15등급으로 세분화 • 대학수학능력시험 성적과 대학별 고사성적의 채택여부, 반영비율, 반영방법 자율적으로 결정 • 1995학년도부터 대학수학능력시험을 년 1회로 조정(1994 학년도는 년 2회) • 대학별고사는 대학이 자율적으로 실시여부, 반영비율 결정
11. 대학수학능력시험과 학교생활기록부 및 대학별고사(논술) 병과(1997~2000)	• 대학의 학생선발 자율권 확대 • 전형유형은 종전과 같이 일반전형과 특별전형으로 구분 시행 • 평가방법을 시험에서 전형으로 전환하여 대학별로 다양한 전형제도의 개발유도 • 국·영·수 위주의 본고사 금지(국공립) • 정원 및 학사운영 자율화와 연계하여 연중 수시선발할 수 있게 하고, 수험생의 실질적인 복수지원기회를 확대
12. 대학수학능력시험과 학교생활기록부 및 논술, 추천서, 심층면 접 등 병과 (2001~2004)	• 대학의 학생선발 자율권 확대 • 전형유형은 종전과 같이 일반전형과 특별전형으로 구분 시행 • 대학별로 다양한 전형제도의 개발 유도 및 확대 • 국·영·수 위주의 본고사 금지(사립까지 확대) • 수능 총점 폐지 및 9등급제 도입－정원 및 학사운영 자율 화와 연계해 연중 수시 선발할 수 있게 하고, 수험생의 실 질적인 복수지원 기회를 확대(수시 1학기 모집으로 확대)
13. 대학수학능력시험과 학교생활기록부 및 논술, 추천서, 심층면 접 등 병과 (2005~2007)	• 대학의 학생선발 자율권 확대－전형유형은 종전과 같이 일반전형과 특별전형으로 구분 시행 • 대학별로 다양한 전형제도의 개발유도 및 확대 • 국·영·수 위주의 본고사 금지(사립까지 확대) • 제7차교육과정 시행에 따른 수능체제 변경

	• 수능 원점수 폐지 및 영역/과목별 표준점수, 백분위, 9등급 제 도입
14. 대학수학능력시험과 학교생활기록부 및 논술, 추천서, 심층면 접 등 병과(2008)	• 대학의 학생선발 자율권 확대 • 전형유형은 종전과 같이 일반전형과 특별전형으로 구분 시행 • 동일계 특별전형 도입(동일계 특별전형 외 비교내신금지) • 대학별로 다양한 전형제도의 개발유도 및 확대 • 학생부 표기방식 변경(평어 → 석차등급, 원점수, 표준편차) 을 통한 신뢰도 제고 • 국·영·수 위주의 본고사 금지(사립까지 확대) • 수능 9등급제 도입(영역/과목별 표준점수, 백분위 점수미 제공) • 제7차교육과정 시행에 따른 수능체제 변경
15. 대학수학능력시험과 학교생활기록부 및 논술, 추천서, 심층면 접 등 병과(2009~)	<2009> • 수능성적 표준점수로 기재 <2012> • 사회·과학 탐구 선택과목 수 3과목으로 축소 • 과목별 만점자 비율 1%로 출제 <2014> • 수준별 수능 도입으로 영어 A/B형 구분돼 출제 • 사회·과학탐구 선택과목 수 2과목으로 축소
16. 대학수학능력시험과 학교생활기록부 및 논술, 추천서, 심층면 접 등 병과(2015~)	<2015> • 영어 수준별 시험 폐지. 국어·영어는 유지 • 수시에서 수능성적 반영 완화 • 전형방법 수 수시 4개, 정시 2개로 제한 • 대입전형 사전예고제 강화 • 수시 원서접수 기간 한 차례로 통합 • 수능 11월 둘째주 시행 <2017> • 수능 ▲문·이과 구분안(현행 유지안) ▲문·이과 일부 융 합안 ▲문·이과 완전 융합안 중 하나로 변경 • 수시에서 수능 최저학력기준 폐지 검토 • 수능 11월 마지막주 또는 12월 첫째주 시행

자료: 연합뉴스(2018). http://www.yonhapnews.co.kr/society/2013/08/27/0703000000AKR201308 27051000004.HTML

대학입시문제를 해결하기 위해 제시된 수많은 정책들 중 대부분은 정말로 제도에 고통을 받고 있는 수험생, 학부모, 학교 일선 교사, 그리고 입시를 치룬 대학생 등이 허심탄회하고 긴밀한 의사소통을 통해 얻어낸 것이 아니라 소위 엘리트라 불리는 관료가 중심이 되어 내놓은 해결책이었기 때문이다.

여기에 더하여 문제를 둘러싼 사회적 배경, 맥락에 대하여 둔감한 정책이었고, 입시와 관련 없어 보이지만 실제로는 큰 영향이 있을 수 있는 사회·경제·문화 변화의 영향력에 대한 고려가 많지 않았다.

교육문제를 해결하기 위한 노력은 실험실의 과학자들이 모든 것을 통제하고 실험하듯이 이루어져 왔다. 그러나 현실에서의 실험실 통제는 거의 불가능에 가까운 일이기 때문에 교육정책은 실패할 수밖에 없었다. 입시 문제가 발생하는 맥락을 통제한 채 정책문제를 정의하고, 관련 이해관계자들의 의견을 배제하고 전문가들의 대안을 선택한 것이다. 전문가들은 자기들만 이해할 수 있는 복잡한 이론이나 공식에 근거하여 해결책을 제시했으며, 정책 의사결정자들은 전문가의 의견에만 귀를 기울일 뿐, 다른 일반 이해관계자들의 의견은 무시하고 정책을 결정하고 집행하였다.

앞서 던졌던 질문으로 되돌아가 보자. 정부에 의해 강력히 추진되었던 입시제도 정책실험이 우리 사회를 변화시켰는가? 바람직한 방향으로의 변화는 일어났다고 보기 힘들 것이다(물론 부정적인 악화의 방향으로 변화가 있었다고 이야기할 수 있을 것이다. 그러나 여기서는 정책이 문제를 악화시키는 것에 대한 논의는 하지 않기로 한다). 그렇다면 우리는 바람직한 사회적 변화를 위하여 작은 힘이 가

겨올 수 있는 변화 가능성에 눈을 돌릴 필요가 있다.

즉 입시정책 실패에서 보았던 것과 같은 많은 정부의 일방적 정책 주도의 실수를 줄이기 위해 우리가 먼저 알아야 할 것 중 하나가 정책을 둘러싼 복잡성에 대한 이해이다. 왜냐하면 복잡성은 무시할 만한 작은 변화가 큰 사회적 변화를 가져올 수 있다는 것을 설명해주기 때문이다.

복잡성

복잡성은 특정한 사건 하나에만 초점을 맞추는 것이 아니라 특정 사건들이 연속적으로 연관되어 나타나는 사건 간의 상호작용과, 그로 인한 변화에 초점을 맞춘다. 복잡성을 극명하게 보여주는 예로 나비효과(butterfly effects)를 들 수 있다(다음 쪽 나비효과 참조).

복잡다변한 관계의 양상으로서 사회변화를 파악하려는 관점을 통칭하여 복잡계이론(complexity theory) 또는 복잡계과학(complexity sciences)이라 부른다. 사회현상, 특히 정책현상 역시 복잡계이론이 적용된다. 복잡계의 시각에 따르면 비선형적이며, 단절적인 변화를 당연한 현상이라고 여기며, 결정론적 인과관계보다는 확률적인 세계관을 가지고 있기 때문에 안정(stasis)보다는 변화가 현실 세계를 반영하는 속성이라고 본다.

복잡성은 미래에 발생할 사회 현상에 대한 불확실성으로도 나타난다. 우리는 미래를 확률적으로 예측할 수는 있으나, 그 예측 결과가

나비효과

나비효과는 복잡성의 특성을 잘 나타내는 현상을 지칭한다. 나비효과라는 용어는 1972년 '브라질에서 한 마리 나비의 날갯짓이 미국 텍사스에 토네이도를 일으킬 수 있는가'라는 강연에서 유래되었다.

이는 에드워드 로렌츠(Edward Norton Lorenz)라는 기상학자에 의해 알려지게 된 것으로서, 그에 따르면 기상변화를 예측하는 컴퓨터 시뮬레이션 과정에서 초기값을 0.506127대신 소수점 넷째 자리부터를 생략한 0.506으로 넣었더니 완전히 다른 기상예측 결과가 나타나게 되었다는 것이다. 이와 같이 초기값의 아주 작은 차이가 엄청나게 다른 결과를 유발하게 되는 현상을 나비효과라고 명명하게 된 것이다.

사회과학의 측면에서 나비효과는 우연히 발생한 작은 사건이 시간의 흐름에 따라 다른 사건들과 지속적인 상호작용을 하게 되면서 그 영향력이 전혀 예측할 수 없는 방향으로 증폭되는 것을 의미한다. 실제로 우발적 상황이 전혀 다른 미래를 만들어 내는 것이 우리가 사는 세계이다(현재 자신의 상황을 10~20년 전에 정확하게 예측한 사람이 얼마나 있을까?).

정답이라고 할 수 없다. 예측한 시점 이후에 나타난 작은 변화가 또 다른 결과를 야기할 수 있기 때문이다. 다른 말로 표현하면, 타임머신을 타고 먼저 가보지 않는 이상 미래를 완벽하게 예측하는 것은 불가능하다. 어쩌면 어느 영화처럼 타임머신을 타고 간 그 자체가 나비효과의 출발점이 되어 전혀 다른 미래를 만들어 낼지도 모른다.

복잡계와 복잡한 체계

'복잡하다'는 다음의 두 가지 측면에서 이해되어야 한다. 복잡계이론에서 바라보는 현실로서의 복잡계(complex system)와 결정론적 시각에서 바라보는 복잡한 체계(complicated system)를 기준으로 구분될 수 있다.

먼저 복잡한 체계를 자동차의 예를 통해서 이해해 보자. 자동차는 약 3만 개의 부품으로 이루어져 있다고 한다. 전문적인 지식이 없으면 각각의 부품들이 자동차를 구동하기 위해 어떠한 기능을 하는지, 그리고 어떻게 조립되어야 하는지를 알기 쉽지 않다. 하지만 현대 공학의 도움을 받는다면 3만 개의 부품들을 조립하여 자동차를 완성할 수 있을 것이며, 완성된 자동차는 본래의 자동차의 목적(운행)을 달성할 수 있을 것이다. 즉 자동차의 부품은 복잡하게 구성되어 있지만 기능과 부품 간 상호작용은 이미 사전에 정해져 있기 때문에 조

:::> 그림 7　복잡한 체계로서 자동차

립만 제대로 된다면 항상 동일한 자동차가 만들어질 것이다.

복잡한 체계에서 매우 많은 행위자들이 상호작용을 하지만, 이러한 상호작용은 분업체계에서의 상호작용과 유사하다. 즉 주어진 목표달성을 최대한 효율적으로 달성하기 위해 상호작용을 하기로 미리 설계된 부품들끼리만 상호작용을 해야 한다. 이러한 상호작용은 미리 정해진 대로(determined) 그대로 수행되기 때문에 이 상호작용의 결과를 쉽게 예측할 수 있고, 상호작용의 결과는 항상 똑같이 나타나는(나타나야만 하는!) 체계이다.

복잡한 체계는 외부 환경과의 상호작용은 최소화되어 있다. 내가 운전하고 있는 자동차(복잡한 체계)는 비가 오는 날도, 맑은 날도, 오늘도, 내일도, 그리고 1년 뒤에도 내가 오늘 운전을 하는 그대로 똑같이 움직인다.

복잡계는 복잡한 체계와 마찬가지로 수많은 하위집단(부품, 행위자 등)으로 구성되어 있다는 공통점이 있다. 이들은 매우 복잡한 상호작용을 한다. 그러나 하위집단 간 상호작용이 매번 다르게 나타난다는 점에 있어 커다란 차이점이 있다. 복잡계 속에서 행위자들은 서로 적응을 하여 조화를 이루어 내지만, 그 결과에 대해서 누구도 사전에 계획하지 않는다. 서로서로 상대방을 보며 조화를 맞추어 나가는 것이지, 누군가에 의해 주어진 계획에 의존하여 움직이는 것이 아니다. 따라서 복잡계에서의 상호작용은 주변 환경에 민감하게 반응할 수밖에 없다.

대도시 도로에는 항상 차가 넘쳐 나지만 대부분 큰 사고 없이 자신의 목적지에 도달한다. 개별 운전자들은 목적지도, 자동차도, 운전 경력도, 운전 습관도 모두 다르지만 교통체계의 기본적인 규칙을 준수한 채 전후좌우를 살펴가며 운전을 한다. 운전자들이 백미러를 보고 방향지시등을 켜는 것은 안전하게 자신의 목적지에 도달하기 위한 것이지, 서울의 교통 환경을 발전시키기 위한 것이 아니다. 누가 어느 순간 지시등을 켜고 핸들을 꺾으라고 명령하지 않는다. 운전자들은 그저 자신의 필요에 의해 다른 운전자들과 상호작용할 뿐이다.

이러한 개별 행위자들의 군중으로서 행위가 일정한 패턴으로 발현되어 조화로운 자동차들의 움직임(교통체계)이 나타나게 된다. 위 사례에 나타난 것처럼 복잡계에서는 스스로 조직화된, 자율적인 조화가 발현(emergence)되는 것이 특징이다.

자율적인 조화를 이루기 위해서는 환경에 민감하게 반응할 수밖에 없다. 눈이나 비가 오는 날은 길이 미끄럽고 시야가 좁아지기 때문에 운전자들은 평소보다 더 조심스럽게 운전을 하고 속도를 낮춘다. 다른 자동차들의 속도가 느려지는 것을 보고, 자신의 속도도 거기에 맞추기 때문에 비오는 날에는 맑은 날과는 또 다른 형태의 조화가 발현된다.

이러한 복잡계에서의 상호작용은 자연세계에서도 쉽게 관찰된다. 예를 들어 새떼를 보자. 다음 그림에서 보이듯이 기러기떼가 땅으로부터 날아오르는 순간에는 매우 무질서해보이지만 서로 부딪치지는 않는다. 그리고 하늘 위로 날아오르면서 점차적으로 일정한 패턴을 형성하게 된다.

서로서로 옆에 있는 새들을 보면서 거리를 조정하며 날아오르고, 이어서 점차 자기 식구들끼리 뭉치기 시작하고, 마지막으로 조화로운 질서를 이룬다. 맨 오른쪽 그림에 나타난 것처럼 되는 데 있어 그 누구도 개별 기러기에게 열을 맞추어 날으라고 명령하지 않는다. 다만 개별 기러기(행위자)들은 바로 자신의 옆에 있는 기러기들과의 대응(상호작용 및 상호적응)만을 하지만, 이것이 스스로 조직화되어 전체적인 조화로 발현되는 것이다.

닐 존슨(Neil F. Johnson)에 따르면 복잡계를 대상으로 하는 학문 영역인 복잡계 과학은 '상호작용하는 개체들의 집합에서 창발하는 현상에 대한 연구'라고 할 수 있다. 정책은 무수히 많은 정책 이해관계자들이 들쑥날쑥하게 참여하고, 참여하는 행위자 간에는 상호작용이 지속적으로 발생하는 집합적 활동이다. 이러한 과정에서 누구도 모든 행위자에게 특정한 패턴에 따라 행동하고 사고하라고 명령하지 않는다. 다만 다양한 행위자들이 자신들의 다양성을 최대한 표출하고 이를 슬기롭게 조화시키려 노력할 뿐이다.

이러한 개별적인 노력이 정책결정~문제해결이라는 조화로 창발하는 것이기 때문에, 정책과정이라는 측면에서 정책은 복잡계 과학의 시각으로 파악될 수 있는 것이다.

다양성

다양성과 다수/소수

모든 사람은 모두 다르다. 이것을 인정하는 것이 다양성에 접근하는 첫 출발점이다. 그러나 어느 수준까지 차이를 허용할지 여부는 사회마다 다르다. 동성결혼을 인정하는 사회가 있는 반면, 혐오하는 사회도 있다. 다양성에 대한 허용 수준은 관용이 높은 사회와 그렇지 못한 사회를 구분하는 첫 단추가 될 것이다.

그러나 모든 사람들의 차이를 완벽하게 반영한 정책을 실현하는 것은 현실에서 불가능하다. 개개인 한명 한명이 모두 자신만의 고유성을 증명하더라도 이러한 미세한 차이점 모두가 정책에 반영될 수 없기 때문이다.

예를 들어 한국 성인 남성의 건강증진을 위하여 비만예방정책을 계획한다고 하자. 대상이 되는 사람을 구분하는 방법으로 두 가지를 생각할 수 있다. 첫째, 성인 남성들을 비슷한 특성을 가지는 소수의 집단으로 구분하여(예를 들면 몸무게가 무거운 사람들과 가벼운 사람들로 나누는 것) 이 집단들을 중심으로 고려하는 방식과, 둘째, 한국 남성 중 가장 몸무게가 가벼운 사람부터 가장 무거운 사람들까지 모든 몸무게별 개인들에 대하여 고려하는 것이다.

실제로 한국 남성의 모든 몸무게에 대응하는 하나의 처방책을 내놓는 것은 불가능하기 때문에 실용적인 측면을 고려하여, 개인수준보다는 그보다 약간 상위에 있는 사회집단 수준으로 개인들의 특성을 집성(aggregation)하여 사회를 파악하는 것이 더 실용적이다. 즉 현실세계에 있어 정책은 특정한 사회현상(특성)에 따라 개인들을 동질(또는 유사)한 집단으로 재구성하고, 집단의 특성을 파악하여 집단의 정책수요에 대응하려는 노력으로 구현되는 것이다.

동질한 집단으로 나누기 위해 제시되는 대표적 구분점으로는, 인종, 국적, 연령, 성별, 종교, 문화, 선호 등이 있다. 이는 다시 물리적(객관적) 특성(인종, 국적, 연령, 성별 등)과 비물리적(주관적) 특성(종교, 문화, 선호 등)으로 구분될 수 있으며, 후자는 가치의 영역에 속하는 특성이다. 개인은 다양한 사회적 특성 중 한 가지만 가지고 있는 것이 아니라 다수의 특성을 복합적으로 지니고 있으며, 이러한 특성은 고정된 것이 아니라 변화하고 있다.

전통적 정책과정에서는 특정한 사회집단에 대하여 몇 가지 사회적 특성을 동일하게 적용하여 '다수'를 만들었고,[8] '다수'는 다시 동일한 가치와 선호를 가지고 있다고 가정했다. 이렇게 형성된 다수에게 유리한 정책을 펼쳤던 것이 전통적인 정책의 모습이었으며 이는 선거에서 '표'를 얻기 위한 가장 기초적이며 쉬운 전략이기도 했다.

동일성 또는 통일성에 초점을 맞추는 전통적인 통치방식에서는 다양성은 외면당했으며, 다수에게 자원을 집중함으로써, 선거의 표

---

8) 예를 들면 남성이면서 도시에 거주하는 화이트 칼라집단.

특정한 개인의 속성(인종, 국적, 연령, 지역 등)을 공유하는 사람 간에는 상당한 상관관계가 있어 보인다. 그러나 특성들 간의 상관관계가 항상 자연발생적으로 나타난 것은 아니다. 예를 들면 우리나라에서는 '자연발생적'인 지역 구분인 영남과 호남이 '사회적으로 형성'된 정치적 성향의 구분과 동일시된다. 전통적인 정책관리에 있어서는 이러한 지역과 정치적 성향의 상관관계를 각 집단들의 배타적 구분 기준으로 사용하였고, 이와 더불어 다수와 소수를 구분 짓는 기준으로 사용하였던 것이다.

그 결과 특정지역에 대한 정치적 혐오현상까지 발생시키는 왜곡된 인식이 나타나게 된 것이다.

를 얻고 사회적인 지지를 받아 왔다. 선거의 승리가 중요한 엘리트의 입장에서 보면, 소수는 선거승리에 충분조건은 될지언정, 필요조건은 아니기 때문에 정책의 우선순위에서 항상 밀려날 수밖에 없었다.

다양성에 대한 인정

우리가 사회의 다양성을 인정하게 된다면, 차이에 의해 나타나는 갈등은 당연한 현상으로 이해될 수 있다. 다양성을 인정하는 정책과정에서는 갈등은 숨기거나 없애려고 하는 대상이 아니게 된다. 오히려 서로 다름을 이해하여 갈등을 줄여가는 것 자체가 목적이 된다.

다양성을 인정하지 않는 사회는 도그마(dogma)에 빠지게 된다. 도그

생각해 볼 거리: 좋은 독재란 없다!

독재자들은 거의 예외 없이 영구집권(권력의 사유화라는 개인적 야욕)을 원한다. 이러한 독재자들이 자신만의 도그마에 기반하여 좋은 의도로 독재를 하려 하였으나, 실패한 경우가 있을까?

박정희 유신정권의 예를 살펴보자. 박정희 유신정권의 변은 평화통일 달성을 위하여 권력이 집중되어야 된다는 것이었다. 그러나 한국의 유신독재 시절, 박정희는 자신의 권력을 영구히 하기 위한 조치로 권력의 사유화의 역사를 보여준다.

유신헌법의 특징은 다음과 같다.

1) 대통령 선거를 간선제(대통령이 의장이 되는 통일주체국민회의)로 바꾸면서, 연임 및 중임에 대한 규정을 삭제함으로써 영구집권의 토대를 마련하였고, 2) 대통령의 필요에 따라 긴급조치를 아무 때나 가능하게 만들었으며, 3) 국회의원의 1/3은 통일주체국민회의가 선출하도록 하여 국회를 장악하였고, 4) 대법원장을 비롯한 모든 법관을 대통령이 임명함으로써 사법부를 장악하였다.

이와 같이 모든 권력(3권)의 대통령에의 완전한 집중을 완성하였는데, 이러한 유신개헌의 명분은 평화통일이었다. 박정희 대통령에게 있어 평화통일을 위하여 단 하나 옳은 방법으로 제시된 것은 '반공'과 '국력강화'이었고, 이에 따라 국력강화를 위한 산업화와 반공이라는 가치만을 따라야 되는 세상이었다. 이 가치를 가장 잘 수호하기 위한 방법은 유신독재(권력의 완벽한 집중 및 영속화)이었던 것이다.

박정희 개인이 진정으로 평화통일을 원하였는지는 알 수 없으나, 만약 박정희가 진심으로 평화통일을 원하고 이를 위하여 노력하였다고 하더라도(소위 좋은 독재, 즉 좋은 의도로 독재를 하는 경우), 실제 유신독재 시대의 결과물은 한국 현대사의 암흑기로서 개인의 권력 사유화가 가져온 비극을 보여주는 시기이다.

마는 절대적인 이론, 또는 독단적인 신념에 대해 맹종하는 모습을 나타내는 용어이다. 도그마에 빠진 사람들은 차이 또는 다양성을 인정하지 않고, 자신과 다른 것은 모두 틀리다는 독단에 빠져 자신만이 옳다고 주장하고, 세상을 자신만의 주관적인 잣대에 의해 왜곡하여 해석하게 된다. 도그마에 빠져있는 사람들은 독재를 허용한다.

독재는 자신들만이 옳다고 주장하는 특정집단이 강제적으로 권력을 자신들의 수중으로 집중하는 현상을 의미한다. 권력과 자원이 특정인 또는 특정인을 둘러싼 소수의 집단에게 집중되어 있기에, 이들의 말이 곧 법이 되는 사회이다. 독재 사회에서 권력자와 다른 것은 틀린 것이 된다. 과거 도그마에 빠진 독일 사회가 '히틀러'라는 희대의 독재자를 만들어 내었다는 사실을 절대로 잊어서는 안 된다.

학습: 복잡성과 다양성에 적응

사회가 복잡하고, 급속하게 변화하기 때문에 인간은 인식론적으로 한계를 가질 수밖에 없다. 신이 아닌 이상 사회 현상을 완벽하게 이해할 수 없으며, 복잡성과 변화에 의해 나타나는 문제를 모두 해결할 수도 없다. 그렇다고 문제해결을 포기해서도 안 된다.

그렇다면 우리는 이러한 문제에 어떻게 접근해야 하는 것일까? 아마도 학습이 가장 가까운 정답이 될 것이다. 문제에 대해 맨 처음 제시된 해결책이 성공을 가져오면 좋겠지만, 우리의 합리성은 완벽하지 않기 때문에 시행착오를 겪을 수밖에 없다.[9] 그러한 시행착오를 통해 교훈을 얻고 학습함으로써 유사한 문제가 발생했을 때 전보다 나은 실용적인 정책을 만들 수 있다는 기대를 가질 수 있다.

학습은 누가 정보를 해석하는지, 그리고 해석된 정보가 어떻게 소통되는지에 따라 위로부터 제시된 학습방식과 아래로부터의 학습방식 등 크게 두 가지로 나눌 수 있다.

첫째, 공식적 교육이라는 측면에서 전문가(엘리트)에 의해 해석된 정보와 지식을 일반인에게 제공하는 방법이 있다. 이는 엘리트에 의한 계몽으로서, 전문가들이 의도한 바를 일반인들이 일방적으로 이해하는 학습 방식이다. 대개 표준화된 지식을 일방적으로 전달한다는 특징을 가지고 있으며 대표적으로 표준화된 교과서/교육과정에 따른 학교 교육을 예로 들 수 있다. 이러한 학습은 개인이 사회생활을 위한 기본적인 지식과 정보를 습득하는데 적합한 학습 방법이다.

둘째, 개인 스스로가 정보를 찾고 해석하여, 이들 간 토론과 설득을 통해 상호이해로 귀결되는 학습이 있다. 이러한 학습과정이 가져올 수 있는 가장 큰 장점은 상호학습 과정을 통해 서로의 차이 또는 다양성이 자연스럽게 반영되는 학습이라는 점이다.

후자의 학습 방법은 상식적 판단력과 주체적인 판단 능력을 갖춘 사람들에게 유용하다. 또한 복잡한 사회문제를 이해 및 해결하기 위해서는 일방적 교육보다는 상호이해를 통한 학습이 더욱 유리하다. 이러한 학습과정에서 전문가는 지식을 통한 권위를 가지고는 있으나, 다른 행위자와 비교하여 수직적 우월관계를 가지지는 않는다.

---

9) 3장의 '합리성'을 참조 하시오.

오히려 전문가는 다른 행위자들에게 더 많은 정보를 제공함으로써 상호이해를 높이기 위한 노력을 하는 촉진제 역할을 한다.

이러한 학습방식은 스스로 알아나가는 학습 방법(heuristic way of learning)으로서, 자발적이며 자율적 참여를 통하여 이루어지기 때문에 문제에 대한 이해가 행동으로 곧바로 이어질 가능성이 높다. 반면 엘리트에 의한 전문적인 지식이 일방적으로 전달되기만 할 경우, 정보 비대칭에 의한 또 다른 지식 권력이 창출될 수 있다는 것을 경계해야 한다.

우리는 항상 자신에게 주어진 한계를 인식하면서, 우리가 처해 있는 상황에 가장 적절하다고 상호인정될 수 있는 문제해결 방식을 다같이 찾아나가려 노력하여야 한다. 이러한 학습을 통하여 차이를 인정하면서 동시에 맥락에 적합한, 즉 그 사회에서 상식적으로 통용되는 행동양식을 배울 수 있다.

2. 정책을 둘러싼 맥락 ② 가치체계

정책을 둘러싼 두 번째 맥락으로 제시될 수 있는 것은 정책이해관계자들의 다양한 가치체계이다. 그러나 정책의 목표는 사회적 문제의 해결이기 때문에 정책을 둘러싼 가치는 개인적 가치가 아닌 사회적 가치 또는 공공가치(public value)로 한정하여 논의를 진행한다.

정책이 지향해야 하는 공공가치는 자유, 정의, 형평성, 효과성 등 다양한 형태의 가치로 나타나며, 이를 소수의 가치로 한정하여 규정하기는 어렵다. 왜냐하면 같은 정책현상에 대하여 정책을 둘러싼 이해관계자들의 가치관에 의해 다양한 가치가 병렬적으로 제시될 수 있기 때문이다.

예를 들어 시장중심 교육을 받고, 사기업 운영의 경험을 가진 사람에게는 효율적 정부운영을 통한 최소 정부가 정부운영의 제일 가치로 여겨질 수 있다. 반면, 사회적 공익 중심의 교육을 받고, 공공 또는 비영리 영역의 경험을 가진 사람에게 정부의 목표는 사회문제의 해결이기 때문에 비록 비효율적인 운영일지라도 사회적 문제해결이라는 효과성이 더 중요한 가치가 될 수 있다.

또한 정책을 둘러싼 가치는 사회의 시대적 맥락에 따라 그 의미가 달라질 수 있다. 예를 들어 인권이라는 가치에 대한 변화를 보면 이를 쉽게 알 수 있다. 노예제가 있던 시기에 일부의 사람은 노예라는 사회적 신분 때문에 인간임에도 불구하고 인권이 없었다. 즉 노예는 인간으로 취급받지 못하였기 때문에 이들은 공공가치의 범위에 들어오지 않았다.

그러나 현재 사회에는 더 이상 노예가 존재하지 않게 되었고, 인권의 범위가 인간이면 누구나(범죄자에게도) 누려야 하는 천부인권의 시대이기에 모든 인간에게 인권이 적용되고 있다. 더 나아가 최근에는 동물의 권리도 공공성 영역에 들어오고 있는 실정이다.

이상의 것이 의미하는 바를 요약하면 정책을 둘러싼 공공가치는 단일한 하나 또는 소수의 특정 형태의 가치가 아니며, 사회의 발전에 따라 지속적으로 변화한다는 것이다.

한정된 지면에서 정책을 둘러싼 모든 가치를 다 살펴보는 것은 어렵기 때문에 여기서는 정책행위자들의 정책문제 인식과 행동에 영향을 미치는 기본 전제사항으로서 평등과 불평등, 그리고 효율성과 효과성을 중심으로 살펴보고자 한다.

평등/불평등

인류역사를 통틀어 가장 지속적이며, 해결되지 못하였던 문제는 바로 평등과 불평등에 대한 것이다. 평등 또는 불평등을 어떠한 시각으로 바라보는가에 따라 정책문제(또는 정책목표)에 대한 이해가 달라진다.

일반적으로 우리는 우리가 사는 세상이 평등을 지향해야 한다고 알고(믿고) 있다. 그러나 여기에 숨은 함정이 있다. 평등은 이상향(ideal)으로서 우리가 지향해야 할 목표점일 뿐, 절대적인 의미에서 평등은 불가능하다는 점이다. 유치환 시인의 비유처럼 평등은 우리 사회가 애달프게 아우성치며 다가가고자 하지만, 결코 다가가지 못하는 깃발과도 같다.

우리가 살고 있는 실제 사회는 오히려 불평등이 자연스러운 세계이다. 이를 반증하는 예로써, 인류역사에 있어 불평등을 해결해야 할 정책문제로 삼고, 인위적으로 국가주도로 모든 불평등(자연적으로 존재할 수밖에 없는 것까지!)을 없애기 위한 정책설계를 하려는 모습이 오히려 인류에게 더 큰 고통을 안겨다 주었던 경험이 있다(공산주의 국가 정책실험의 실패).

정책은 왜곡된 불평등 현상을 바로잡음으로써 불평등을 최소화하기 위한 노력이지, 완전한 평등사회를 구현하는 것이 아니라는 것을 잊어서는 안 된다. 여기서 세상을 이해하고 바라보는 두 가지 시각에 대하여 살펴보자.

깃발

유치환

이것은 소리없는 아우성
저 푸른 해원(海原)을 향하여 흔드는
영원한 노스탈쟈의 손수건
순정은 물결같이 바람에 나부끼고
오로지 맑고 곧은 이념의 푯대 끝에
애수는 백로처럼 날개를 펴다
아아 누구던가
이렇게 슬프고도 애달픈 마음을
맨 처음 공중에 달 줄을 안 그는

세계를 이해하는 두 가지 방법: 정규분포 vs. 멱함수분포

• 정규분포의 세계
− 평균과 편차

정규분포는 세상에 존재하는 여러 현상들에 내재해 있는 질서를 통계학적으로 표현한 것이다. 정규분포는 평균을 중심으로 좌우대

칭이 되는 종모양의 분포로 나타난다(그림 9 참조). 정규분포를 통해 평균과 표준편차를 계산하여 특정한 사건이 일어날 확률적인 계산과 추론이 가능하다.

사회과학 속에서 정규분포는 평균을 중심으로 하는 평등의 세상을 표현하려는 방식이라고도 볼 수 있다. 정규분포에서의 평등은 완벽하게 동일한 평등을 의미하는 것은 아니며 평균에 근접해 있는 다수의 평등을 의미한다.[10] 특히, 다수가 우선시되는 사회에서 다수의 성질이 비슷하다고 정의내리는 측면에서 보면 균질성에 가까운 평등의 개념이다.

정규분포를 이해하기 위해서 평균과 표준편차에 대해 우선적으로 이해할 필요가 있다. 평균은 집단의 특성을 대표하는 수치이기 때문에 특정 집단을 설명할 수 있는 아주 간단한 대푯값이다.

예를 들면 한국 남성의 평균 키를 174cm라고 가정한다면, 이것은 특정한 개인이 아닌 전체로서 한국 남성을 설명하는 수치로서 의미를 갖는다. 미국 남성의 평균 키가 176cm라면 미국 남성 집단이 한국 남성 집단보다 평균적으로 2cm 정도 크다는 것이다. 그러나 한국인 중에는 180cm가 넘는 남성이 상당히 많으며, 미국 남성 중 170cm도 안 되는 남성 역시 매우 많다. 우리가 대푯값인 평균에만 초점을 맞추다보면, 모든 한국 남성은 모든 미국 남성보다 키가 작

---

10) 여기서 평균과 차이가 존재하지만 이를 무시할 수 있는 수준이라면 동질적이라고 간주하는 것이다. 예를 들면 평균키가 177.4cm라고 할 때, 177.3cm이라는 키와 177.5cm는 키는 차이가 나는 수치이기는 하지만 사회 통념적으로 동일하다고 봐도 무방하다.

다는 오해를 불러일으킬 수 있다.

평균으로부터 떨어진 정도인 편차가 크지 않다면 평균값을 중심으로 모여 있는 대부분의 사람들은 거의 동질적이라고 가정된다. 물론 평균을 중심으로 어느 정도 차이나는 사람까지 동질한 집단으로 정할 것인지 추가적인 고민이 필요하다. 여기서 우리가 경계해야 할 것은 대푯값을 중심으로 동질한 집단이 형성되는 순간 개개인이 가지는 다른 개별적 특성이 무시됨으로써 다양성이 말살될 수 있는 위험성이 있다는 점이다.

평균 또는 표준을 지나치게 강조(强要)하면 사회적 병리현상으로써 '획일화' 문제가 등장할 수 있다. 평균은 특정 집단의 대표적 특성을 직관적으로 이해하는데 매우 유용한 도구지만, 이러한 평균이라는 개념에 '대푯값' 이상의 의미를 부여하는 순간, 사회적 관리의 수단으로 악용될 수도 있음을 명심하여야 한다.

평균에 대한 오해

서울시 동작구 흑석동 주민 1인 가구 기준 월평균 소득이 500만원이라고 가정하자.

2024년 기준 전국의 1인 가구 평균소득이 250만원이라는 정보를 알고 있다면, 일반적으로 '아, 흑석동 주민들은 상당히 잘 사는 편이구나'라고 생각할 수 있다. 동시에 우연히 마주치는 흑석동 주민들은 소득이 상당할 것이라고 예측을 할 것이다.

평균값을 통해서만 흑석동 주민들의 소득을 해석하면 주민 모두 부자로 오해받을 수 있다. 그러나 실제 주민 중에는 평균 이하의 월소득을 버는 사람이 분명히 있으며, 평균으로부터 상당히 벗어나는(예를 들어 소득 하위 10% 이하) 주민들도 존재할 것이다.

그렇다면 흑석동 주민의 '평균적' 특성을 지니지 못한 사람들은 예외로 간주하여, 흑석동 정책결정에 있어 무시해버려도 될까? 과연 이러한 것이 바람직한 정책상황이라고 볼 수 있을까?

튀지 말아라!

(표준)편차는 평균과 어느 정도 차이가 나타나는지 말해주는 정보(숫자)이다. 즉 표준편차는 특정한 변수에 있어 개별 사례들의 특성이 얼마나 균질적인지, 아니면 얼마나 차이가 나는지를 나타내주는 척도이다.

평균에서 편차가 크게 벗어나지 않는 범위 내에 있는 것들이 평균에 수렴한다고 간주하고, 이 범위 내에 들어와야 정상적인 또는 사회의 균형을 이루는 특성이나 행동양식이라고 간주하여 버리는 사회는 지속적으로 차이 또는 다양성에 대한 차별을 하게 된다.

이러한 성향이 극단적으로 나타나는 곳이 군대이다. 군대에서는 '중간만 하자', '절대 튀지 말자'라는 이야기를 하곤 한다. 이것이 의미하는 바는 표준화되어 있는 군대사회의 규범에 있어 표준적(평균적) 특성에서 크게 벗어나는 행동은 '다른' 것이 아니라 '잘못된' 것으로 취급받는다는 것을 의미한다.

이러한 성향이 사회로까지 확대되어, 일반 사회생활에 있어 '튀지 말아라'라는 현상이 나타나고 있는 것이다.

- 정규분포의 사회적 해석

평균이 0이고 표준편차가 1로 재배열된 표준정규분포를 보면서 평균과 차이(표준편차)의 사회적 의미를 살펴보자.

⋙ 그림 9 정규분포

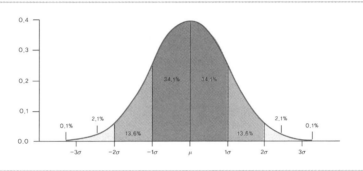

자료: https://zetawiki.com/wiki/%EC%A0%95%EA%B7%9C%EB%B6%84%ED%8F%AC

위 그림에서 나타나듯이 평균으로부터 ±1 표준편차만큼 떨어져 있는 사람들은 전체의 약 68%이고, ±2만큼 떨어져있는 사람들까지 포함하면 전체의 약 95%가 해당된다. 평등을 지향하는 세계에서는 평균으로부터 ±2보다 더 멀리 떨어져 있는 사람들을 극단치(極端値, outlier)이자, 정상에서 벗어난 오차(error)라고 해석한다. 위 그림 정규분포의 양 극단의 영역에 속하는 것으로, 이는 전체의 약 4.5%에 해당하며, 전체 사회적으로 보았을 때 이 정도는 무시하더라도 충분히 감내할 만한 수치이다.

극단적으로 표현하면 전체에서 4.5% 정도가 없어진다고 해도 사회가 망할 정도의 문제가 발생하지 않는다는 것이다. 중세시대 유럽에서 흑사병이 창궐하여 당시 전체 유럽인구의 절반에 가까운 약 30~50% 정도의 사람이 사망했지만 유럽은 여전히 건재하다. 그에 비하면 4.5%란 숫자는 전체 사회(특히 절대 다수)에서 볼 때 거의 무시할 수 있는 수준이다.

또 다른 측면에서 이를 해석해보자. 확률적으로 이를 해석함에 있어, 시험에서 정답을 맞힐 확률이 95%이며, 틀린 답을 고를 확률이 5% 미만이라는 뜻으로 해석한다면, 5%의 오차 확률은 거의 무시할 수 있는 확률로 치부될 수 있다. 이는 20개의 보기 중 19개가 정답이고 하나만 오답인 문제에서 정답을 선택할 확률이기 때문이다. 그러나 이러한 무시할 수 있는 확률적인 오차가 개별 '인간'에게도 똑같이 적용될 수 있을까?

과거에는, 그리고 불행히도 현재까지, 이러한 차이를 가진 사람을 비정상으로 취급하고, 전체 사회의 질서를 유지한다는 미명 아래 소수의 사람들을 본보기로 하여 가차 없는 처벌을 가하여 오고 있다.

조선시대 병자호란의 전쟁포로로 잡혔다가 되돌아온 여성들은 왜 환향녀(還鄉女)로 불리며 패전의 조롱을 대신 받아야 했는가? 위정자들의 실수 때문에 자신의 의지와 관계없이 갑자기 4.5%에 속하게 되었을 때 느낌을 공감할 수 있다면, 더 이상 사회의 소수를 무시해서는 안 된다는 의견에 동의할 것이다. 확률적으로, 숫자적으로 무시할 수 있지만, 그렇다고 무시되어서는 안 될 오차를 제거한 사회에서 '내'가 4.5%에 속한다면, 어떤 기분일지는 각자 상상에 맡긴다.

평균과 표준편차를 함께 고려하면, 정규분포의 세계는 '다수의 평등'을 의미한다 것을 알 수 있다. 즉 평균과 유사한 사람들의 집단이 다수(majority)이며, 이들은 평균과 큰 차이가 없는 동질적이고 균일한 특성을 가지는 사람들이다.

그렇다면 다양한 가치 체계가 특정 평균값으로 수렴하는 것이 과연 조화로운 것이라고 말할 수 있을까? 만약 모든 사회 구성원이 동일한 선호와 가치를 추구해야 한다는 전제가 성립된다면 이것이 조화로운 일이라고 말할 수 있을 것이다. 그러나 우리는 서로 다른 다양한 개인의 행복추구를 전제로 하면서 사회의 안정을 동시에 추구하는 복잡한 사회 속에서 살고 있다.

마지막으로, 정책이 민주적으로 나아가야 할 방향으로서, 평균(다수)을 지향하는 사회정책이 되어야 하는가, 극단(소수자)을 지향하는 사회정책이 되어야 하는가?

사회의 재화가 한정되어 있기 때문에 모든 수요를 충족시킬 수 없듯이 정책 또한 모든 소수자를 만족시킬 수 없다. 사회적 효율을 위해서 다수를 지지하는 정책은 불가피하다. 그러나 소수에 대한 불합리한 처우가 있다면 우선적으로 해결할 수 있도록 배려해주는 모습역시 필요하다. 여전히 소수자는 구조적으로 자신의 목소리를 내기어렵기 때문에 소수자 배려(다양성 존중)는 효율의 문제 이전에 민주주의를 영위하기 위한 공동체의 의무이다.

• 멱함수분포 : 불평등 세계

일상생활 속에서 불평등에 부여된 의미는 상당히 부정적이다. 그러나 과연 불평등이 우리 사회에서 제거하여야 할 부정적인 의미인가, 아니면 당연한 현상이기 때문에, 좋고 나쁨 또는 옳음과 틀림의 기준으로 판별할 수 없는 것인가에 대한 고민이 필요하다.

우리 사회를 구성하는 사람들 간에는 다양한 이유로 인한 차이가 있기 때문에 서로 다를 수밖에 없다. 이러한 다름은 갈등을 종종 유발한다. 이러한 갈등 상황에서 이기는 측과 패배하는 측이 발생할 경우 불평등이 나타나게 된다. 이러한 불평등은 인간 사회에서 나타나는 인위적인 불평등이다.

그러나 인위적으로 만들어지는 것을 제외하고 볼 때, 불평등은 어떻게 보면 자연스러운 현상이다. 반대의 경우로, 완전평등을 지향한 공산주의 체제의 몰락이 주는 교훈은 불평등은 사회의 자연스러운 현상이라는 것이다.

불평등이 자연스러운 현상이라는 것은 멱함수분포를 통하여 알 수 있다. 멱함수분포는 상호 차이를 당연한 것으로 받아들이기 때문에 평균(동질성), 편차(동질성으로부터 얼마나 떨어져있는가)가 적용되지 않는 척도가 없는(scale-free) 분포이다. 이 분포의 특징은 소위 파레토의 법칙이라고 일컬어지는 8 : 2 법칙에 따른 분포이다(다음 그림). 즉 절대 다수(80%)의 성격을 가지는 집단과 그렇지 않은 소수의 집단(20%)으로 구분된다는 것이다.

8 : 2 분포의 예는 자연세계 꿀벌들의 일하는 비율, 인터넷 웹사이트 연결 정도, 사회경제적 귀중한 재화의 분포, 물건의 판매량 등등 어렵지 않게 찾아볼 수 있는 자연스러운 현상이다.

여기서 중요한 것으로 우리는 자연스러운 불평등 현상과 인위적

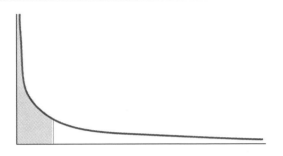

자료: wikipeida: https://en.wikipedia.org/wiki/Power_law

으로 왜곡된 불평등의 차이를 알아야 한다. 자연스러운 불평등은 인간의 의지로 어쩔 수 없는 것(가난, 파레토의 8:2법칙에 따른 것들)을 의미하는 반면, 인위적으로 만들어진 불평등은 소수의 기득권(권력, 경제적 부 등 사회적으로 귀중한 자원들) 또는 소위 다수가 상대적으로 자원이 부족한 사람들(소쉬)과의 관계를 영속적으로 만들려는 노력으로 볼 수 있다.

후자의 모습은 차별로 나타난다. 사회적으로 인위적이며 왜곡된 불평등 현상을 뜻하는 용어로 마태효과(matthew effects)를 들 수 있다. 마태효과는 미국의 사회학자 로버트 머튼(Robert Merton)이 성경의 마태복음 25장 29절 '무릇 있는 자는 받아 풍족하게 되고 없는 자는 그 있는 것 까지 빼앗기리라'의 내용을 차용하여 빈익빈 부익부 현상을 지칭하기 위하여 만든 용어이다.

대한민국 국민으로서 가장 민감하게 느낄 수 있는 인위적 불평등 중 하나가 바로 학벌구조이다. 학벌사회는 대학의 서열화를 바탕으로 이루어지며, 이러한 대학 서열화 담론은 모든 학생과 부모들로 하여금 한 단계라도 더 높은 서열에 위치한 대학에 진학하려 노력하는 결과를 낳으면서, 결국 학생들로 하여금 결과만을 중시하는 경쟁에 몰입하게 만든다.

현재 한국 사회의 학벌 중심 불평등 구조가 실제로 어떻게 현실에 나타나고 있는지를 학벌에 의한 대학교수 채용구조의 왜곡을 통해서 살펴보자(아래 대학교수 채용구조의 왜곡 참조).

자연스러운 불평등 구조 속에서 소수의 사람들이 더 큰 사회적 편익을 가져다주는 사례도 많다. 이는 긴꼬리(long tail) 법칙이라는 이름으로 요즘 많이 회자되고 있다. 긴꼬리 법칙은 인터넷의 발전과 함께

대학교수 채용구조의 왜곡

대학교수의 채용에 있어 가장 우선시 되어야 하는 요인은 연구수행능력과 교육능력이 뛰어난지일 것이다. 교수의 자질을 판단하기 위한 척도로서 논문 등 연구실적과 박사학위를 수여받은 학교의 명성 등이 적용될 수 있다. 상식적으로 연구실적이 뛰어나고 수준 높은(연구 및 교육수준이 높은 대학) 대학에서 박사학위를 받은 사람이 우선적으로 더 좋은 대학교에 채용이 될 것으로 예측할 수 있기 때문이다.

그러나 현실에서는 아래의 그림과 같이 한국사회의 소위 명문대라고 불리우는 서울대, 연세대, 고려대 학부 출신이 다른 요인보다 대학교 교수 취업에 큰 영향력을 발휘하였음을 알 수 있다. 즉 학벌이라는 인위적 요소에 의해 불합리한 차별이 발생하고 있는 것이다. 이것이 건강한 사회의 모습이라고 생각하는가?

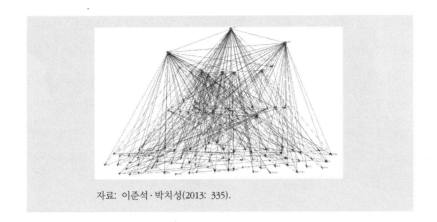

자료: 이준석·박치성(2013: 335).

새롭게 나타나고 있는 현상으로, 특히 인터넷 비즈니스에서 많이 회자되고 있다.

예를 들면 아마존이나 교보문고 같은 대형 인터넷 서점에 있어 판매의 대부분은 소수의 베스트셀러(20% 정도의 베스트셀러가 전체 판매의 80%를 차지)이지만, 무시할 수 없는 정도인 20%의 판매는 소수의 다양한 취향, 선호 등이 반영된 숨겨진 좋은 책들이 판매되고 있다.[11]

이러한 20%는 전체 매출에서 무시할 수 없다. 즉 마케팅 비용(선전, 오프라인에서 진열대에 진열 등)이 전혀 들지 않는 책들이기 때문에 오히려 큰 마진을 가져온다. 더욱이 이러한 다양성이 높아지면서, 출판업계 자체에서도 많이 팔리지는 않지만 좋은 콘텐츠를 가지는 양질의 책들에게 더 많은 기회가 주어지고 있으며, 소비자로서 독자들 또한 양질

---

11) 상당수의 독자들이 자신들의 취향에 따라 베스트셀러가 아닌 희귀한 책들을 인터넷 검색을 통하여 주문하곤 한다.

의 다양한 책을 더욱 많이 접할 수 있는 기회가 생겨 선순환 시너지 효과가 발생한다.

이러한 측면에서, 자연스러운 불평등은 다양성을 창출할 수 있는 기회를 제공하고, 새로운 것이 지속적으로 등장할 수 있는 공간을 제공하는 의의가 있는 반면, 인위적인 불평등의 경우, 다수에 의한 소수에 대한 차별과 더 나아가 착취를 가져온다는 점을 기억해야 할 것이다.

결론적으로 말하자면, 여기서 논의하였던 '불평등'의 세계는 평등의 반대말로서 불평등으로 이해하기보다 사회적 현상으로 '불균형적인 배분'으로 보아야 하며, 이러한 불균형적인 배분은 덜 바람직한 측면(예를 들면 경제적 측면에 불균형적인 배분)과 자연스러운 또는 바람직한 측면(다양한 문화와 이들 간 복잡한 상호작용을 통한 새롭고 바람직한 사회현상 도출)으로 구분될 수 있다.

여기서 중요한 것은 이러한 불균형은 자연스러운 것이지만, 불균형을 악화(또는 완화)시키는 힘은 바로 인간에게 있다는 것이다. 불평등을 악용하여 차별을 만들어 내려는 시도에 대해서는 눈을 부릅뜨고 저항할 수 있는 힘을 키워야 하며, 그러한 노력 중에 하나가 바로 정책학이 추구해야 할 목표이다.

효율성/효과성

효율성과 효과성은 정책의 관리 또는 정책이 얼마나 성공적이었는가를 평가하는 데 있어 주로 적용되는 가치체계이다.[12]

전통적인 정책이 추구하는 바는 첫째, 자유주의국가의 차원에서 '필요한 최소한의 공공재의 제공', 둘째, 경제적 자유주의의 측면에서 '사회문제를 가장 효율적으로 해결하는 방법을 찾고, 이를 실행하는 것'이었다. 이는 희소한 자원의 효율적인 배분을 목적으로 하며, 주로 경제학적 접근에 의해 정책지식(정책결정에 유용한 지식으로서)을 산출하였다. 이렇게 문제해결 수단에 초점을 맞추는 경우 효과성보다 효율성이 더 중요한 가치가 된다. 여기서 효율성은 희소한 자원을 얼마나 잘 활용하여 주어진 목적을 달성하는가로 결정된다.

효율성의 가장 간단한 정의는 투입 대 산출의 비율이다. 예를 들어 도로 1km를 건설하는 데 A회사는 1,000만원이 들고, B회사의 경우 1,500만원이 소요된다고 가정해 보자. 똑같은 도로 1km를 산출하는 데 있어 더 적은 비용이 드는 A회사가 B회사와 비교하여 효율적으로 도로를 건설했다고 말할 수 있다. 여기서 방점이 찍히는 것은 수단(비용)임을 직감할 수 있을 것이다.

반면 효과성은 실제 문제가 되는 상황에서 정말로 문제가 해결되었는지 아닌지, 즉 목표의 실질적 달성여부와 관련된 가치이다. 즉 효과성은 문제를 해결하였는가의 측면에서 고려되어야 되는 개념으

---

12) 이 두 가치는 4장 정책과정 모형 중 정책평가 부분에서 다시 다룬다.

로서, 정책이 옳은 일을 하여 문제가 해결되었는가라는 질문에 제대로 답을 할 때 효과성이 달성되었다고 볼 수 있다. 효과성은 측정이 어려운 사회문제들에 있어 특히 중요하다.

우리 사회의 커다란 문제 중 하나인 알코올 중독자에 대한 정책 예를 통하여 효과성과 효율성을 비교해보자. 문제의 해결은 알코올 중독자가 중독에서 벗어나서 평범한 사회인으로 생활하게 만드는 것일 것이다. 이 목표를 달성하기 위해, 다양한 프로그램(재활병원, 직업재교육, 정신치료 등등)이 해결책으로 투입된다. 효율성의 경우 목표를 달성하기 위한 프로그램들(수단)의 비용 대비 측정 가능한 목표(예를 들어 프로그램을 마친 후 재취업하는 사람의 숫자)로 계산된다. 따라서 효율성 극대화 측면에서 정책을 집행하는 경우에는 비용을 최소화하면서 최대한 많은 알코올 중독자를 재취업에 성공시키려 노력할 것이다.

효과성의 측면에서 보자. 알코올 중독 치료 및 재취업에 성공하였다고 이 사람이 완전히 알코올 중독에서 벗어나 건전한 사회의 구성원으로 재진입하였다고 단언할 수 있는가? 알코올 중독은 정신질환으로서 치료 후 재발률이 매우 높다. 다만 치료 후 5년 이상 금주를 할 경우 재발 가능성이 매우 낮아진다고 한다. 따라서 단순히 치료 후 재취업이 되었다고 알코올 중독 극복 및 건전한 사회생활(정책 목표)을 달성하였다고 보기 힘들다.

알코올 중독이라는 같은 사회문제 해결에 있어 효과성이라는 가치를 고려한다면 재취업 후 적어도 5년까지는 지속적으로 사후관리 및 추적을 하여, 5년 이상 절주를 하면서 직업을 유지한 경우 효과적

(즉 문제가 해결되었다)이라고 볼 수 있다.

요약하자면 문제가 제대로 해결되었는지가 아닌 비용의 측면에서 효율성을 추구할 때, 오히려 사회적으로 비효율적인 정책이 되기 쉽다. 즉 알코올 중독 재발률이 높을수록 중장기적으로는 같은 사람들에게 같은 비용을 반복적으로 지불하게 되기 때문에 실질적으로 더 비효율적일 수 있기 때문이다.

마지막으로 효율성은 경제적 합리성 및 비용편익 분석에 직접적으로 영향을 미치는 가치체계이며, 효과성은 정책문제 정의 및 민주적 정책과정에 기초가 되는 가치체계라고 볼 수 있다(이와 관련된 자세한 논의는 합리성 및 정책을 이해하는 틀에서 제시될 것이다).

3. 정책을 둘러싼 맥락 ③ 민주주의 제도

마지막으로 제시되는 정책을 둘러싼 맥락은 민주주의 제도이다. 정책은 민주주의라는 제도의 발전을 위한 수단적 성격을 가진다.[13] 그렇다면 민주주의가 어떤 의미를 갖는지 살펴보고, 정책은 어떤 민주주의를 추구해야 할지 생각해보자.

민주주의는 첫째, 정책의 민주화 측면에서의 민주주의와, 둘째, 다양성을 인정하는 통치방식으로서의 민주주의로 나누어볼 수 있다.

---

13) 물론 민주주의 이외 사회주의, 독재국가 등에도 정책은 있다. 그러나 이 책에서는 한국을 포함한 일반적인 민주주의 사회의 정책에만 초점을 맞춘다.

본 장에서는 다양한 통치방식으로서 민주주의 내용을 간략히 살펴본다.14)

민주주의란 쉬우면서도 언뜻 이해하기 어려운 개념이다. 민주주의의 기본적인 개념을 네 가지 측면에서 이해해보자.

첫째, 직접민주주의이다. 민주주의는 고대 그리스 역사가인 헤로도토스의 <역사>에서 처음 등장하였다. 영어로 민주주의(democracy)는 인민을 의미하는 demos와 권력, 통치를 의미하는 kratos의 합성어이다. 민주주의의 근본적인 의미는 인민들이 스스로를 지배하면서 동시에 지배를 받는 제도로서, 지배자와 피지배자가 일치하는 제도를 일컫는다. 이러한 측면에서 고전적 민주주의는 직접민주주의를 의미한다.

직접민주주의에서는 모든 시민이 직접 정치과정(의사결정과정)에 참여하기 때문에 대표자가 없다. 그러나 직접민주주의는 사회의 인구가 일정 규모 이하일 때만 가능한 방식이다. 그리스 도시국가(polis)에서 시행되었었고, 현시대에는 스위스가 직접민주제를 채용하는 국가이다.

둘째, 간접민주주의로서 대의민주주의이다. 대의민주주의는 대표(representative)와 민주주의(democracy)의 합성어이다. 근대에서 현대사회를 거치면서 국민국가가 등장하게 되었고, 이와 더불어 국가규모(영토와 국민의 수)의 광대화에 의해 직접민주주의 방식이 효과적으로 작동할 수 없게 되었다. 이에 따라 민주주의는 대의(간접)민주주의의 형태로 발

---

14) 정책의 민주화 측면은 5장 민주적 정책 만들기에서 자세히 다룬다.

전하여 현재에 이르고 있다.

대의민주주의에서도 직접민주주의와 마찬가지로 모든 국가권력(지배)은 국민으로부터 나온다. 그러나 직접민주주의와 달리 대의민주주의는 시민이 직접적으로 스스로 지배하고, 지배를 받는 형태는 아니라 정치적 권위가 부여된 대표자에 의해 자신들과 관련된 가치실현을 위한 의사결정이 이루어지게 된다. 따라서 선거에 의해 선출된 대표자가 국민의 민의를 반영하는 행위를 한다.

벤저민 바버(Benjamin Barber)의 주장에 따르면 최근 국가의 대규모화 및 사회의 복잡성과 전문성 증가에 따라 대의민주주의는 정치에 대한 시민의 무관심을 증가시키고, 궁극적으로 소수 엘리트에게 권력을 집중시키는 결과를 초래하였다는 비판에 직면하고 있다. 그러나 완전한 직접민주주의제로 다시 돌아가는 것은 불가능하기에, 다양한 정책과정에 다양한 정책행위자들의 '참여'를 촉진시킬 수 있는 대의민주주의 제도로의 보완이 필요하다.

셋째, 자유민주주의이다. 대의민주주의와는 달리 자유민주주의는 '자유'에 방점이 찍힌다. 따라서 자유민주주의는 개인의 자유를 극대화하기 위한 방식으로서 민주주의를 지향한다. 자유민주주의를 정부의 운영철학으로 하는 대표적인 경향으로 신자유주의적 정부운영을 들 수 있다.

자유주의적 견해에 따르면 국가의 임무는 개별자로서 개인의 자유를, 특히 경제적 자유를 최대한 보장해주는 것이다. 이를 위한 국가의 주요 역할은 개인들 간 이해관계를 조정 또는 보호하는 것이다. 가장 기본적인 공공서비스 이외의 것은 모두 국민의 자유로운 선택에 맡기는 것을 강조하는 자유민주주의 중 극단적인 최소주의 국가 형태로 야경국가를 들 수 있다.

현대 자유민주주의 국가의 정책은 경제적인 공동선(완전자유시장에서 선의의 경쟁을 통한 가장 최적 균형 유지) 또는 본질적으로 비정치적인 공동선을 보장하는 것을 목적으로 한다. 이에 따라 경제적 자유에 방점을 두는 정부에서는 시민들의 민주적 의사에 따른 의견 표출 등 시민사회 조직화나 시민들의 권력에 대한 정치적 영향 증대는 이차적 관심사가 된다. 또한 자유주의적 민주주의를 추구하는 정부는 민주주의의 과정을 철저하게 개인 간의 이익타협 과정으로 이해하기 때문에 결과의 공정성에 주로 초점이 맞추어진다.

자유민주주의의 현대 모습인 신자유주의적 정부의 정치권력은 시민을 경제발전을 위한 수단으로 간주하는 경향이 있다. 따라서 극단적인 자유주의적 모습은 지양하되, 개인의 경제적 자유를 사회적 합의를 통해 지킬 수 있는 대의민주주의와의 혼합을 통한 민주주의로 발전시켜나가야 한다.

넷째, 숙의민주주의는 숙의(熟議)의 뜻 그대로 특정 사항/문제에 대하여 고심하고, 이를 바탕으로 다른 정책행위자와 토의함으로써 상호 이해의 장을 넓혀, 궁극적으로 상호 합의에 도달하는 것을 목표로 하는 민주주의이다. 숙의민주주의가 제대로 이루어지기 위해서는 정책과정에의 자유로운 참여 보장과 공론장에 참여한 시민들은 시민으로서 합리적 의사소통을 할 수 있는 역량을 갖추어야 한다.

이는 자신의 신념/가치/경험과 배치되는 상대방의 의견을 끝까지 경청하면서 상대방의 논리를 이해하려는 노력(앞의 자비의 원칙 참조)으로서, 상식적/맥락적 사실에 근거하여 자신의 정책(문제에 대한 이해 및 해결책)보다 상대방의 정책이 '사회적'으로 더 큰 혜택을 가져올 수 있다면(자신의 개인이익과 관계없이), 이에 대하여 설득당할 자세를 가지고 의사소통(대화/토론)에 임하는 자세 및 역량을 의미한다.

이상 논의된 민주주의의 종류에 따른 정책과정에서 문제 정의 및 결정 방식의 차이를 설명하면 다음과 같다.

첫째, 대의민주주의의 경우, 정책문제는 국민들로부터 올 수도 있고(bottom-up), 선출직 엘리트에 의해 일방적으로 제시(top-down)될 수도 있다. 전자는 국민들의 정책수요가 정책문제로 되는 수요중심 정책과정이며, 후자의 경우는 정책엘리트들로부터 제기되는 정책문제가 정책으로 발전하는 공급중심 정책과정을 의미한다. 대의민주주의에서 제기된 정책문제에 대한 해결책 결정(선택)은 주로 엘리트에 의해 수행되고, 결정과정에 일반국민을 포함한 다른 정책이해관계자들의 참여가 제한되는 것이 일반적이다.

둘째, 자유민주주의에 초점을 맞추는 경우 경제적 합리성에 근거, 엘리트(정책전문가)들에 의한 개인들의 경제적 자유를 최대한 보장할 수 있는 최적의 정책문제 정의 및 해결책 제시가 일반적이다. 여기서 대의/숙의민주주의와의 가장 큰 차이점은 '개별 시민의 경제적 자유의 최대한 보장'이라는 상위목적(문제정의)이 먼저 주어져 있으며, 주어진 목적을 가장 최적으로 달성할 수 있는 해결책을 찾는 실증주의적 접근이 주로 사용된다는 점이다. 따라서 자유민주주의 아래 정책과정은 정부 엘리트/전문가 주도하에 시혜적 공공재 공급과정(top-down)으로 설명될 수 있다.

셋째, 숙의민주주의 제도 아래에서는 다양한 국민들의 목소리를 바탕으로 사회문제를 느끼는 정책이해관계 당사자들이 문제제기 및 문제 해결방안 모색하고, 이들에 의해 제기된 정책문제 및 해결책이 정책결정자와의 합의를 통해 최종 정책해결책으로 발전되는 정책과정을 거친다. 이에 따라 정책문제가 먼저 주어져 있지 않고 문제 상황을 느끼는 정책행위자들에 의해 문제가 제기되며, 정책문제 및 해결책 선정에 있어 관련 정책이해관계자들(국민)의 적극적 참여 및 합리적 의사소통에 의한 담론 형성이 정책결정의 주요한 메커니즘이라는 측면에서 상향식(bottom-up) 정책과정이라는 특징을 가진다.

요약하자면 우리가 추구하여야 할 민주주의는 대의민주주의(정치적)와 자유민주주의(경제적)를 균형있고 합리적으로 융화시키면서 동시에 숙의민주주의의 장점을 최대한 정책과정에 반영하는 융합적 민주주의가 되어야 할 것이다. 즉 대의, 자유, 숙의민주주의 중 어떤 한 가지만이 절대적으로 바람직하다는 자세보다는 각 민주주의에 내재된 장단점이라는 차이에 초점을 맞추어 보다 인류진보에 바람직한 방향으로의 정책설계를 만들어 가려 노력하는 것이 중요하다.

균형적인 민주주의로 발전하기 위한 정책학의 역할은 첫째, 정책을 민주화함으로써 정책을 시민의 손아래 두려는 노력을 학문적으로 정의하고, 이를 확장하려는 이론적 노력, 둘째, 실제 유용한 정책

정보를 산출할 수 있는 합리적인 정책과정을 설계하려는 노력이라
고 볼 수 있다.

정책학: 맥락으로 정책 이해하기

02

정책이란

정책이란

우리는 정책을 이해하기 위한 첫걸음으로 앞 장에서 정책을 둘러
싼 환경의 특징에 대하여 간략히 살펴보았다. 여기서는 본격적으로
정책을 이해하기 위해서 정책의 대상, 정책을 수행하는 기구로서 정
부부처, 그리고 마지막으로 정책―정책학―정책분석 등 정책과 관
련된 용어에 대한 간략한 설명을 통하여 정책에 대한 이해를 하고자
한다.

1. 정책의 대상

국가가 하는 모든 일은 정책(public policy)에 의하여 실행된다. 구체적

으로 표현하면, 한 국가의 시민들에게 영향을 미치는 모든 정부활동 또는 정부의 모든 결정과 이를 달성하기 위한 계획이 바로 정책이다. 정부는 무작위로 아무 일이나 하는 것이 아니라 특정한 목표를 달성하기 위하여 존재한다. 여기서 특정 목표로 대표될 수 있는 것이 사회문제 해결을 통한 공공가치 창출과 이의 (재)배분과 관련된 일이다.

공공가치 실현을 다른 식으로 표현하면 시민들이 필요로 하는 공공 수요에 대한 대응이다. 이러한 측면에서 정책의 대상은 일차적으로 사회문제, 그리고 사회문제의 해결노력의 가시적 결과물인 공공서비스/공공재로 정리될 수 있다.

정책의 대상 ① 사회문제

우리가 살고 있는 세상의 모든 사회문제는 우리가 누군가와 상호작용을 하면서 발생하는 마찰의 결과라고 볼 수 있다. 이러한 마찰이 발생하는 이유는 바로 사회구성원 간 가치, 규범, 선호 등이 서로 다르기 때문이다.

이를 더 넓은 범위에서 보면 특정사회에서 사회문제로 인식되는 현상이 다른 사회에서는 그렇지 않을 수도 있다. 이는 거시적 수준의 사회문화적 차이 때문이다. 예를 들면 우리나라에서 음주는 지나치지만 않다면 사회생활을 하는데 윤활유 역할을 하는 긍정적 측면이 있는 반면, 중동국가에서는 그들의 사회문화적 가치관에 의해 사회문제로 규정(금지)된다.

이렇듯 다양하게 해석될 수 있는 사회문제는 크게 보아, 첫째 전통적인 합리성의 시각에 기반하여 상대적으로 맥락에 대한 고려가 없이 정의되는 구사회문제와 둘째, 이의 단점을 극복하고 사회문제를 더 맥락적으로 파악하려는 노력인 신사회문제로 구분할 수 있다.

구사회문제

기계적·경제적 합리성(3장 참조)에 근거한 전통적인 정책문제 접근에서는 모든 사람의 가치체계가 동일하기 때문에 사회적 효용의 극대화가 가능하며, 이는 개별 사회구성원들의 독립적이며 합리적인 효용함수에 기반하여 이루어진다.

모든 문제상황은 개인의 경제적 합리성과 경제적 효용을 중심으로 정의되며, 이는 객관적 절차 또는 표준적 공식에 의해 계산될 수 있기 때문에 사회문제 역시 명확하게 정리될 수 있다. 이에 따라 해결책 또한 단순하게 정리되어 어떠한 상황에서도 적용될 수 있게 된다.

구사회문제는 이러한 접근 아래에서 이루어진다. 구사회문제는 다양한 사회문제 중 경제적 가치(부의 분배)를 둘러싼 갈등에 초점을 맞춘다. 인간에게 가장 중요한 가치는 경제적 가치이며, 경제적 가치를 둘러싼 갈등의 해결을 통해 다른 사회문제들도 같이 해결될 수 있다고 보는 것이다. 경제적 문제의 해결은 경제적 합리성을 통하여 가장 최적으로 해결될 수 있으며, 최적의 해결은 국가를 중심으로 하는 엘리트(자본권력 포함)가 담당할 때 가장 효율적으로 이루어질 수 있다.

구사회문제를 해결하는 데 있어 가장 적절한 방식으로 제시되었던 것으로 정부의 공급중심 정책을 들 수 있다. 구사회문제에 있어서는 시민들의 가치 체계가 경제적 가치로 일원화되어 있기 때문에 국가는 단 하나의 가치만을 고려한 최적의 문제 해결책을 제시하고 이를 기계적으로 집행하기만 하면 된다.

즉 기계적 합리성에 근거하여 정부의 엘리트·전문가들이 사회문제를 정의하고 이를 가장 효율적으로 해결할 수 있는 방식을 찾아내어 수행하기만 하면(즉 최적화된 문제 해결책에 따른 공공서비스/재화를 공급하면) 시민들은 각자 이를 최대한 향유하여 자신들의 효용을 최대화하려 노력하기 때문에, 공공 서비스의 공급-수요에 있어 최적의 상태를 달성할 수 있다고 가정한다.

그러나 기계적 합리성이 주장하는 사람의 가치 및 욕구가 동일하다는 가정은 비현실적이다. 물론 공급위주의 정책이 상대적으로 효과적일 수 있는 특정 맥락도 있는 것이 사실이다. 예를 들어 국민들의 욕구단계가 상대적으로 낮은 수준에 머물러 있는 저개발국가에서는 평균적으로 우선시되는 국민들의 욕구가 생리적, 안전 욕구일 것이다. 이런 맥락에 처해 있는 국가에서는 국민들의 정책수요가 상대적으로 유사한 형태로 수렴된다. 즉 안전을 담보하는 경찰서비스, 개인들의 경제활동을 원활히 하는 데 기초적으로 필요한 최소한의 사회적 인프라 서비스(도로, 통신 등) 등이 정부의 엘리트의 계획에 의해 무차별적으로 공급되어도 사회적 효과가 상당히 높을 것이다.

그러나 소위 선진국 수준에 들어간 국가(여러분들이 지금 살고 있는 대한민국도 여기에 해당)에서도 이러한 공급위주의 정책만이 효과적일까?

신사회문제

불행히도 우리가 살고 있는 사회는 그렇게 단순하지 않다. 사회를 구성하고 있는 사람들 또한 저마다의 맥락이 있기 때문에 각기 다른 다양한 욕구가 나타나고 갈등이 발생한다. 모든 욕구를 충족시키고 모든 갈등을 해결할 수 있는 단 하나의 해결책이 가능할까? 사회문제를 완전히 해결할 수 있는 단 하나의 완벽한 정책은 존재하지 않는다고 볼 수 있다.

이러한 측면에서 사회문제를 새롭게 정의하려는 노력의 산물이 바로 신사회문제이다. 신사회문제는 당연히 구사회문제의 초점인 경제(분배) 문제를 포함하여, 다양한 가치관, 삶의 질, 균등, 인권 등을 둘러싼 갈등에서 발생하는 사회문제를 해결하는 것이 목적이다.

신사회문제 접근을 따르면 다양한 가치관과 관점을 인정하기 때문에, 다양한 가치를 가지는 시민들이 정책의 주요 행위자가 된다. 특히 시민사회는 자신들의 삶에 직접적으로 영향을 미치는 문제에 대하여 시장(자본) 및 정부와 비교하여 훨씬 더 민감하게 반응하고, 새로운 방향의 해석을 시도한다.

이러한 시민중심의 정책문제 정의로서 신사회문제는 권위나 권력이 집중된 특정 행위자(정부, 자본)가 압도적으로 이끌어나가는 정책과정이 아니라 다양한 정책행위자들의 합리적인 의사소통을 통하여 문제를 해결하는 것을 강조한다. 따라서 구사회문제와 비교하여 신사회문제는 탈중심화되어 있으면서, 민주적 의사소통이 가능한 사회에서 다루어지는 사회문제 양식이다.

빈곤: 사회의 발전에 따른 사회문제의 변화

　빈곤은 가장 기본적인 삶을 영위하는 데 필요한 인간욕구인 최소한의 의식주를 충족시키지 못하는 상태를 의미한다. 구사회문제적 접근은 빈곤을 다른 사회적 문제와 분리하여 해결하려는 노력이었다. 즉 빈곤의 원인을 개인의 빈곤을 벗어나기 수단(소득)의 획득에만 초점을 맞추어 정부 또는 시장 중심의 경제발전만을 지향하는 방식이었다. 국민의 대부분이 절대빈곤인 상황에서는 이러한 구사회문제로서 빈곤 접근이 유용할 수 있다.

　그러나 2000년대를 넘어서면서 빈곤은 단순히 개인의 문제가 아니라 사회구조적인 문제로 인식되기 시작하였다. 즉 부의 양극화에 따른 불평등 심화, 그리고 최소한의 의식주는 충족하지만 행복한 삶의 영위를 방해하는 상대적 빈곤 등의 문제는 사회적 맥락에서 빈곤을 인식하여 문제정의하려는 노력이다.

　특히 한국사회는 1997년 외환위기 이후 급속하게 신자유주의적 방식으로 사회구조가 개편되면서 양극화가 더욱 심화되어 최근에는 상위 10%의 소득 집중도가 48.5%까지 상승하고 있다.

　이는 개별 일반 국민의 능력으로 영향을 미칠 수 없는 거시적인 변화의 흐름이었고, 이러한 사회적 맥락의 변화는 이제 우리 개개인의 삶에 큰 영향을 미치고 있는 것이다. 즉 양극화가 의미하는 바는 저임금 일자리가 많고 양질의 일자리는 없다는 것으로, 수많은 청년실업, 그리고 이에 따른 청년 빈곤율 상승 등의 문제로 나타나고 있다. 빈곤에 대한 사회맥락적 이해는 정부 또는 시장 주도의 정책문제 해결의 한계를 보여주고 있다.

소득 상위 10%소득집중도
(단위: %)

19.8　28.7　34.0　34.7　44.0　46.4　48.5

자료:한국노동연구원

1965년　75　85　95　2005　10　15

자료: 한국일보: http://www.hankookilbo.com/
v/180b0459069547aabcf5990a3ac7c1bc

구사회문제와 달리 신사회문제의 해결방식은 수요중심 정책을 강조한다. 수요위주 정책은 정책의 수요자인 시민들이 주체적으로 자신들의 문제가 무엇인지를 파악·정의하고, 정부를 포함한 다양한 정책이해관계자들 간 상호조율 및 이해를 통해 합의된 정책목표 설정, 합의된 문제해결 방식을 찾아 나가려는 아래로부터의 정책 양식을 의미한다.

요약하면, 구사회문제는 사회적 다수 간 경제적 배분 또는 정치권력의 배분에 초점이 맞추어지기 때문에 사회적 약자 또는 소수에 속하는 사람들에 사회적 배려가 나타나지 않는 반면, 신사회문제는 사회적 소수를 다양성의 측면에서 바라보고, 이들 역시 사회적 연대의 대상으로서 인정한다는 점에서 가장 큰 차이를 보인다.

사회적 욕구 단계가 (전반적으로) 존경욕구, 자아실현 욕구로 발전되는 선진국이 된 한국사회에서 이러한 욕구를 충족시키기 위해서 가장 먼저 해야 할 것이 바로 우리 사회를 구성하는 사람들의 차이를 인정하는 것이다.

정책의 대상 ② 재화·서비스

정책의 대상으로서 사회문제를 해결하려는 노력이 현실화되어 나타나는 것이 정부가 제공하는 재화 또는 공공 서비스이다. 학자들에 따르면 모든 재화·서비스는 경합성과 배제성이라는 두 가지 특성에 따라 네 가지로 구분된다.

경합성(rivalry)이란 어떤 특정 재화에 대하여 특정인이 먼저 소비해 버리면, 같은 재화를 다른 사람이 소비할 수 없는 상태를 의미한다. 경합성의 반대인 비경합성(non-rival consumption)은 다수의 사람이 동일한 재화나 서비스를 동시에 소비할 수 있는 상태이다. 비경합적인 경우 편익의 범위를 특정하게 나누기 어려운 편익의 불가분성(indivisibility of benefits)이 발생하며, 이에 따라 특정 재화·서비스의 소비가 개인에 국한되지 않는 집합적인 소비(collective consumer)가 나타나게 된다.

배제성(excludability)이 의미하는 바는 특정 개인이 특정 재화를 배타적으로 소유하고 소비할 수 있는 권리이며, 이와 반대의 의미를 가지는 비배제성(non-exclusiveness)은 특정 개인이나 소수 집단에게만 국한하여 서비스를 제공하는 것이 불가능하거나 또는 막대한 비용이 수반되는 경우를 의미한다. 이상의 기준을 합하여 표로 정리하면 아래와 같다.

표 3   네 가지 재화/서비스 종류

		소비경합성	
		경합	비경합
소비 배제성	배제	시장재(market goods)	요금재(toll goods)
	배제 불가능	공유재(common−pool goods)	공공재(public goods)

과거에는 정부가 할 일(해야 할 일), 시장이 할 일, 시민사회가 할 일이 명확하게 구분되어 있었다. 이에 따라 정부는 최소한의 공공재와 관련된 업무에만 한정하여 정책을 운영하여야 했다. 자유방임 국가에

서 정부의 역할은 최소한의 재화(국방, 치안, 법 등)에만 한정되어야 하고, 나머지는 시장과 시민사회의 몫이었다.

그러나 독점 등 시장의 실패에 의한 부작용이 나타났기 때문에 정부는 시장에서 자율적으로 생산(또는 공급)되지 못하는 공공재 또한 정책의 범위에 포함시키게 된다. 이러한 정부운영 방식에 있어서 정책은 공급자 위주의 정책이 된다. 예를 들어 사회간접자본으로서 도로와 같이 전국민을 대상으로 하는 공공재의 경우 특정 시민이 어떤 도로를 더 선호하는가는 중요하지 않다. 평균적으로 다수의 국민이 편하게 이용할 수 있을 것으로 기대되는 수준의 도로를 설계하여 제공하는 것이 한정된 재화(세금)로 최대한의 국민의 편익을 증진시킬 수 있다는 점에서 중요하다.

그러나 현대사회에 있어 공공재만이 공공정책의 대상인가? 사회의 다변화, 복잡화에 따라 시장-정부-시민사회 간 경계가 불분명해지면서 정부, 시장, 시민사회가 해야 할 일에 대한 명확한 구분이 점차 어려워지고 있다. 특히 정부의 입장에서 보면 공공재 이외, 시장재, 공유재, 요금재에 있어서도 정책적 개입을 하지 않을 수 없다. 모든 재화가 공공정책의 대상이 되었다.

공공재를 제외한 다른 재화들에 대하여 정부가 왜 개입을 해야 하는 것일까? 이에 대하여 시장실패와 공유재의 비극 등을 통해 설명할 수 있다.

첫째, 시장실패는 시장의 비효율성에 의해 발생한다. 시장에서는 시장의 메커니즘, 즉 완전경쟁에 의해 가장 효율적으로 자원의 배분

독점에 의한 사회적 자중손실의 예

우리가 즐겨 마시는 음료인 커피의 일반적 시장가격(균형가격)이 2,000원이라고 하자. 만약 커피가격이 0원이 된다면 커피에 대한 수요가 무한정으로 늘어날 것이다. 반대로 커피에 대한 수요가 전혀 없어질 가격은 알기 힘들지만, 예를 들어 30,000원이라고 하자.

완전경쟁시장에 있어서는 0원~30,000원 사이에 다양한 가격으로 커피를 공급하지만, 균형가격은 2,000원으로 수렴하게 된다. 소비자는 자신이 지불하는 가격보다 효용이 높으면(즉 3,000원을 지불하였어도 커피 맛이 더 좋거나, 카페의 분위기가 더 좋거나 등등) 응당히 상응하는 비용을 지불하고 커피를 즐길 것이지만, 자신의 효용이 낮게 된다면 이를 구입하려 하지 않을 것이다.

그러나 커피시장에 독점이 발생하여 이 독점기업이 커피값을 8,000원으로

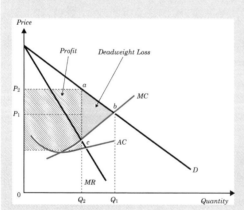

고정시켜 버린 경우, 8,000원보다 적은 효용을 느끼는 소비자들은 커피시장에서 배제될 것이다. 이럴 경우 소비에서 배제되는 소비자들의 사회적 효용의 감소가 바로 사회적 자중손실로 나타나게 된다.

즉 커피가 독점적으로 제공됨에 의해 커피 공급량이 줄어들게 되어, 이를 즐기고 싶은 많은 사람들이 (구매력이 없기 때문

자료: Blair and Carruthers, The economics of monopoly power in antitrust. G.D. Geest (ed). Encyclopedia of Law and Economics. p. 68(https://www.elgaronline.com/view/nlm−book/9781782547457/b4_chapter4.xml?pdfVersion=true).

에) 소비를 줄이거나, 소비를 하지 않게 된다. 그러나 독점기업의 경우 적게 팔더라도 높은 가격에 팔기 때문에 균형가격에서와 같은 수익 또는 이보다 조금 높은 수익(독점이윤)을 올리게 된다.

그러나 전체 시장의 측면에서 보면 (균형가격이었으면) 다른 기업들이 생산할 수 있었던 만큼의 생산이 이루어지지 않게 된다(이에 대한 소비도 이루어지지 않게 된다). 이만큼이 바로 사회적 자중손실, 즉 사회적 비효율성이 되는 것이다.

이럴 경우 사회수준, 즉 거시적 수준에서 전 사회의 이익에 반하는 결과가 발생할 때(위 그림 ABC 삼각형)가 바로 정부가 전 사회의 측면에서 이익을 위하여 개입하여야만 하는 것이다.

이 이루어져야 하는데, 그렇지 못하는 경우가 상당하다. 대표적인 예로 들 수 있는 것이 독과점 등의 문제이다. 독점의 경우 시장의 효율성을 저해할 뿐만 아니라 전 사회수준에서 낭비가 나타나게 된다. 이러한 비효율이 독점에 의한 사회적 자중손실(social deadweight loss)이다.

이러한 시장의 비효율성에 따른 시장재의 왜곡을 막기 위하여 시장재에 대하여도 정부의 개입이 필요하다.

둘째, 공유재는 앞의 [표 1]에 나타나듯이 소비에 있어 경합성은 있으나, 소비에 대한 배타적 소유권을 주장할 수 없는 재화이다. 경제학자인 맨슈어 올슨(Mancur Olson)에 따르면 "구성원의 수가 아주 적거나, 구성원들에게 공동의 이익을 위해 행동하도록 강제할 장치가 없는 한, 합리적으로 사적 이익을 추구하는 개인은 공익 혹은 집단 이익을 위한 행동을 하지 않을 것"이기 때문에 공유재의 경우 사회적으로 더 큰 문제가 발생할 수 있다.

가장 대표적인 예로 개럿 하딘(Garret Hardin)이 제시하였던 공유재의 비극을 들 수 있다. 하딘은 주인이 없는 넓은 목초지 주변에 목장을 운영하는 사람들이 합리적 행동(자신의 효용을 극대화 할 때까지 소비)을 한다면 결국 목초지는 황폐화하게 된다는 목초지의 비극을 제시하였다. 목초지는 공유지로서 주인이 없기 때문에 배제성은 없으나, 누군가 먼저 소비를 하게 되면(목초지의 풀을 뜯어 먹으면) 다른 사람이 소비를 할 수 없는 경쟁성이 있는 재화이기 때문에, 합리적인 목장 주인이라면 가능한 한 많은 소를 풀어서 다른 목장의 소보다 더 많은 풀을 먹게 함으로써 자신의 효용을 극대화하려 할 것이다. 이러한 무차별적(합리적 소비) 소비는 목초지의 황폐화를 일으키며, 결국 공유재의 비극을 가져오게 된다.

이러한 비극을 제어하기 위해서는 정부의 개입이 필요하지만, 일방적 규제가 되어서는 안 된다. 노벨 경제학상 수상자인 엘리너 오스트롬(Elinor Ostrom)의 지적처럼 공유재는 우리 모두의 소유이기 때문에, 공유재를 둘러싼 공동체의 자발적이며, 자체적 해결이라는 자율규제가 더 바람직하다. 다만 공동체에게만 맡겨진 자율규제는 카르텔 등의 부작용이 나타날 가능성이 상당히 높기 때문에 일정 수준의 정부 개입(적어도 심판으로서)이 불가피하다.

또 다른 예를 들자면 또 다른 공유재인 어장 관리에 있어 어장이 황폐화되지 않고 지속가능한 정도까지만 어획할 수 있도록 규제가 이루어져야 하며, 특정집단만이 접근가능하지 않는 제도 역시 갖추어져야 한다. 여기서 어장 관련 공동체(어부들), 전문가들, 그리고 관련 정부기관과의 긴밀한 상호의사소통을 통하여 규제지점을 정해야 한다.

요약하면, 공유재는 이를 둘러싼 다양한 이해관계자 간 상호조율을 통한 자율적 규제지점(공유재의 비극에 이르지 않을 지점)을 결정하여야 하지만, 합리적 행위자로서 인간은 이러한 규제지점을 넘어서려는 욕망이 있기 때문에 국가의 적절한 중재자, 심판자로서 역할이 중요하다.

셋째, 요금재의 경우에도 시장에만 맡겨둘 경우 왜곡이 발생할 수 있다. 요금재는 소비의 경합성은 없으나 소비의 배제성은 있는 재화로, 대표적인 예가 통행료를 지불해야 하는 고속도로일 것이다.

고속도로를 건설하는데 있어 국가의 재정이 충분치 않아 민간기업과의 협동사업으로 민간위탁을 하는 경우[15]를 예로 들 수 있다. 요금책정에 있어 정부가 관여하지 않고 특정 기업에 맡기는 경우, 앞서 독점시장과 같은 문제가 발생한다. 즉 고속도로라는 독점재화를 가지고 기업은 적정가격보다 훨씬 더 높은 가격을 받으려 할 것이다. 이럴 경우, 적정가격이었으면 이용하였을 수많은 운전자들의 사회적 효용이 낭비되게 되는 결과가 발생(위의 시장 독점에 의한 비효율화에 의한 사회적 자중손실 발생)할 수 있는 것이다. 이에 따라 정부는 요금재의 적정가격의 책정을 위해 개입할 수밖에 없는 것이다.

그러나 반대로 정부의 정책적 개입을 최소화하여야 한다는 논의 역시 중요하다. 20세기에 들어서면서 정부의 역할과 기능이 점점 커

---

15) 건설 후 30년간 기업이 이윤을 갖게 하고, 이후 국가에 기부채납하는 방식 등이 대표적이다.

지는 것에 대한 반대급부 현상으로서 1970년대에 접어들면서 정부의 비효율성이라는 문제가 대두되기 시작하였다.

서구 선진국을 중심으로 복지확대 등에 따른 방만한 국가운영 문제가 대두되면서, 이에 대한 대응으로써 1980년대 이후 영미권을 중심으로 신자유주의적(neo-liberalism) 정부운영방식에 따른 신공공관리(new public management)가 전세계적으로 퍼져나가게 되었다. 특히, 민영화, 규제완화 등 경제적 효율성 논리가 부각되면서 정부가 해야 할 일도 시장이 하는 것이 더 바람직하다고 보았기 때문에 시장 중심(친화)의 패러다임으로 정부 운영방식의 전환을 시도하였다.

그러나 지난 신자유주의 정책들이 결코 바람직한 성과를 이루었다고 평가하기 힘들며, 특히 2008년 세계 금융위기는 통제되지 않는 자본의 도덕적 해이가 일궈낸 최악의 결과물이 되었다. 이는 우리로 하여금 정부가 단지 공공재만을 정책 대상으로 할 것이 아니라 다른 유형의 재화에 있어서도 정책적 역할이 필요하다는 것을 분명하게 보여준다.

마지막으로 정부의 정책이 사회의 모든 영역을 포괄한다고 하더라도 국가계획주의 정부(공산주의 국가)가 아닌 이상 정부가 모든 일을 할 수 없다(국가중심 계획경제 실험은 이미 실패하였다). 그렇다면 정부가 사회문제 해결을 위하여 맡아야 하는 정책의 범위는 어디까지인가? 이는 하나의 기준으로 단정적으로 정의할 수 없는 문제이다. 개별 국가가 처한 상황에 따라 정해져야 할 일이다. 여기서는 정부와 시장과 더불어 우리 사회를 떠받치고 있는 또 다른 영역인 시민사회 영역의 역할에 초점을 맞추어 이에 대한 대답을 하려 한다.

20세기 사회에서는 정부－시장－시민사회의 역할이 명확히 구분되어 있었다. 그러나 현대사회의 복잡성이 높아져감에 따라, 어느 하나의 영역만의 힘으로 사회문제를 해결하는 것이 불가능해짐을 인식하게 되었다. 즉 정부, 시장, 시민사회가 서로 상호 유기적인 협력관계를 통하여 사회문제 해결을 도모해야 효과적인 결과를 도출할 수 있다는 것이다. 이러한 측면에서 시민사회와 정부와의 관계를 통하여 정부 정책범위가 어디까지인가를 논의할 수 있다.

현대 민주주의 국가에 있어 시민사회 영역의 역할 중 가장 중요한 것으로, 정부가 하는 일(정책)에 대하여 감시를 하고, 정당성을 제공하는 것이다. 시민사회는 정부가 제공하는 공공재를 포함한 모든 재화와 관련하여 이것이 사회의 필요에 의해 제공되는 것인가, 그리고 시장과 정부의 관계에 있어 정부의 시장 개입이 시장기능을 해치지 않는가 등에 대한 끊임없는 감시 등을 통하여 정부의 정책범위에 대하여 지속적인 피드백을 줄 수 있다.

정부가 담당해야 하는 영역의 범위는 정부를 포함한 한 사회의 맥락에 따라 지속적으로 변화한다. 이러한 변화에 유연하게 적응하기 위해서 정부는 시민사회로부터의 피드백을 적극적으로 수용하고, 동시에 정부－시장－시민사회가 당면 사회문제 해결을 위한 상호 가장 적절한 문제범위를 상호 조율해나가야 한다. 이러한 유기적 협력관계를 유지할 때 사회적 맥락에 적합한 각 영역의 업무범위를 정해 나갈 수 있을 것이다.

정책의 우선순위 결정

사회에서 제기되는 모든 문제해결을 위하여 정부가 사용할 수 있는 자원이 무한정이라면, 정책의 우선순위라는 개념이 필요 없을 것이다. 그러나 불행히도 정부의 자원(대표적으로 정부예산)은 한정적이다. 따라서 수많은 공공문제 중 특정시기에 어떤 문제해결이 다른 문제해결과 비교하여 더 우선적이어야 하는가는 정책에 있어 매우 중요한 문제이다.

정책우선순위 결정에 가장 큰 요인이 될 수 있는 것으로 정책을 둘러싸고 있는 사회경제적 맥락을 들 수 있다.

같은 정책이라도 정책을 둘러싼 맥락(상황)에 따라 다르게 해석될 수 있다. 보릿고개 시절의 경제개발정책과 복지정책의 관계와 현재 OECD 국가로서 한국의 경제개발정책과 복지정책 간의 관계의 차이를 생각해보자.

1960년대만 하더라도 겨울이 지나고 보리가 아직 여물지 않았던 5~6월에는 끼니를 해결하는 것이 주요 사회문제였다. 먹고 살기 힘든 것이 정책을 둘러싸고 있는 가장 주요한 맥락일 때는 경제개발과 관련된 정책이 다른 어떤 정책보다 우선순위가 된다. 반면 2022년 한국의 경제규모(국내 총생산)는 세계 13위를 차지할 정도로 성장하였고 이는 더 이상 끼니를 걱정하지 않아도 되는 수준의 경제력을 가지게 되었다는 것을 의미한다.[16] 그러나 국민의 평균적인 생활수준을 나

---

16) 물론 모든 국민이 다 그렇다는 것은 아니라, 1960년대와 비교하여 상대적으

타내는 1인당 국민총소득은 아직 33위에 지나지 않고 사회의 경제적 불평등을 보여주는 지니계수의 경우 0.331로 OECD 국가 평균(0.315)보다 낮은 수준에 머물러 있다.

이러한 사회경제적 맥락을 놓고 볼 때, 재분배 정책으로서 복지정책과 경제개발정책 중 현재 한국사회의 맥락상 우선순위에 두어야 할 정책이 어떤 것이 되어야 할지는 자명한 일이다.

또 다른 예로 환경(보호)정책과 개발정책(환경오염을 수반하는)의 경쟁을 들 수 있다. 환경오염을 일으키지 않는 범위 내에서만 개발, 즉 지속가능한 개발에 한정한다면 두 개의 대립되는 정책의 지향점을 모두 충족할 수 있다. 이러한 측면에서 선진국은 개발을 일정부분 희생하더라도 장기적으로 더 중요한 환경에 우선순위를 부여할 수 있다. 즉 이와 수반되는 사회적 비용을 감당할 수 있으며, 이에 대한 국민들의 합의가 이루어질 수 있는 선진국에서는 환경정책이 개발정책보다 우선순위에 있을 수 있다.

그러나 개발도상국가의 입장에서는 현재 먹고 사는 가장 기본적인 생존과 관련된 욕구가 제대로 채워지지 않은 상태이기 때문에 두 가지 정책 중 우선순위는 개발정책에 있게 된다.

정책은 사회가 요구하는 공공가치를 추구하고 달성해야 할 의무가 있다. 그렇다면 정책이 추구하는 가치는 어떻게 정해지는 것일까? 사회에는 다양한 공공가치가 있으며 그 가치 간에도 갈등이 있다.

한정된 자원 속에서 모든 가치를 추구하는 것은 불가능하기 때문

로, 즉 대부분 국민이 그렇다는 것이다.

에 가치는 선택될 수밖에 없다. 가치의 선택은 옳고 그름의 문제가 아니다. 다만 사회적, 경제적, 문화적 맥락을 고려하여 특정 시점, 특정 공간 내에서 보다 우선시 되어야 할 가치가 무엇인지 선택되는 것이다. 다른 말로 표현하면, 한 사회의 공공가치는 그 사회가 처한 상황·맥락에 근거하여 결정되게 된다.

가치의 우선순위를 결정하는 방식은 여러 가지가 있다. 크게 정부 엘리트 및 전문가 중심의 권위적 가치배분과 시민들과의 합의에 의한 민주적 가치배분 결정으로 나누어 볼 수 있다(이에 대하여는 합리성 논의에서 자세히 다룰 것이다).

정책과 관련된 다양한 가치들이 충돌하며 가치들 간 복합적인 상호작용 속에서 우선순위가 정해지는 과정을 정책변화 또는 정책과정이라고 한다. 따라서 정책과정은 근본적으로 정치적 성격을 가지게 된다. 그러나 어떠한 경우라도 최종적으로 정책결정을 하는 주체는 사회의 권위를 대표하는 정부이며, 정부의 결정은 사회문제에 대한 개입으로 나타난다.

이러한 측면에서 현실세계에서 정책우선순위로 나타나는 정부 정책기조는 대통령을 중심으로 집권 여당이 주도권을 가지고 자신들의 국정운영 철학에 부합하는 정책을 우선적으로 결정하는 정치적 성격을 갖는 것이 일반적이다.

2. 정책수단으로서 정부부처

정부의 국정철학 달성을 위한 일차적 수단으로 중앙정부부처를 들 수 있다. 대통령과 국회는 국정철학과 정책수요를 반영하여 정책을 고안하고 결정하는 머리와 같은 역할을 한다. 한국의 경우, 대통령중심제를 채택하고 있기 때문에 대개 대통령이 국회보다 의사결정의 주도권을 가지고 있다.

행정부는 경제, 사회, 복지, 문화, 환경, 외교, 농수산, 산업, 고용, 정보통신, 국방, 통일 등 다양한 분야의 정책을 담당하는 개별 부처들로 구성된다. 이러한 측면에서 보면 개별 정부부처는 특정 정책 목적을 달성하기 위한 제도적 수단으로 이해될 수 있다.

행정부를 구성하는 중앙부처는 사회의 변화에 따라 지속적으로 재구성되어 왔다. 특히 정권이 바뀔 때마다 수행되는 중앙정부부처의 조직개편에는 각 정권의 국정운영철학이 투영되어 있다. 따라서 정부의 조직구조를 통해 정부 정책의 청사진을 파악할 수 있다. 정부의 각 중앙부처는 각종 정책을 수행하는 몸통 및 손과 발의 역할을 하게 된다(실제 손과 발의 역할은 중앙정부부처라기보다, 중앙정부부처 산하 정부기관들 및 지방자치단체들이다).

수단에 대한 이해

수단은 특정 목적을 달성하기 위해 사용되는 도구를 의미한다. 도구란 인간이 환경에 적응하기 위해서, 또는 환경의 도전에서 오는 문제해결을 위해서 고안, 설계, 활용하는 모든 것을 총칭하는 것이다. 정책수단 역시 정책문제를 해결하기 위해서 인위적으로 고안되거나 설계된 것으로 파악될 수 있다. 그러나 수단을 오해하거나 잘못 선택하면 상당히 큰 문제가 발생할 수 있기 때문에 수단을 제대로 선택하기 위해서는 다음의 내용을 유념해야 한다.

첫째, 목적에 맞는 적절한 도구를 선택하여야 한다. '칼'을 예로 들면, 칼은 무엇인가를 썰거나 자르는 데 유용한 도구이다. 여기서 칼은 우리가 자르고자 하는 대상(목적)에 따라 선택되어야 할 도구이다.

즉 종이를 자를 때, 야채를 썰 때, 고기를 썰 때, 생선회를 썰 때, 조각을 할 때, 그리고 전쟁에서 무기로서 칼 등은 목적에 맞게 고안되었기에, 이 목적에 맞는 칼을 선택하는 것이 중요하다. 정책 역시 목적을 달성하기 위해서, 즉 정책문제가 무엇인지에 대한 제대로 된 정의를 내린 후에, 이를 가장 효과적으로 해결할 수 있는 적절한 수단을 선택하여야 한다.

┊╫ 그림 11 　여러 가지 종류의 칼

둘째, 목적에 맞게 도구를 활용해야 한다. 도구는 특정 목적에 맞게 설계된다. 주방칼은 주방에서 음식을 만들기 위한 목적으로 설계되었기 때문에, 주방에서 조리할 때 사용되어야 한다. 그러나 같은 주방칼이 범죄에 사용되면 도구의 잘못된 사용으로 인한 심각한 문제가 발생한다.

⫶ 그림 12   같은 도구의 다른 사용법

vs

이와 마찬가지로 민주적인 정부 또는 국민의 입장에서 보았을 때 군대는 외부의 적으로부터 국민을 보호하기 위한 유용한 수단이지만, 군부독재정부의 입장에서 보았을 때 군대는 쿠데타를 위한 도구, 또는 정권을 유지하기 위한 수단으로 악용될 수 있다.

이러한 공권력 남용으로서 군대라는 수단의 오용이 발생되었던 대표적 예로 1980년 광주민주화항쟁에 투입된 군대를 들 수 있다. 후자와 같이 군대라는 수단이 목적에 부합되지 않게 사용되면 공권력의 남용에 의한 공공의 이익의 침해를 불러오게 되며, 일부 소수의 이익만을 지키는 수단으로 악용되는 커다란 사회문제를 야기하게 된다.

셋째, 맥락이 바뀌면 도구의 선택도 변경될 수 있다. 앞서 논의하였듯이 정책을 둘러싼 환경은 복잡하고, 늘 변화하기 때문에 항상 같은 도구가 선택되는 것은 아니다. 유사한 정책문제라고 할지라도 맥락의 변화에 따라 사용되는 적절한 도구가 달라지기 때문이다.

예를 들어, 선별적 복지와 보편적 복지 논란을 살펴볼 수 있다. 정부는 국민 복지 증진이라는 목적을 달성하기 위해 선별적 복지를 할 것인지 보편적 복지를 할 것인지 선택의 문제에 당면하게 된다. 수단을 선택함에 있어서 예산 문제, 여론 문제, 전달체계 문제 등 다양한 당면 정책 환경을 고려할 수밖에 없기 때문에, 항상 옳은 선택과 정답이 있는 것이 아니다. 변화하는 사회, 문화, 정치, 경제 등 여건에 부합하는 적합한 수단이 있어야 하기 때문에 수단의 선택은 늘 변경될 수 있다.

넷째, 목적–도구의 관계에 있어 목적과 도구를 전치해서는 안 된다. 앞서 논의하였듯이 도구는 목적을 달성하기 위한 수단이다. 도구 선택에 있어 목적이 선행되어야 한다. 그러나 때때로 도구가 목적이 되는 경우가 있다. 이러한 경우는 대개 시작점에 있어서는 특정 목적을 위한 수단을 선택하였는데, 수행을 하는 과정에서 목적보다 수단이 더 강조되면서, 목적이 없어져 버리는 경우이다.

처음에는 돈을 행복을 이룰 수 있는 수단으로 생각하였지만, 돈을 벌면서 돈 자체에 매료되어 돈을 버는 것 자체가 목적이 되는 경우가 이에 해당된다.

정부조직개편 : 정책수단의 조정

정부조직개편은 정부가 현재 국가가 처한 상황을 고려하여, 자신들의 국정운영철학 및 정책방향에 부합될 수 있도록 정책우선순위를 정한 뒤, 이를 수행하는 데 가장 적합한 방식으로 정부의 규모, 기능과 그 범위 등을 새롭게 재구성하는 것을 의미한다.

이론적으로 정부조직개편은 크게 정치적 목적과 행정적 목적으로 나뉘어 수행된다. 행정적 목적은 주로 관료제의 병폐(비효율성, 무사안일, 경직성 등)를 해소하여 정부운영의 효율성 및 책임성을 높이려는 시도이며, 정치적 목적은 새로운 대통령이 자신의 국정철학을 추진하기 위해 정치적 권력과 정책 운영동력을 확보하고 정책도구를 합리화하여 정당성을 얻기 위한 구조를 마련하는 것으로 볼 수 있다.

이러한 정치적 목적을 다른 시각에서 살펴보면, 변화하는 정책수요에 대응하기 위해서 새로운 기능을 첨가하거나, 기존 정부의 기능을 새로운 수요에 대응하여 재구성하는 것으로 이해할 수도 있다. 변화하는 사회의 정책수요에 대응하는 정부조직개편은 정권교체 시기가 아닌 정권의 중간에 급작스러운 정책환경변화에 따라 발현되는 국민의 정책수요에 대응하여 나타나기도 한다.

1948년 대한민국 정부가 수립된 이후, 2024년에 이르기까지 총 65차례 정부조직개편이 이루어져 왔다. 새로운 정부(대통령 선출)가 시작될 때 새로운 대통령의 국정철학에 따라 대규모 정부조직개편이 이루어지는 것이 상례였으며, 1987년 개헌 이후 대통령 5년 단임제가 된

⫸ 그림 13　정부조직개편 역사

대통령	정부 출범	박정희	전두환	노태우	김영삼
정부조직 개편	11부 4처 3위원회	2원 13부 4처 12청	2원 16부 4처 13청	2원 16부 6처 15청	2원·16부·6처·15청 ↓ 2원·14부·6처·15청
주요 개요	-	-	노동부, 체육부 신설	경찰청, 공보처 신설	부처통합으로 상공자원부, 문화체육부 신설

대통령	김대중	노무현	이명박	박근혜	문재인
정부조직 개편	2원·14부·5처·14청 ↓ 17부·2처·16청	18부·4처·16청 ↓ 18부·4처·17청	18부·4처·18청 ↓ 16부·2처·18청	18부·4처·18청 ↓ 17부·3처·17청	17부·5처·16청 ↓ 18부·5처·17청
주요 개요	재정경제원 해체, 통상기능 외교부 이관	중앙인사위·소방방재청 신설	기획예산처 등 5개 부처 통폐합, 금융위 신설	해양수산부 부활, 미래창조과학부 신설	중소벤처기업부 신설, 행자부·안전처 통합

※정부조직개편은 정부 출범 직후에 한함

자료: 행정안전부, 한국행정연구원

자료: 서울경제. 대선만 치르면 부처 간판부터 바꾼다…"그래서 일 잘한 정부였나" (2021. 12. 8.) https://www.sedaily.com/NewsView/22V7PEEX3K/GE0201 재구성

이래 거의 반복적으로 일어났다.

가장 최근 정부인 이명박, 박근혜, 문재인, 윤석열 정부가 자신들의 정책기조(정책목표)에 따라 정부부처(수단)를 어떻게 조정하였는지 간략하게 살펴보자.

이명박 정부의 행정부는 15부 2처 18청 2원 3실 5위원회로 구성되어 있으며, 이전의 노무현 정부와 비교하여 중앙정부 부처청의 숫자를 줄여서 규모적으로 작은 정부를 지향하였다. 신자유주의 흐름에 기반하여 효율적인 정부운영이라는 정책목표를 수립하고 핵심 기능을 강화하였다.

이명박 대통령은 후보자 시절부터 '경제 대통령'임을 강조해 왔으며 이러한 정책기조를 이끌어나갈 수단으로서 경제관련 부처를 통합하여 거대화시키고, 지식경제부를 신설하였다. 또한 대운하 개발, 4대강 정책 등 녹색 뉴딜(Green Growth)을 실현하기 위해서 건설교통부를 중심으로 해양수산부의 해양 및 항만 기능을 추가하여 국토해양부를 새롭게 발족시켰다.

반면, 우선순위가 낮은 정책을 담당하는 부처의 통폐합과 폐지도 동시에 진행되었다. 정보통신부를 폐부하고 소관 업무를 행정안전부, 문화체육관광부, 지식경제부 등 타 부처로 이관하였으며, 특히 정보통신정책 기능을 대통령 직속 행정기구인 방송통신위원회로 넘겼다. 교육정책은 경제정책에 비교하여 후순위이었기에 교육부총리가 폐지되었고 마찬가지로 해양수산부의 기능은 국토해양부와 농림수산식품부로 분할 이관되었다.

박근혜 정부는 중앙부처를 17부 3처 17청 2원 5실 6위원회로 개편하였다. 박근혜 정부의 정부 정책기조로 부각되었던 것은 바로 창조경제였다. 창조경제를 이끌 수단으로 미래창조과학부, 정부 3.0위원회 등이 신설되었고 관련된 정책을 수행하는 안전행정부의 위상이 강화되었다. 박근혜 대통령은 재임기간 중에도 여러 번 정부조직 개편을 단행하였다. 급격한 정책환경변화로서 세월호 참사 후 안전에 대한 국민의 열망을 담은 국민안전처 설치가 있었으며 그 외에도 해양경찰청 폐지, 국무총리 직속의 인사혁신처 설치, 교육부총리 부활 등이 있었다.

문재인 정부는 18부 5처 17청 2원 4실 5위원회를 두었다. 박근혜 대통령의 탄핵으로 말미암아 정부조직을 개편하기 위한 시간적 여유가 부족했으나 문재인 정부는 일자리 창출과 적폐청산이라는 정책기조를 전면에 내세워 고위공직자범죄수사처(공수처) 신설, 국정원의 국내 수사 폐지 등의 정부조직 기능을 개편하였다. 또한 2000년대 이후 지속적인 사회문제였던 일자리 문제를 해결하기 위한 수단의 일환으로 중소벤처기업부를 신설하였다. 그리고 임기 중 코로나19 팬데믹 사태라는 매우 큰 환경변화에 대하여 식품의약품안전청을 식품의약품안전처로 승격하는 조직개편이 있었다.

윤석열 정부는 정권이 들어서면서 18부 3처 19청(21청) 6위원회 정부조직 개편계획을 발표하였다. 윤석열 정부는 '공정과 상식으로 만들어가는 새로운 대한민국'이라는 정책기조(정책공약)를 통해 선출되었고, 선출 후 1년 차 국정과제성과에 있어서 '자유민주주의와 시장경제 복원'이라는 보다 구체적인 정책기조를 내세웠다. 구체적으로 개편된 조직을 살펴보면, 국가보훈처의 국가보훈부 승격, 재외동포청, 우주항공청 신설이 있으며, 공약으로 제시되었던 여성가족부 폐지는 논의 중이다. 윤석열 정부의 정부조직개편은 앞서 세 명의 대통령과 비교하여 상대적으로 정권의 통치철학 또는 국정기조가 직접적으로 조직개편에 투영된 정도가 분명히 나타나지 않는 특징이 있다.

조직이 개편된 부처만이 정권의 변화에 맞춘 정책수단 변화일까? 즉 전 정권과 똑같은 형태(예를 들면 환경부는 이명박 정부부터 윤석열정부까지 조직개편 대상이 아니었다)인 정부조직은 새로운 정권의 정책목표 달성에 부합되지 않는 수단으로 남아있는 것일까? 정부조직개편 대상이 되지 않아 개편되지 않은 정부부처(및 모든 정부기관) 역시 정권의 변화에 따라 부처 내부의 정책설계변화가 생기게 된다. 즉 새로운 대통령의 새로운 정책기조에 맞추어 자신들의 기존업무를 재조정하게 되는 것이다. 예를 들면, 이명박 정부 당시 거의 모든 정부(및 정부기관)는 '녹색성장'을 정책우선순위에 있어 가장 우선적으로 위치시켰고, 박근혜 정부 당시에는 '창조경제'가 거의 모든 정부조직에 걸쳐 주요 정책우선순위로 자리매김하였었다.

이상의 정부조직 개편 사례를 검토하면서, 정부의 조직 개편이 변화하는 환경에 잘 대응하기 위한 수단으로 조정이 된 것인지, 아니면 당시 정치권력의 이익을 대변하기 위해 조정된 것인지 생각해 볼 필요가 있다.

민주적인 정부는 정책기조(정책목표)를 설정하기 위해 국민들의 목소

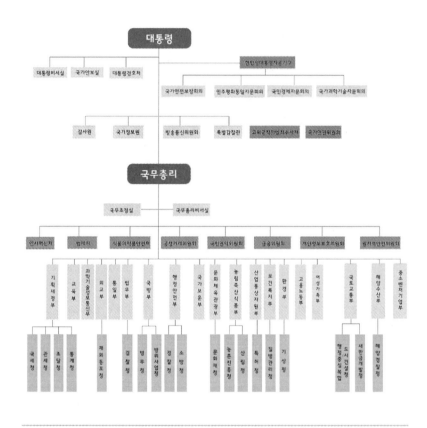

자료: 정부24 홈페이지. https://www.gov.kr/portal/orgInfo

리를 들으면서 제도적인 변화와 정책의 방향성을 고민할 것이다. 만
약 정책의 전환이 필요하다면 우선적으로 기존의 정부부처 구조 내
에서 해결이 가능한 문제인지 숙고하여야 한다. 부처를 개편하지 않

더라도 해결할 수 있는 방안이 있다면 굳이 행정비용을 소모할 필요가 없기 때문이다. 정부부처를 개편하는 데 소모되는 비용이 국민들의 주머니에서 나올 수밖에 없는 사실을 명심한다면 실질적인 성과가 없이 정치적 상징을 위한 정부조직개편은 지양될 것이다.

3. 정책, 정책학, 정책분석

여기서는 정부의 문제해결 노력으로서 정책, 정책현상을 학문적 대상으로 하는 정책학, 그리고 정책과정에 유용한 정보·지식 제공을 위한 실천적 노력으로서 정책분석에 대하여 간략히 살펴본다.

정책

정책은 정부의 사회문제 해결 노력이다. 다시 말하자면, 정책은 문제가 되는 사회현상에 대하여 국가가 어떻게 개입할 것인가를 설계하고, 설계에 바탕을 둔 집행을 하고, 그리고 집행된 결과에 따른 학습을 하는 등 정책과정 전반에 걸쳐 일어나는 모든 정부의 행위를 포괄한다. 여기에 더하여 정책은 사회적으로 바람직하지만 민간영역에서 자율적으로 나서지 않는 부문이 활성화되도록 촉진시키는 역할을 한다.

따라서 정책과정은 우리 사회가 좀 더 바람직한 방향으로 나아가기 위한 정부의 모든 활동을 포함한다. 여기서 정책은 사회적 실험으로 이해되어야 한다.[17] 환자에게 의사가 진단에 따른 처방을 하듯이, 정부는 사회문제의 종류에 따라 이를 해결할 수 있을 것이라고 기대되는 해결책을 찾아 처방을 한다. 그러나 정책의 결정은 실행되기 이전에 이뤄지기 때문에, 정책결과가 어떻게 도출될지에 대하여는 불확실하다. 즉 성공할지 실패할지 100% 확신할 수 없기 때문에 정책은 그 속성상 사회적 실험으로 이해되어야 한다.

맥락을 고려한 접근뿐만 아니라 실증주의적 접근 또한 중요한 정책의 부분이다. 어떠한 접근을 선택할 것인가는 당면한 정책문제의 속성에 달려있다.

만약 정부가 사회의 특정문제를 인지하고 있음에도 불구하고 아무런 조치를 취하지 않고 가만히 있다면 이는 정책(과정)으로 받아들여야 할까? 이는 무의사결정(nondecision making)이라고 불리는 현상으로, 대개 문제해결을 통한 사회적 변화를 추구하기보다, 특정한 이유에 의해 현재의 상황을 유지하기 위해 일부러 정책문제 자체를 문제로 상정하지 않으려는 정부의 행태로 볼 수 있다.

---

17) 실증주의적 정책접근에서는 정책이 사회적 실험이 아니다. 앞서 논의되었듯이 실증주의 접근은 문제해결을 위한 객관적이며 가장 효율적인 해결책을 찾을 수 있다고 믿었고, 이러한 해결책을 기계적으로 수행하면 반드시 원했던 결과가 도출된다고 믿었기 때문이다.

무의사 결정

　사회문제 해결책에 대해 정부가 의사결정 자체를 하지 않는 것, 즉 문제 상황임에도 문제를 문제로 만들지 않는 것도 정책과정의 의사결정으로 볼 수 있을까?

　무의사 결정 이론에 의하면 이것 역시 정책결정의 일종이다. 왜냐하면 무의사 결정이란 특정 정책문제에 대하여 정책결정 최고엘리트의 입장에서 공식적으로 정부가 직접 개입하여 문제를 해결하는 노력을 해야 하는지 아닌지를 사전적으로 판단할 때 발생하는 것이기 때문이다. 특히 지배 엘리트 집단의 특정한 정책 가치 지향이 명확하며, 이러한 자신들의 정책가치 추구 경향이 강력할 때 발생한다.

　최고 정책결정자의 입장에서 사전적으로 정책문제를 문제가 아닌 것으로 만드는 이유로 두 가지를 들 수 있다. 첫째, 자신들의 (정치적) 이익에 부정적인 경우, 둘째 엘리트의 입장에서 판단하였을 때 일반 국민들이 모른 채(문제로 삼지 않고) 지나가는 것이 더 큰 공익을 가져온다고 판단하는 경우 등이다.

　정책 엘리트에 의해 무의사 결정이 이루어지는 방식은 크게 두 가지를 들 수 있다. 첫째, 정책문제 자체를 수면 위에 올라오지 못하게 막는 것이다. 이러한 문제의 경우 일반국민에게 문제자체가 노출되지 않기 때문에 국민들이 모른 채 지나간다. 대표적으로 국가 안보와 관련된 다양한 국가 비밀이 여기에 속한다. 그러나 민주주의 정도가 낮은 국가에서 시민의 정책참여 정도가 낮거나, 정부정책 또는 정치에 관심이 없을 때 정부 엘리트들이 자신들의 이익과 관련된 정보나 문제를 보다 손쉽게 관리할 때에도 발생한다.

　둘째, 수면 위에 올라온 사회이슈가 공식적 정책문제로 채택되지 못하게 하는 것이다. 이는 전체주의 또는 독재적 성격이 강한 국가체제에서 대개 폭력적 방법을 통해 정책행위자들이 특정 문제나 이슈에 대한 주장 및 발언하는 것 자체를 차단하는 방법을 통해 이루어진다. 이는 소위 언론 탄압, 또는 시민들의 의견 개진 탄압 등으로 나타난다. 또 다른 방식으로 갑자기 다른 사회적 이슈를 터트림으로써 이슈 전환을 하여, 특정 정책문제가 더 이상 논의되는 것을 막으려는 방식이다.

국가기밀 등을 제외한 많은 경우 무의사 결정은 국민들의 정책수요를 억압하는 기제로 작용할 가능성이 높다. 특히 정당성이 없거나 낮은 정권에서 국민의 정책수요가 표출함에도 이를 억압하는 경우 많이 발생한다. 예를 들면, 쿠데타에 의해 집권한 군부독재의 경우(예. 전두환 군부독재 정권) 정권 정당성이 매우 낮기 때문에, 민주적 과정에 의한 정책을 요구하는 시민들의 목소리 자체를 수면 위로 올라오지 못하도록 언론 통제 및 시위 및 결사의 자유 억압 등의 방식을 사용한다.

정책학

정책학(policy sciences)은 실제 정책현상을 설명하기 위한 이론적 틀을 제공하고, 이를 통하여 정책현상을 연구하는 학문분야이다. 현대 정책학의 학문적 시작은, 정책학에 대하여 독립적 학문분야로서 필요성을 제기한 해롤드 라스웰(Harold Lasswell)에서 출발한다. 라스웰은 민주적인 정책을 만들기 위하여 정책학이 추구해야 할 세 가지 지향점을 제시하였다.

첫째, 정책은 진공상태에서 존재하는 것이 아니기 때문에 사회의 다양한 가치체계와 맥락에 대한 이해를 바탕으로 정책과정을 검토해야 한다.

둘째, 정책학은 현실의 사회문제를 해결하기 위해 유용하며 실질적인 정책 정보와 지식을 산출하는 데 목적을 두어야 한다. 이를 위해서는 문제상황을 야기한 진짜 이유(문제의 문제)가 무엇인지에 대한 명확한 진단 및 이해가 있어야 한다. 정책학은 이렇게 정책문제라고 이해된 것에 대하여 주어진 환경 아래에서 가장 실용적으로(최적화가 아님!) 해결될 수 있는 대안을 찾아나가야 한다.

앞서 살펴보았듯이 학문으로서 정책학은 경제학적(관리적) 정책 접근과 비판적 정책접근으로 나누어 볼 수 있다. 후자의 정책접근은 정책과정의 '정치적 이해(political understanding)'에 초점을 맞춘다. 정책과정에 참여하는 다양한 정책행위자들은 가치관, 이해관계 등의 차이로 인하여 상호 갈등이 발생할 수밖에 없는데, 정치적 이해에 바탕을 둔 정책학은 이러한 갈등관계를 상호이해를 통해 풀어나가려 노력한다.

반면 전자는 정책을 '정치적 설명(political explanation)'으로 접근한다. 정책의 정치적 설명이란 정책이 결정된 후(또는 집행된 후) 나타나는 결과물을 설명하기 위한 후속적 작업을 의미한다. 이미 전문가들에 의해 결정된 사항에 대하여, 왜 특정 정책결과가 나타났는가를 정치적으로 설명하는 것으로 주로 정부 엘리트 또는 전문가들에 의한 이루어진다.

세 번째 현대 정책학의 특징으로 다학제성(inter-disciplinarity)과 복합성을 들 수 있다. 정책학의 특성인 다학제성을 이해하기 위해서는 사회문제가 무엇인지를 다시 한 번 살펴볼 필요가 있다. 넓은 의미에서 사회문제는 인간의 존엄성을 증대하는 데 방해가 되는 모든 사회현상들을 의미한다. 인간 존엄성 발전에 저해되는 요인들은 매우 다양하며, 인류 역사 이래 지속적으로 해결되지 못한 채 이어져오고 있는 문제들이 상당히 많다.

앞에서도 언급하였던 가난 또는 빈곤이라는 문제는 인간이 인간답게 살아가기 위한 가장 기본적인 욕구를 충족하지 못한 상태를 의미하며, 역사이래로 아직까지 인류가 해결하지 못한 기본적인 사회문제 중의 하나이다. 빈곤 문제를 국가정책을 통하여 해결하기 위한 첫 번째 단계는 빈곤을 어떻게 정의하는가이다.

빈곤을 경제적 시각에서 바라보면 빈곤은 인간적인 생활을 영위하기 위해 필요한 최소한의 소득을 충족시키지 못하는 것으로 정의될 수 있다. 이러한 정의에 따르면 개개인의 소득을 높일 수 있는 방안이 정책대안이 될 수 있다. 또 다른 측면에서 빈곤을 사회구조적 측면, 즉 부의 편향된 축적 또는 기회의 불균등 등으로 정의한다면, 빈곤을 줄이기 위한 정책대안은 공정한 경쟁을 위한 제도(교육의 균등 등)의 보완이 될 것이다.

이렇듯 동일한 사회문제라고 하더라도 다양한 시각에서 정의될 수 있기 때문에, 완벽하게 문제를 해결할 수 있는 하나의 방책을 도출하기가 쉽지 않다.

이와 더불어 모든 정책은 다른 정책분야와 복합적으로 상호 연관되어 있기 때문에 특정 정책은 다른 정책분야와 상호관계의 고려를 통한 문제해결이 되어야 한다.

예를 들어 빈곤 정책은 고용, 주거, 복지 등 여러 정책 분야를 동시에 고려하면서 다각적으로 다뤄야 한다. 고용, 주거, 보건의 문제가 동시에 해결되어야만 비로소 빈곤이 완화될 수 있기 때문이다. 고용이 되더라도 쉴 곳이 없으면 빈곤은 지속될 것이며, 쉴 곳이 있더라도 지속적인 소득이 없다면 여전히 궁핍할 것이다. 최소한의 인간다운 삶을 누릴 수 있게 복지를 통한 지원이 필요하지만 무한정 지원은 불가능하기 때문에 빈곤층이 자립할 수 있는 여건을 만들 수 있어야 한다. 그 여건은 다시 고용과 주거의 문제로 귀결된다.

이러한 이유로 인하여 정책학은 여러 분야(의학문제, 산업문제, 경제문제, 복지문제, 과학문제, 교육문제, 외교문제, 안보문제, 문화/예술문제 등등)의 실용적인 지식들이 복합적으로 연관되는 다학제적 성격을 가지게 된다.[18]

마지막으로 정책학은 사회의 끊임없는 변화에 대한 대응성이 높아야 한다. 사회, 문화, 경제, 기술의 진보에 의하여 다양하고 새로운 사회문제가 끊임없이 발생하기 때문에 기존의 접근 방식에만 한정한다면 문제해결을 위한 적절한 대안을 찾는 데 한계가 생기기 마련이다.

새롭게 나타나는 사회문제들에 대한 유연한 대응성을 높이기 위

---

18) 여기서 만약 정책을 바라보는 규범적 시각인 합리성의 스펙트럼에 있어 기계적 합리성을 통하여 이러한 사회문제를 해결하려 할 때에는 단일한 시각에 따른 견고한 과학적 지식(객관적 지식이 있다고 믿는)에 따라 정의된 문제해결을 위하여 가장 효율적인 방법을 찾아내려 노력할 것이다. 그러나 앞서 논의하였듯이 이러한 믿음 자체가 신화이다.

해서 변화하는 사회맥락을 반영하는 다른 학문들과의 끊임없는 소통을 통하여 실용적인 문제해결을 위한 노력이 바로 정책학의 학문적 특성인 것이다.

요약하자면, 정책은 궁극적으로 인간존엄성의 발전(human progress)을 지향한다. 따라서 정책학은 정책을 권력으로부터 해방시키고, 다양한 시민들의 공유된 이해 및 의견이 정책으로 발현될 수 있는 메커니즘을 만들어 내려는 학문적, 그리고 실천적 노력이라고 할 수 있다.

정책분석

정책분석(policy analysis)은 정책문제 해결과정에 있어 정책행위자들에게 유용한 지식(usable knowledge)을 생산하는 것을 의미한다. 정책분석의 역할은 정책문제를 해결할 수 있는 수단의 선택(정책결정)을 하는 데 있어 정책을 둘러싼 맥락을 이해할 수 있도록 다양한 측면에서의 지식과 정보를 산출하고 제공하는 것이다.

실증주의적 접근법에 기초한 전통적 정책학에서 정책분석은 이론적 모형과 공식 등에 의한 연역적·체계적 분석절차에 의해 진행되고, 이는 주로 전문가들에 의해서 수행된다. 반면 후기실증주의에 기반하는 비판적 정책학에서 정책분석은 정책과 관련된 다양한 시민들이 상호이해를 지향하면서 의사소통을 통해 문제를 해석하고 진단과 해결책에 대한 합의를 이루어 나가는 과정을 중시한다.

후기실증주의를 따르는 비판적 정책학에서 전문가는 절대적인 지식권력을 가진 행위자가 아니라 자신의 분석을 통해 도출된 결과를 바탕으로 상대방을 설득시키려 노력하는 다양한 행위자 중의 하나이다.

비판적 정책학의 입장에서 정책분석은 실제와 이론을 연결해주는 고리로서, 정책현상과 관련된 정보(policy-related information)를 수집 및 분석하여 정책에 유용한 도움이 되는 지식(policy-relevant knowledge)으로 전환하는 과정이 중요하다. 정책과정에 유용한 지식은 두 가지 종류가 있다.

첫째, 정책문제(현상) 자체와 관련된 것이다. 예를 들어 원자력 발전소와 관련된 정책문제에 있어서는 원자력 공학 및 물리학 등 전문 분야 전문가의 지식이 원자력 발전소 문제를 해결하는 데 있어 중요한 지식이 된다. 이와 더불어 원자력 발전소를 이해하고 있는 일반 국민들이 이를 어떻게 이해하고 대응하는가와 관련된 정보 역시 맥락적 정책결정을 하는 데 있어 중요한 정책지식이 될 수 있다. 이러한 정책지식 또는 정보는 특정한 정책문제와 관련된 것으로서, 바로 그 문제의 해결에 있어 필요한 정보 및 지식이다.

따라서 특정 사회문제에 대한 유용한 정보와 지식을 제공할 수 있는 사람은 누구나 정책분석가가 될 수 있다. 예를 들어, 보건·의학 전문가, 천체 물리학자, 환경공학자, 화학자 등과 같은 특정 분야에 정통한 지식을 가진 전문가뿐만 아니라 의사결정에 도움이 되는 정보와 지식을 재생산해낼 수 있는 일반인들도 정책분석가가 될 수 있다. 최근에는 객관적 정보와 지식에 근거한 여론과 인터넷을 통한 일반인들의 집단지성까지도 정책을 분석하는 데 매우 중요한 근거가 된다.

즉, 누가 정책분석가가 될 수 있는지 따지는 것이 중요한 것이 아니라 각 정책행위자들이 제공하는 정보와 지식이 특정 문제가 처한 맥락에 부합되어 정책에 실질적인 도움이 될 수 있는지 여부가 중요할 것이다.

둘째, 특정한 학문 영역에서 생산된 지식이 정책과정 특히 정책결정에 있어 (정책결정자들에게) 유용하게 사용되기 위해서는 이러한 지식이 정책과정 자체의 특징을 반영하는 지식/정보와의 결합이 필요하다.

특정 정책문제와 관련없이 정책은 일반적인 과정을 통해 이루어진다. 따라서 특정 문제상황 아래에서 특정 정책지식 및 정보(위의 예에서는 원자력 발전소)가 정책과정에서 유용하게 사용되기 위해서는 '정책과정' 자체에 대한 이해가 필요하다. 예를 들면, 사회문제가 어떻게 공식적 정책의제가 될 수 있는지, 그리고 어떤 과정 또는 메커니즘을 통해 특정 정책대안이 선택(정책결정)되는지 등에 대한 정책과정 자체에 대한 정책 지식(대개 정책이론으로 정리되고 이를 바탕으로 다시 활용된다)이 필요하다. 우리가 정책학이라는 학문 이름 아래 공부하는 정책지식은 후자와 관련된 것이다.

구슬이 서말이라도 꿰어야 보배다 라는 말이 있다. 아무리 좋은 지식 정보가 생산되었더라도(특정 정책영역에서의 지식) 이러한 정보가 정책과정의 특성에 따라 적절하게 사용되어야(잘 꿰어야) 실제 문제 해결에 유용해질 수 있기 때문이다.

요약하자면 정책분석의 대상은 정책(현상)이며, 정책분석의 틀은 정책학으로부터 나온다는 측면에서 정책분석은 현실의 정책상황과 이론의 세계인 정책학을 연결하는 고리 역할을 한다고 볼 수 있다.

03

정책의 구성 요소

정책의 구성 요소

정책은 정책과 관련된 행위자들이 정책문제에 대한 해결책을 만들고, 이를 해결해 가는 맥락중심의 이야기 과정이다. 이러한 측면에서 이야기로서 정책을 이해하기 위한 구성요소로 정책문제와 정책행위자들, 그리고 정책행위자들이 정책문제를 이해하는 틀인 다양한 종류의 합리성에 대하여 알아본다.

1. 정책문제

정책문제는 수많은 사회문제 중 공공(公共, public)과 관련된 문제이다. 즉 사적인 문제가 아닌 사회적 문제로서, 시장이나 시민사회가 자율적으로 해결하지 못하기에 정부가 직·간접적으로 개입하여 해결하여야 하는 문제이다.

이러한 정책문제가 누군가에 의해 주어지는가 아니면 문제상황에 처한 사람들 간 공통의 이해를 통하여 만들어지는가에 따라 정책결과에 큰 차이를 가져올 수 있다. 이러한 측면에서 정책문제 정의(누가 어떻게 정의하는가)는 정책과정에 있어 중요하다.

정책문제의 종류

정부가 해결해야 할 공공문제는 수없이 많다. 일단 국민이 스스로 해결하지 못하며, 시장이 해결해주지 못하는 문제는 모두 여기에 해당된다고 할 수 있다. 이러한 공공 정책문제는 크게 사악한 문제(wicked problem)와 평범한 문제(tame problem) 두 가지로 구분될 수 있다.

먼저 사악한 문제는 대개 사회적 문제들이다. 사회적 문제는 본질적으로 다양한 이해관계자들이 서로 다른 가치관, 선호 등에 근거하여 서로 다른 다양한 해결책을 선호하게 되는 경우에 나타난다.

사악한 문제(wicked problem)는 리텔과 웨버(Horst W.J. Rittel and Melvin M. Webber)의 1973년 논문('Dilemmas in a General Theory of Planning')에 그 기원이 있다. 그들에 따르면 정부의 문제해결 방식으로서 전통적인 합리성에 근거한 방식 — 즉 문제해결을 위해 가장 효율적인 해결책이 반드시 존재하며, 이러한 해결책을 공학적인 방식으로 찾아서 집행하는 것이 정부의 역할이라는 것 — 에 대한 한계가 나타나기 시작했다는 것이다.

사악한 문제가 될 수 있는 열 가지 조건

(1) 정책문제를 정의하기 어려움(해결책을 찾을 수 있는 명확한 공식이 없음)

(2) 의사결정에 있어 명확한 중지규칙(stopping rule)이 없음. 문제에 대한 다양한 해결책 중 어느 해결책에서 멈추어야 할지에 대한 명확한 규칙이 없음

(3) 사악한 문제의 해결책은 가치에 관한 것임. 즉 좋은가 나쁜가와 관련되고 참, 거짓과 관련된 문제가 아님

(4) 해결책에 대한 즉각적이거나 궁극적인 테스트를 할 수 없음

(5) 해결을 위한 모든 시도가 일단 시행되면 번복되지도 않고 또한 잊혀지지 않는 효과를 가져옴(시행착오의 기회가 없음)

(6) 명쾌한 해결책이 존재하지 않고, 때로는 가능한 해결책의 세트조차 존재하지 않음

(7) 모든 사악한 문제는 근본적으로 독특함(unique)

(8) 모든 사악한 문제는 다른 문제의 증상을 가지고 있음(다른 정책 문제와 상호 연관됨)

(9) 사악한 문제의 원인에 대하여 다양한 설명이 가능함

(10) 정책결정자는 옳고 틀림을 결정할 권한이 없음

제시된 열 가지 조건을 모두 완벽하게 충족하는 사악한 문제는 상당히 드물다. 몇몇 조건들은 상호 유사하게 연관되어 있기도 하다. 예를 들면 정책문제 정의의 어려움(1번)은 문제가 가치판단과 관련된 것이며(3번), 문제에 대한 다양한 설명이 존재(9번)하기 때문이다.

이러한 이유 때문에 명쾌하게 단 하나로 동의된 해결책이 존재할 수 없게 된다. 따라서 소위 사악한 문제가 되기 위한 가장 중요한 요인으로 꼽을 수 있는 것으로 여섯 번째 '명쾌한 해결책이 존재하지 않고, 때로는 가능한 해결책의 세트조차 존재하지 않음'을 들 수 있다.

자료: Rittel and Webber(1973).

실제 현실의 사회문제는 다양한 이해관계자들의 가치와 선호 등이 뒤섞여 나타나기 때문에 사회문제에는 명확한 단 하나의 해결책이 존재하지 않는다. 또한 사악한 문제로서 사회적 문제는 선호나 가치의 차이에 의해 다르게 해석될 수 있는 문제이기 때문에 맞고 틀림이 없는 문제이다. 따라서 사악한 문제는 단 하나의 동의된 문제 해결책이 존재하지 않는다. 다만 정책이해관계자들의 의사소통을 통한 합의에 따라 선택된 해결책이 있을 뿐이며, 이렇게 선택된 해결책의 집행은 단지 '사회적 실험(social experimentation)'으로 이해되어야 한다.

　반면 평범한 문제는 문제의 해결책에 대한 평가가 '참'과 '거짓'의 차원에서 구분될 수 있는 기술적 문제이다. 평범한 문제는 사악한 문제와 달리 가치적 판단이 최소화되는 기술적(수학적) 문제이기 때문에 문제 해결책에 대하여 옳고 그름의 차원에서의 갈등이 최소화된다. 따라서 이에 대한 해결책으로 많은 경우 가장 효율적으로 문제를 해결할 수 있는 공학적(engineering) 계산 같은 수단이 선호된다.

　도로건설 같은 경우가 이에 해당한다. 필요한 도로를 얼마나 효율적으로 가장 많은 사람들이 이용할 수 있는가를 결정하는 방식은 공학적인 계산에 따라 진행되는 것이 더 바람직하다. 공학적으로 계산한 결과 필요한 사람들에게 충분히 도로 서비스를 가장 낮은 가격에 공급하는 것이 그렇지 못한 대안과 비교하여 참에 가깝다고 볼 수 있는 것이다.

정책문제 정의

정책과정에서 가장 중요한 것은 바로 당면한 문제의 해결이다. 당면한 문제를 해결하기 위하여 가장 중요한 것이 무엇일까? 제대로 된 정책대안의 선택? 공무원들의 사심없는 정책집행? 이러한 사항들 전에 우선적으로 선행되어야 하는 것이 바로 올바른 문제정의이다.

사회문제 해결도구로서 정책이 본래 목적인 사회문제를 제대로 해결하기 위해서는 문제가 되는 상황에 있어 그 문제를 발생시키는 근본적인 원인을 정확하게 밝혀내는 것이 중요하다. 이러한 측면에서 정책은 문제 지향적(problem-oriented)이어야 한다. 왜냐하면 문제를 발생시켰던 진짜 원인(meta-problem)을 탐구(inquiry)하여, 이를 해결할 수 있는 적절한 정책대안이 나왔을 때 오류 없는 정책문제가 비로소 정의되기 때문이다.

미국의 정책학자 윌리엄 던(William N. Dunn)에 따르면 지난 50여 년간 정책학자들의 사회문제 파악 방식은 실증주의적 접근에서 점점 더 현대사회의 복잡성을 인지하고 이를 어떻게 구조화시키고, 해결할 것인가로 변화해오고 있다.

정책문제가 제대로 정의되기 어려운 이유는 정책문제의 복잡성과 정책의 복합성 두 가지 차원에서 이해되어야 한다.

첫째, 모든 정책문제의 근원에는 인간의 존엄성 유지/증대에 방해되는 사회현상이라는 공통점이 있다. 인간의 존엄성 증대를 추구하는 다양한 정책을 둘러싼 환경은 매우 복잡하다. 정책과정에 있어 수많은 이해당사자들이 관련되어 있으며, 이러한 이해당사자들 간의 복잡한 상호작용이 미래예측을 거의 불가능하게 한다. 이러한 복잡한 환경을 조금이라도 제대로 이해하고, 근본적인 문제에 대한 원인을 찾아서 치유하려고 해야 근본적인 문제해결에 한 발짝 더 가까이 다가갈 수 있는 것이다.

둘째, 특정 정책문제(해결책)는 다른 정책문제(해결책)와 복합적으로 연계되어 있다. 당면한 특정 문제 해결을 위한 해결책이 예기치 못한 다른 정책문제를 발생시킨다는 것이다. 한 예로 몇 년전 우리사회에 큰 고통을 주었던 코로나19 시기 방역강화 정책을 들 수 있다. 코로나 바이러스가 급속히 퍼져나가는 상황에서 방역규제를 강화하면서 소상공인의 생계 위협이라는 예기치 못한 문제가 발생하기도 하였고, 인구가 밀집해 있는 수도권 지역에 보다 강력한 방역규제가 실시되면서 방역규제가 강하지 않은 인근지역으로 소비자가 이동하면서 오히려 방역에 더 큰 문제가 발생하는 소위 코로나 풍선효과가 발생하는 등 정책(해결책)은 다른 정책(문제)와 예측하지 못하는 방식으로 연결되기도 한다.

이러한 이유로 인하여, 정책문제를 제대로 구조화하면 이미 절반은 해결한 것이라고 할 수 있다. 그러나 많은 경우 문제를 일으킨 가장 근본적인 원인을 제대로 찾지 못하고, 다른 원인 또는 부차적인 원인에 초점을 맞추어 문제의 해결책을 강구하는데, 이럴 경우 발생하는 오류를 제3종 오류(Type III error)라 한다.

따라서 제3종 오류는 잘못된 문제정의라고 정의될 수 있다. 즉, 문

1종 및 2종 오류

제1종 오류(type I error)는 실제로는 맞는 사실인데 이를 틀리다고 검증하였을 때 나타나는 오류이며, 제2종 오류(type II error)는 반대로 원래는 틀린 것인데 이를 사실이라고 검증하였을 때 나타나는 오류이다.

통계 가설검증에 있어 귀무가설(H_0)이 맞는데도 검정결과 귀무가설(H_0)이 아니라는 결과가 나타난 경우 제1종 오류가 되며, 역으로 귀무가설(H_0)이 실제로는 틀린데도 검정결과 귀무가설(H_0)이 맞는다는 결과가 나타났을 때 제2종 오류를 범하게 된다.

이를 법정 판결의 예로 설명하면, 살인을 저질렀다고 의심되는 사람에게 사형판결시, 알고 보니 실제로는 이 사람이 무죄(누명을 씀)인데도 불구하고, 유죄로 판결나는 경우 죄없는 사람이 억울하게 사형당하는 제1종 오류가 범해지게 된다.

반면, 이 사람이 실제로는 살인을 저질렀는데도 불구하고, 매우 좋은 변호사를 고용하여 무죄라고 판결이 날 경우에는 실제로 죄를 범한 사람이 석방되는 제2종 오류가 발생하게 된다.

제의 원인을 잘못 이해하여 문제의 핵심에서 비켜나간 사항을 문제의 근본 원인이라고 정의하고, 이렇게 잘못된 문제정의에 따라 도출된 해결책을 제시하게 된다. 잘못 진단된 해결책을 가지고 문제를 해결하려고 집행하였을 때 나타나는 결과는 불 보듯 뻔하다.

제3종 오류에 대한 간단한 예를 들어 보자. 여러분이 몸이 아파서 병원에 갔을 때 의사의 임무는 몸이 아픈 가장 근본적인 원인을 정확히 진단하여, 바로 그 근본적인 원인(문제의 문제, 또는 몸이 아프다는 문제를 일으키는 문제원인)을 치유할 수 있는 처방책을 내놓는 것이다. 이 처방책의 실행이 바로 병의 치유, 즉 문제해결이 된다.

배가 아파서 병원에 갔는데, 병원에서 배를 아프게 만든 정확한 이유를 찾아내지 못하고, 소화불량이라는 진단으로 소화제를 처방하였을 경우를 생각해보자. 만약 운이 좋아 정말로 소화불량이었으면 괜찮지만, 만약 배가 아픈 원인이 일반적으로 잘 알려지지 않은 희귀한 질병원인이었다면 어떤 일이 벌어질까? 이러한 병원에서 발생할 수 있는 제3종 오류 및 이에 대한 해결과정을 잘 묘사한 TV 드라마로 '닥터 하우스(House, M. D.)'라는 미국 드라마를 들 수 있다.

⫶⫸ 그림 15   미국 드라마 닥터 하우스

자료: https://www.flickr.com/photos/kaykim/3649082123

이 드라마의 주인공인 하우스 박사는 괴짜 의사이다. 그는 환자가 아픈 이유에 대하여 같은 병원의 다른 의사들과 항상 다른 해결책을 내놓는다. 같은 병원에 근무하는 대부분의 의사들은 대개 자신들의 경험에 의존하여 환자의 증상을 진단하여 처방을 내놓는 반면, 하우스 박사는 항상 특정 환자의 증상이 일반적으로는 파악이 잘 되지 않는 특이한 이유로 발생한다는 것을 찾아내어(극중에서 하우스는 환자의 병의 진짜 원인을 알아내기 위해서 허락 없이 환자의 집을 침입하고, 때로는 신상정보까지 마구 캐낸다), 자신만의 특이한 진단을 내린다. 즉 하우스 박사는 문제(환자가 아픔)에 대한 정확한 원인(근본적인 이유)을 찾아내어, 이 특정한 원인에 대한 정확한 처방을 내림으로써 문제해결(환자가 병에서 완치)을 하는 것이다.

이러한 제3종 오류는 정책상황에서도 그렇게 드물게 나타나는 현상은 아니다. 제3종 오류가 발생하는 이유로서, 정부가 의도적이지 않게 정책문제를 제대로 정의하지 못하는 경우가 상당하다. 이는 정책을 둘러싼 모호성, 불확실성, 복잡성 등 때문에 발생한다. 따라서 불행히도 제3종 오류는 완전히 제거 가능한 오류가 아닌 최소화하여야 할 대상이다.

예를 들어 빈곤 구제 정책이 실패한 원인으로 제3종 오류, 즉 잘못된 문제의 정의를 들 수 있다.

빈곤이 일어나는 문제를 개인의 문제로 파악하면(예를 들어 가난한 사람들의 평균 소득이 매우 낮음), 빈곤이라는 문제에 대한 문제 정의는 빈곤층의 소득수준이 매우 낮다는 것으로 정의될 것이다. 이에 따르면 빈곤문제는 이들에게 최저생계비 이상의 복지를 제공하고, 이들을 위한 더 많은 일자리를 창출함으로써 빈곤층의 소득수준을 높이면 해결될 수 있을 것이라고 기대할 수 있다.

여기서 개인의 소득은 눈에 보이는 현상적인 문제이다. 소득수준이 낮은 근본적인 원인은 따로 있을 수 있다. 즉 사회구조적 문제들인 빈곤의 대물림이 일어나는 이유로 교육기회의 불평등, 잘못된 부의 분배 시스템 등의 문제가 빈곤한 사람들의 소득이 왜 낮은지에 대한 더 근본적인 원인이 될 수도 있는 것이다.

이러한 근본적인 원인이 아닌 현상적인 원인에만 초점을 맞추어 정책문제를 해결하려 할 때 바로 제3종 오류가 발생한다. 제3종 오류가 발생하는 경우, 사회적 비용은 비용대로 다 지불하고, 문제해결은 이룩하지 못하는 사회적 손실을 초래하게 된다.

요약하자면 문제(현상)를 유발하는 문제의 문제(숨어있는 근본 원인)를 제대로 진단하여, 문제를 해결할 수 있는 올바른 대책을 강구할 때, 제3종 오류는 해결될 수 있다.

마지막으로 앞서 논의되었던 정책문제 중 사악한 문제와 잘못 정의된 문제(제3종 오류)의 관계를 살펴보자.

잘못 정의된 문제는 문제가 발생한 근본적이고 중대한 원인이 아닌 다른 표면적 원인을 주요 해결책으로 제시할 때, 또는 문제에 대한 진단을 완전히 잘못하여 문제가 발생한 것과 상관없는 것을 원인으로 잘못 판단해서 문제를 정의하고 정책수단을 찾으려 할 때 나타나는 현상이다. 반면 사악한 문제는 문제 자체가 가치적 판단을 내포하고 있기 때문에, 단 하나로 동의된 문제해결책이 존재하지 않는 경우이다.

사악한 문제는 문제정의 및 해결책에 대한 정의가 어렵기 때문에 사악한 문제를 다루는 경우 잘못된 문제정의가 발생하기 쉽다. 이 때문에 종종 사악한 문제가 잘못 정의된 문제, 즉 제3종 오류와 같은 의미로 사용되는 경우가 있으나, 이 둘은 구별되어야 한다. 왜냐하면 사악한 문제일지라도 의사소통 합리성에 기반한 상호이해 및 합의도출을 통하여 문제정의가 적절하게 이루어질 수 있기 때문이다. 또한 기술적 또는 평범한 문제에 대하여도 제3종 오류의 발생은 항상 가능하기 때문이다.

2. 정책이해관계자

정책과정에 직·간접적으로 참여하고, 정책에 의해 영향을 받는 모든 사람, 제도 등을 통틀어 정책행위자라고 할 수 있다. 정책행위자의 범위는 너무 광범위하기 때문에, 일반적으로 정책과정에 있어 고려되는 정책행위자는 정책이해관계자(policy stakeholder)라는 용어로 그 범위를 좁혀서 논의될 수 있다. 이는 특정 정책의 형성, 결정, 집행에 직접적으로 영향을 주거나, 정책에 의해 직접적으로 영향을 받는 사람들로 국한한 개념이다.

또 다른 측면에서 보자면 정책이해관계자는 말 그대로 특정 정책과 관련하여 일정한 지분(stake)을 보유하고 있는 행위자를 의미할 수 있다. 그렇다면 정책에 대한 지분을 어떻게 보유할 수 있을까?

먼저 시장에서 통용되는 이해관계자의 의미를 살펴보자. 시장에서 기업에 대한 지분은 주식을 통해 획득할 수 있다. 특정 회사의 주식의 5%를 보유하고 있다는 것은, 그 회사의 경영권에 5%만큼 영향력이 있다는 것을 의미한다. 이렇게 회사에 대한 지분을 보유하기 위해서는 그에 상응하는 가치의 돈을 지불해야만 한다. 즉 회사의 지분은 금전적 대상이며, 돈이라는 장벽에 의해 돈이 없는 사람들은 배제되게 된다.

반면 정책에 대한 지분은 자발적 '참여 의지'에 의해 결정된다. 즉 특정 사회문제를 해결하고 싶어 하는 사람들, 이에 의해 삶의 영향을 받는 사람들 중 정책과정에 영향을 주고 싶은 의지를 가졌다면 누구나 정책이해관계자가 될 수 있는 것이다. 여기서 중요한 사실은 모든 사람이 항상 모든 정책 또는 사회문제에 대하여 적극적으로 나서지는 않는다는 점이다.

실제 우리의 삶에 있어 대부분의 일반 시민들은 자신의 일상적 삶과 괴리가 있는 정책문제에 대하여는 관심이 없는 것이 사실이다. 그러나 특정문제가 자신의 삶에 영향을 주게 된다고 인식을 하는 순간, 언제든지 정책과정에 적극 참여하는 정책이해관계자로 변화할 수 있다. 정책과정에 적극적으로 참여함으로써 정책이해관계자는 정책의 형성, 결정, 집행에 있어 자신의 목소리를 반영하려 노력하는 정책의사소통의 주체가 된다(다음 촛불집회 참조).

촛불집회

2002년 6월 미군 장갑차에 깔려 숨진 효순이와 미선이의 사인규명을 위해 수많은 시민들이 자발적으로 평화적인 시민집회를 할 때 추모의 의미로 촛불을 들고 나서면서 통상적으로 이름 붙여진 촛불집회는 시민들이 정부의 불합리한 정책과 잘못된 공권력 사용에 대하여 평화적·비폭력적으로 대응하는 한국의 시위문화이다. 촛불집회가 한국사회의 민주적 변화에 크게 기여하게 된 사건으로 2008년 광우병 사태와 2016년 박근혜 대통령 탄핵을 들 수 있다.

촛불집회가 벌어지게 된 가장 큰 원인은 갑작스럽게 발생한 사회문제에 대하여 정부가 제대로 대처하지 못하거나(효순이 미순이 사건), 정부가 오히려 불합리한 정책을 밀어붙이거나(광우병 사태), 아니면 정부 자체의 부조리가 나타나서 정부가 스스로 자정할 능력을 잃어버렸을 때(박근혜 대통령 탄핵)이었다.

이러한 사회문제가 자신의 삶에 큰 영향이 있다고 판단한 시민들이 스스로 정책과정을 설계하기 위하여 또는 시민들이 원하는 정책이 무엇인지를 명확하게 위정자들에게 전달하기 위하여 정책과정에 적극 참여하게 된 것이다. 가장 최근 촛불집회인 박근혜 탄핵사건에 있어서는 2016년 10월 29일을 시작으로 다음해인 2017년 3월 중순까지 약 5개월에 걸친 촛불집회가 지속되었다.

일반시민들이 한국사회를 지배하는 문제가 자신의 삶과 직접적으로 연관된다는 것을 느낀 순간, 시민들의 의지가 공식적 정책과정에 대한 거대한 영향력으로 발현된 것이라 할 수 있다.

정책이해관계자의 종류

정책학자인 존 킹돈(John Kingdon)에 따르면 정책을 둘러싼 정책이해관계자는 크게, 눈에 띄는 집단(visible cluster), 숨어있는 집단(hidden cluster), 이익집단(interest group)의 세 가지 형태로 구분된다. 공식 정책과정에 있어서 가장 중요한 역할을 담당하는 대통령을 정점으로 하는 선거직 공무원, 정치인(국회) 등이 대표적인 눈에 띄는 집단이다. 이외 언론 역시 정책을 둘러싼 집단 중 눈에 띄는 집단이다.

대표적인 숨어있는 집단은 학자 또는 전문가들이며, 이들은 언론과 더불어 정책과 관련된 정책정보 및 지식을 가장 많이 산출하는 역할을 한다. 또 다른 숨어있는 집단으로서 관료를 들 수 있다. 이들은 정부의 관점에서 정책과 관련된 정보 및 지식을 산출하여, 정책결정자들이 필요로 하는 정책관련 정보를 주로 제공한다.

이익집단의 경우 특정 정책과 관련하여 이와 직접적인 이해관계를 가지는 집단을 의미한다. 이외 이해관계를 가지는 일반 국민을 대변(대다수의 비영리 시민단체)하거나 특정 이해관계를 가지는 집단을 대표하여 이들의 이익을 대변(예를 들면 재계의 이익 및 입장을 대변하는 비영리단체인 전국경제인연합회)하는 역할을 하는 종류의 이익집단이 있다.

마지막으로 일반 국민의 경우, 일반적으로는 직접적인 정책이해관계자로 포함되지 않지만 넓은 의미에서는 포함될 수 있다. 국민의 경우 소위 여론이라는 이름으로 언론을 매개체로 하여 정책과정에 간접적으로 영향을 미치는 것이 대부분이다.

이러한 경우 대부분 여론이라는 이름으로 정책과정에 간접적인 영향을 주지만, 특별한 경우(예를 들어 광우병 사태, 세월호 사태, 박근혜 대통령 탄핵), -정부 및 관련 공식/직접적 이해관계자들이 사회문제를 정책화시키지 않으려고 하는 경우- 일반국민은 여론이라는 매개체가 아닌 직접적으로 정부정책에 주요 이해관계자로 등장하여 정부의 정책 방향에 매우 큰 영향을 준다.

상호의존성: 정책행위자 간 관계

인간이 사회를 구성하여 살아나가는 이유를 좁게 보면 생존, 넓게는 자아실현으로 볼 수 있다. 이를 위하여 인간은 다른 사람 또는 다른 사회적 구성물과 끊임없이 상호작용(개별 사회구성원 간 서로 필요한 것을 주고받음의 끊임없는 반복)을 하면서 살아간다. 이러한 측면에서 보았을 때, 상호의존성이란 사회생활을 하는 인간에게 지극히 당연한 현상이다.

정책과정에 참여하는 행위자들 역시 상호 독립적 또는 배타적으로 정책과정에 참여하지 않는다. 서로가 서로에게 영향을 미치고, 영향을 받는 상호작용을 통해 사회를 위한 바람직한 변화를 함께 만들어 나가려고 참여한다. 이러한 의미에서 정책과정에 참여하는 정책행위자들은 서로가 서로를 필요로 하는 상호의존성을 가진다.

이러한 상호의존성은 크게 두 가지 측면에서 이해될 수 있다.[19]

---

19) 두 가지 상호작용 중 기계적 상호의존성은 1장에서 설명되었던 복잡한 체계의 행위자 간 상호작용에 해당되며, 필요에 의한 상호의존성은 복잡계의 행위자 간 상호작용에 해당된다.

첫 번째 측면의 상호작용은 효율적 목적 달성을 위한 상호의존성이다. 이는 산업혁명 이후 나타난 과학적 관리론에 따른 소위 테일러리즘(Taylorism)에 기초한 분업화된 하위체계 간 기계적 상호작용을 의미한다.

기계적 상호의존성 아래에서는 특정 목표달성을 위하여 인위적으로 계산되어 분석된 결과를 바탕으로 설계된 목표가 주어진다. 이러한 목표를 달성하기 위한 업무과정은 가장 효율적으로 달성할 수 있는 방식으로 기능별 세분화가 이루어진다. 여기서 강조되는 것은 효율적인 목적달성일 뿐이기 때문에, 과정에 참여하는 분업 행위자들은 다른 행위자가 무엇을 하는지에 대하여 조율 내지 학습하지 않는다. 다만 자신이 맡은(또는 맡겨진) 일만 할 뿐이다.

즉 분업체계에서 서로 다른 파트의 일을 하는 사람들은 자발적으로 자신들의 필요에 의해 다른 파트와 관계를 만든 것이 아니라 가장 효율적인 방식이라고 미리 만들어진 관계에 의해 지배받게 되는 것이다.

목표달성을 위한 전반적 조정은 소위 빅브라더에 의해 중앙집권화(centralized)된 상태로 이루어진다. 효율성만을 추구하는 상호의존성이 우리 사회에 가져다 준 것은 인간의 소외 현상으로서 이는 찰리 채플린(Charlie Chaplin)의 '모던 타임즈(Modern Times)'라는 영화에 극명하게 표현되고 있다(다음 쪽 기계적 분업을 통한 효율성 극대화 참조).

두 번째 측면의 상호의존성은 관계를 가지는 행위자들이 서로 필요에 의해 관계를 맺는 상호의존성이다. 이러한 상호의존성에 있어

그림: http://edition.cnn.com/2010/OPINION/11/29/zelizer.chaplin.modern.times/
index.html

영화의 한 장면인 위의 그림에서 노동자들은 컨베이어 벨트에 줄지어 서 있다. 이들은 하루 종일 똑같은 단순한 작업만을 반복함으로서 개인적 수준에서 가장 효율적인 성과를 창출할 수 있다.

개별 개인들의 작업은 바로 다른 개인의 작업에 직접적으로 연관되어 진행됨으로서 종국적으로 전체 조직의 효율성이 극대화될 수 있다는 것이다 (즉 개인의 효율성의 합 → 전체 조직의 효율성 극대화).

그러나 기계적 상호의존성 아래에 놓이게 되면 바로 옆에 있는 사람과도 의미있는 관계가 없게되고, 종국적으로 인간은 기계부품으로 소외되게 된다.

행위자 간의 관계는 자발적으로 이루어진다. 행위자들은 공동의 관심사를 함께 달성하기 위해, 다른 행위자들을 이해하려고 노력함으로써 상호조정(mutual adjustment)을 이룩해 나간다.

이러한 상호이해와 필요에 기반한 상호의존은 전략적 맞춤(strategic fit)의 측면에서 고려될 수 있다. 전략적 맞춤이란 내가 가지고 있지 않은 자원이나 능력을 보유하고 있는 다른 사람(다른 사람은 내가 가지고 있는 자원이나 능력을 가지고 있지 않음)과 특정 목표를 공유하고, 이를 달성하기 위해 협력을 할 때 나타날 수 있는 전략적 협력을 의미한다. 상호 서로 필요한 것을 가지고 있기 때문에 이들은 자연스럽게 상호관계를 형성하게 되고, 이 둘 간 협력이 일어나면 시너지 효과가 발생하여 목표달성에 더욱 효과적일 수 있다.

이러한 측면의 상호의존성에서는 특정 행위자가 특정 목표를 달성하기 위해서 타인을 조직화하는 일방적 관계가 나타나지 않는다. 오히려 특정인 일방에 의해 목표가 주어진다기보다 관련 행위자들이 스스로 필요에 의해 학습을 하고, 이 과정에서 서로가 서로에게 필요하다는 것을 발견해나가는 과정에 의해 상호의존성이 나타나게 된다.

3. 합리성: 정책행위자의 행동규범

정책행위자들은 특정 정책문제 상황에 맞닥뜨려 무작위적으로 행동을 하지 않는다. 행위자들은 문제상황을 자신이 가지고 있는 시각으로 해석 및 이해하고, 이러한 이해를 바탕으로 문제해결을 위한 행동방향을 결정하게 된다. 이렇듯 정책행위자들에게 문제상황을 어떻게 이해하고 행동할 것인가에 대한 체계적인 지침역할을 하는 것이 바로 합리성이다.

합리성이란 인간 이성에 의해 보편적 사실을 인식할 수 있게 해주는 논리적 일관성을 의미한다. 이러한 논리적 일관성을 바탕으로 정책행위자들은 자신의 행동을 결정한다. 정책행위자의 행동규범으로서 합리성은 단 하나의 형태만 있는 것이 아니라 아래와 같이 다양한 스펙트럼을 가진다.

▒ 그림 16 합리성 스펙트럼

완벽한 합리성 제한된 합리성   비합리성 무합리성

  - 완벽한 합리성(ideal 일뿐, 실재하지 않음: 보편타당한, 절대적 인과관계)
  - 제한된 합리성(현실적으로 가능한 한도 내에서 최대한의 인과관계)
  - 비합리성(합리적인 것과 항상 반대로, 예측가능성은 있다: 모순된 인과관계)
  - 무합리성(인과관계 자체가 존재하지 않는다(예: 사이코패스))
  * 제한된 합리성과 비합리성 중간 지점에 사회적 합리성~정치적 합리성~의사소통적 합리성이 위치한다.

완벽한 합리성에 따르면 인간의 선택 및 행동에 대한 이유를 객관적인 선험적 지식에 의해 논리적으로 설명할 수 있다고 본다. 즉 인간이 선험적으로 주어진 지식을 바탕으로 목표달성을 위한 최적(optimal)의 선택을 하였을 때 합리적 행동 또는 합리적 선택을 하였다고 가정한다.

사회과학에서 완벽한 합리성은 경제적 합리성으로 나타난다. 경제적 합리성에 따르면 인간이 가지는 다양한 가치 중 경제적 효용과 관련된 가치를 제외하고는 모두 중요하지 않게 되며, 단지 경제적 효용의 극대화를 위한 수단을 찾는 것만이 합리성의 기준으로 작용하게 된다.

제한된 합리성의 경우 완벽한 합리적 행태를 제한하는 요인들에 주로 초점을 맞추고, 비합리적이라고 여겨지는 감정 등의 요인에는 상대적으로 관심이 적다.

반면 정치적·의사소통적 합리성에 있어서는 인간의 선택 및 행동은 논리적이며 동시에 무논리적(non-logical) 또는 감정적일 수 있다고 본다. 즉 목적지향적이며 인과관계에 충실한 이성적 선택 및 행동(논리적)과 감성적 의사결정 및 행동(무논리적)이 뒤섞여 있는 것을 인정하는 것이다.

마지막으로 무합리성과 비합리성의 경우 비논리적(illogical)인 행태의 영역이다.

완벽한 합리성

완벽한 합리성은 20세기에 들어오면서 사회과학, 특히 경제학의 발전에 따라 목적달성을 위한 가장 최적화된 수단의 선택에 초점이 맞추어지면서 그 자리를 굳건히 하기 시작하였다. 완벽한 합리성에 따르면 인간의 행태는 기대효용의 극대화를 추구한다.

수단적 성격으로서 완벽한 합리성이 실제 사회운영 방식으로 투영된 것으로 과학적 관리론을 들 수 있다. 20세기 들어와 과학적 관리론이 조직·사회체제 관리의 일반적 원칙이 되면서 인간의 행태역시 기계적으로 통제될 수 있다는 믿음이 생기게 되었다. 완벽한 합리성이 가지고 있는 특징은 다음과 같이 설명될 수 있다.

첫째, 불확실성·모호성·복잡성에 대한 시각이다. 인간은 문제상황과 관련된 가능한 모든 정보를 수집할 수 있으며, 동시에 이러한 정보를 가장 효율적으로 처리할 수 있다고 본다. 따라서 완벽한 합리성에 따르면 세상은 주어진 객관적 진리에 입각해서만 해석되기 때문에 불확실성·모호성·복잡성이 크게 문제되지 않는다.

둘째, 인간은 단 하나의 가치체계, 즉 효용극대화라는 경제적 가치만을 가지고 있다. 이에 따라 모든 사람들의 가치체계는 무차별적이 되며, 동시에 모든 사람들의 목표는 당연히 기대효용(경제적 효용)의 극대화가 된다.

이러한 원리에 따르면, 문제상황에 대한 의사결정은 모두 효용극대화를 추구하는 결정으로 수렴되기 때문에, 사회구성원들의 문제해결 행태가 예측가능해진다. 특히 선형적인, 평균적인 세계관을 적용하면 더욱 그렇다.

이렇게 모든 사람들의 문제해결 행태가 예측가능해지기 때문에, 의사결정은 항상 자동적으로 가장 효율적인 수단을 선택하는데 한정되게 된다. 따라서 의사결정 과정의 복잡성이 문제가 되지 않는다.

여기서 혼돈하면 안 되는 것이 있다. 현대 자본주의 사회에는 다양한 가치 – 물질적, 질적 가치 – 가 공존한다는 것이다. 단지 다양한 가치 중 질적인 가치들을 모두 물적인 가치로 환원시키기 때문에 일견 단순히 물질적 가치만을 고려하는 것으로 착각할 수 있다.

경제적 합리성에 있어 교환가치로서 화폐의 역할: 현대사회에서의 가치의 통합인가, 아니면 목적-가치의 전도 현상인가?

정책문제를 정의하는 데 있어 현대사회의 경제적 합리성은 모든 사회문제들(또는 다양하게 충돌하는 가치들)을 '객관적*으로'(또는 '양적으로') 계산될 수 있는 화폐라는 자본주의적 문화양식으로 환원시켜 버린다. 동전, 또는 종이로 물화된 화폐 자체의 가치는 거의 없지만, 교환가치로서 화폐는 다양한 질적 가치들을 물적 '화폐'로 환원시키는 기능을 한다. 이를 조금 더 구체적으로 살펴보자.

현대 자본주의 사회는 다양한 가치들이 공존하는 사회이다. 즉 물질적인 또는 경제적인 가치만이 존재하는 체제가 아니라, 다양한 질적 가치—자유, 평화, 공정, 행복 등— 역시 동시에 추구되는 사회이다. 그러나 사회의 통합(권력 또는 다수의 입장에서)을 위해서는 다양한 사람들(특히 소수자)이 자신들의 다양한 가치들을 중구난방으로 추구하는 것은 바람직하지 않다. 여기서 교환가치로서 화폐의 현대사회에서의 기능성이 대두된다. 다양한 가치는 인정하되, 모든 가치는 객관적으로 인식되어야 된다는 측면에서, 모든 가치들을 (교환가치만을 가지는) 화폐가치로 치환시킴으로서 사회문제(가치 간 충돌)를 객관적으로 정의할 수 있다[예를 들어, 삶의 질이라는 가치 중 얼마나 좋은 주거환경에서 사는가(질적인 가치)를 이야기할 때, 가장 손쉬운 방법으로 사용될 수 있는 것이 어느 지역에 얼마 정도하는 주거형태에 거주(교환가치로 전환)하는가로 이야기하는 것이다]. 극단적인 경우에는 화폐(돈) 자체가 질적인 가치인 행복을 대체하는 목적-수단 전도 현상에까지 도달하게 된다.

* 객관적이라는 것은 양적으로 표시되는 숫자에는 인간의 질적인 가치가 투영되지 않는다는 의미로 이해될 수 있다.

만약 완벽한 합리성이 우리 현실을 지배한다면 완벽한 합리성에 가깝다고 볼 수 있는 적자생존의 논리에 따라 가장 효율적인 또는 효용극대화를 추가하는 존재만이 살아남아야 한다. 여러분은 현재 살아남은 존재로서, 가장 효율적인 또는 효용극대화를 추구하며 살아왔기에 살아남았는가?

제한된 합리성

제한된 합리성(bounded rationality)은 완벽한 합리성(사실 중심 접근)과 정치적 합리성(가치 중심 접근) 간의 화해를 추구한다. 인간은 합리성을 지향하지만, 실제 복잡하고, 모호하고, 또한 불확실한 현실에 있어서 인지능력의 부족, 정보의 부족, 정보처리능력의 부족 등으로 인하여 문제해결 능력의 한계에 봉착하게 될 수밖에 없다. 이에 따라 인간은 단지 제한적으로만 합리적이려고 노력한다.

즉 제한된 합리성이란 현실 세계의 복잡함을 완벽하게 이해하는 것은 실질적으로 불가능하기 때문에, 현 상태에서 최대한으로 가능한 범위 내에서 합리적으로 행동하려고 노력하는 모습이다.

제한된 합리성은 노벨 경제학상 수상자인 허버트 사이먼(Herbert A. Simon)에 의해 제시되었다. 인간에게 있어 합리성이란 완벽할 수 없고 주어진 상황에 제한적일 수밖에 없는 것이다. 즉 우리가 가지고 있는 지식의 불완전성(모호성), 예측의 어려움(불확실성)이라는 문제에 따라 고려할 수 있는 문제해결책(대안) 범위의 제한이 발생하게 되어 우리는 완벽하게 합리적인 의사결정을 할 수 없게 된다.

다만 가능한 한 합리적이고자 하는 노력으로서, 주어진 조건을 받아들이고, 제한된 정보 및 정보처리능력 안에서 가능한 한 가장 적합한 목적 달성 수단을 선택하려는 제한된 의사결정을 할 수밖에 없는 것이다.

현실적으로 가용 가능한 정보 및 정보처리능력의 한계로 인하여 의사결정자는 실제 상황에 있어서는 자신이 처한 상황/환경에서 가장 만족수준이 충분히 높은(satisficing) 의사결정을 추구한다.[20] 이러한 측면에서 제한된 합리성은 절차적 합리성(procedural rationality)으로 이해될 수 있다.

즉 제한된 합리성은 환경의 제한성 내에서 가장 합리적으로 될 수 있는 절차(탐색과정)에 초점을 두는 반면, 완벽한 합리성은 실체적 합리성(substantive rationality - 목표달성에 초점을 두는 결과지향적 합리성)으로 보아질 수 있다.[21]

제한된 합리성과 완벽한 합리성은 이러한 차이가 있지만, 기본적으로는 경제적 합리성을 추구한다는 측면에서는 공통점이 있다. 즉 정책행위자들은 상호 독립적으로 행위를 하며, 의사결정을 함에 있어 타인에게 영향을 받지 않는다. 이러한 행위는 가능한 한 높은 수준(완벽한 합리성에서는 최적, 그리고 제한된 합리성에서는 만족 수준까지)의 효용을 추구하는데 기본조건이 된다는 것이다.

---

20) 컴퓨터 등의 발전에 의해 정보처리능력은 지속적으로 발전하고 있으며, 이러한 발전에 의하여 제한된 합리성은 완벽한 합리성에 근접할 수 있게 된다.
21) 뒤에서 논의될 정치적 합리성과 의사소통적 합리성은 제한된 합리성 개념보다 더욱 절차적 합리성의 측면에 초점을 맞추고 있다.

그러나 실제 인간이 그러한가? 끊임없는 상호작용을 통해 상호학습을 하여 사회를 이루어 사는 것이 인간이다. 즉 사회는 인간과 인간 간의 상호작용의 일정한 패턴으로 구성되는 것이다. 따라서 상호작용이 없으면 사회(문화, 경제 등 모든 제도)가 형성될 수 없는데, 경제적 합리성은 이러한 기본 사실을 부정하는 가정으로부터 출발한다.

그러면 우리는 어떠한 합리성을 가져야 하는가? 일반적으로 '합리적인 사람'이라면 어떤 사람인가? 일상생활의 영역에서는 상식적으로 행동하는 사람이 합리적인 사람이라고 인식되는 경우가 많다.

여기서 상식이란 특정 공간과 시간에 국한되어 있는 특정 사회에 소속된 구성원 간 일반적으로 동의되는 사실을 의미한다. 이는 관습이 될 수도 있고, 특정한 과학적 사실이 될 수도 있다. 즉 상식이란 시공간을 초월한 절대적인 사실이 아니다. 오히려 그러한 사실이 존재하지 않는다고 보는 것이 옳다. 모든 것은 확률적이기 때문이다.

예를 들어 일을 마치고 집으로 귀가하는 도중 또는 친구와의 약속 장소로 갈 때, 중간에 교통사고를 당할 것이라는 생각을 한 적이 얼마나 있는가? 대부분 우리는 교통사고를 당하지 않을 것으로 당연히 예측하고 내일 약속을 만든다. 그러나 교통사고가 날 확률이 0%는 아니다. 즉 확률적으로 매우 낮으나 발생할 가능성은 존재하는 것이다.

상식이란 것이 바로 이러한 것이다. 거의 맞지만 완전히 옳은 것은 아니다. 단지 개연성(plausibility)이 높아서 당연히 그러할 것이라고 생각하는 것이다. 여기서 중요한 것은, 바로 이러한 개연성이 높은 예측은 사회적으로 잘못된 정보(즉, 비상식적 또는 비윤리적 정보·지식)를 바탕으로 하지 않는다는 점이다.

그렇다면 이러한 확률적 세계 또는 개연성에 의해 움직여 나가는 세계에서 어떤 합리성이 바람직한 행위규범으로 될 수 있는가? 물론 경제적 합리성 역시 무시할 수 없는 요소이지만 이와 더불어 다른 형태의 합리성 역시 고려되어야만 한다.

정치적 합리성

우리는 살아가면서 '정치적(political)'인 것을 외면하거나, 또는 이로부터 중립적일 수 없다. 인간으로서 살아가면서 맺는 수많은 관계가 기본적으로 정치적인 성격을 갖기 때문이다. 왜냐하면 정책과정에서 나는 타인들과 관계를 맺는데, 다양한 타인들은 대개 나와 일정 부분 차이가 나는 존재들이기에, 이러한 차이에 따라 사회문제에 대한 이해 및 해결책 선호가 다를 수밖에 없으며, 제한된 자원 아래에서 서로 다른 해결책을 가지고 상호 경쟁을 할 수밖에 없기 때문이다.

특히 공공영역에서 정치적인 것을 고려하지 않고 민주적인 정책을 만드는 것은 매우 어렵다. 왜냐하면 직접민주주의(통치-피통치자가 합치되는 민주주의체제)가 아닌 대의민주주의(통치-피통치자가 구분되는 민주주의체제) 아래에서는 주권을 가지고 있으면서 통치를 받게 되는 국민과 정부와의 관계가 정치적일 수밖에(즉 힘의 관계) 없기 때문이다.

전통적 합리성에 기반한 정책결정 및 국가운영은 국민을 통치로부터 괴리시키는 결과를 가져왔기 때문에, 이를 발전적으로 극복하기 위한 방법이 필요하다. 이러한 측면에서 정치적 합리성(political rationality)은 실제 정부(정치권력)가 어떻게 국민을 통치하여 왔는지에 대한 비판적 시각 및 반성을 줄 수 있으며, 동시에 민주적 정책이 될 수 있는데 있어 도움이 될 수 있는 대안적 정책양식을 제공해준다는 측면에서 그 의의가 있다.

정치적 합리성은 실제 정책상황에서 정책이 이루어지도록 만드는 실천적 합리성이라고 볼 수 있으며, 힘 또는 권력 관계에 의해 의사결정이 이루어지는 측면에 초점을 맞춘다. 정치적 합리성의 특징을 전통적 합리성과 비교하여 보면 다음과 같다.

정치적 합리성은 사회의 변화 가능성에 방점을 둔다. 앞서 살펴보았던 전통적 합리성(제한된 합리성 포함)에서 합리성이라는 것은 플라톤(Plato)의 이데아(idea)와 마찬가지로 우리에게 주어진 완벽한 지향점이며, 인간의 이성이 반드시 이루어야 할 완전한 모습으로 이해된다. 이러한 이유로 전통적 합리성에서는 변화를 추구하기보다는 선험적인 사실과 이론(a priori)을 바탕으로 세상을 이해하고, 우리의 현실을 이데아에 맞추어 나가려는 노력에 초점을 맞춘다.

그러나 정치적 합리성에 있어서 합리성이라는 것은 주어진 선험적인 진리를 추구하는 것이 목적이 아니다. 오히려 상황과 맥락에 따른 권력 관계가 중요하며, 이에 대한 구체적이며 완벽한 진리가 주어지지 않는다. 따라서 진리는 사회적으로 형성되며, 이러한 사회적 구성(social construction)은 전통적 합리성과는 달리 사회를 구성하고 있는 사회구성원 간 상호작용을 통하여 형성된다.

이러한 이유로 인하여 정치적 합리성에 근거한 정책접근은 연역적이 아니라 귀납적이다. 즉 선험적으로 주어진 지식을 바탕으로 정책을 이해하려 하지 않고, 현재 상황에서 나타나는 다양한 현상, 사실에 기반하여 문제를 해결하려 노력한다.

정치적 합리성은 다양한 상호작용 중 권력과 관련된 상호작용에 초점을 맞춘다. 이러한 측면을 가장 잘 보여주는 것으로, 통치자와 피통치자 간의 관계에 있어 통치의 정당성 획득에 초점을 맞춘 미셸 푸코(Michel Foucault)의 논의를 통해 정치적 합리성을 이해해 보자.

푸코는 정치적 합리성을 권력으로부터 풀어나간다. 그에 따르면 정책을 결정하는 권력이란 보편적인 것이 아니다. 다시 말하면 권력이란 주어진 것 또는 변하지 않는 속성을 가지는 실체(누군가 배타적으로 소유 또는 계승할 수 있는 실체적 힘)가 아니라 다양한 정책행위자들의 사회적 관계에 의해 변화하는, 즉 이들 간 힘의 불균형에 의해 항상 불안정한 상태로 움직여 나가는 유동적인 성격으로 파악되어야 한다.

따라서 현재 정치권력을 가지고 있는 정부는 자신들의 권력의 유한성을 알고 있기에, 다른 사회적 행위자와의 관계를 자신들에게 유리한 방향으로 만듦으로써 자신들의 정책에 대한 정당성을 획득하려 노력하고, 종국적으로 이러한 정당성 획득을 통해 자신의 정치권력을 지속시키려 노력한다.

이러한 측면에서 정부의 정책결정에 있어 합리성은 통치자가 피통치자에 대하여 자신의 정책을 합리화하는 과정으로 이해될 수 있다. 즉 정치적 합리성을 권력의 측면에서 보면 정부가 국민에 대한 통치가 정당하다는 것에 대한 믿음을 줄 수 있게 하는 정당성을 어떻게 만들어내는가의 문제이다.

이러한 정당성은 특정 사회를 지배하는 지식을 누가 어떻게 생산하고, 조작화(manipulation)하는가의 문제로 볼 수 있다. 이를 이해하기 위해서 현대사회에 있어 정책결정에 가장 큰 영향을 주는 정치권력이 어떻게 형성, 작동되는가를 파악하여야 한다. 이는 특정 사회에서 보편적으로 이해되고 통용되는 지식·정보가 어떻게 형성되는가를 통하여 이해될 수 있다.

여기서 보편적이란 의미는 100% 완벽한 지식을 의미하는 것은 아니다. 시공을 초월한 100% 완벽한 지식 또는 정보는 존재하지 않는다. 우리가 살고 있는 사회를 구성하고, 지배하는 소위 사실과 지식이라는 것은 완벽하게 객관적일 수 없기 때문에, 이를 누가 어떻게 이해하고 해석하는가가 실제 사회현상을 이해하기 위해서는 더 중요한 것이다.

이러한 측면에서 정치적 합리성은 한 사회에 내재된 사회문화적·역사적 맥락에 근거한 합리성이 되어야 한다. 정치적 합리성에 따르면 그 사회에서 인정되는(권위에 의해 또는 그 사회의 특수한 사회적 학습에 의한 상식적 수준에 의해) 구체적인 지식과 진리라고 받아들여지는 주장들에 근거하여 정당한 원칙들이 형성된다. 종국적으로 그러한 정당한 원칙에 적합하게 정책이 결정되게 된다. 이렇게 그 사회의 맥락에 맞게 형성된 원칙에 의해 정책이 결정될 때, 정책이 정당화될 수 있다. 여기서 중요한 것은 정당한 원칙들, 그리고 이러한 원칙들을 형성하는 지식이 어떻게 만들어지는가이다(이것은 다음의 의사소통 합리성에서 다루어진다).

이러한 관점에 따르면, 정책결정과정에서 정치권력이 정치적 합리성에 따라 행동하는 양식을 이해할 수 있다. 일반적으로 정치권력은 자신들에게 유리한 방식으로 현실을 재구성하여, 이를 가장 잘 반영할 수 있는 (뒤에서 논의될 내용인) 정책 프레임을 만들고, 이를 지속적으로 교육(때로는 세뇌)시킨다. 이를 통하여 정치권력은 자신들의 정책을 정당화하는 동시에 이에 대한 대안정책이 나타나는 것에 대하여 끊임없이 방어할 수 있는 실천적 규제양식을 재생산해 나간다.

그러나 반대의 경우, 즉 기존 기득권 권력에 대한 저항이 거세지는 경우, 지배권력은 자신들에게 유리한 방향이 아닌 상대방에게 유리한 정책을 설계함으로써 저항을 잠재우고, 자신들의 통치 정당성을 얻기도 한다.

생각해 볼 거리: 소수자 우대 정책

소수자 우대 정책은 다수집단의 정치권력 유지의 정당성을 위한 도구인가? 아니면 적극적으로 소수자의 권리를 보호하여 소수를 다수와 같은 위치로 만들어주려는 사회적 노력인가?

소수자 우대 정책의 취지는 소수자에 대한 사회적 차별에 의해 발생한 구조적 문제를 해결하기 위해, 즉 소수자도 다수자와 같이 똑같은 출발선에서 경쟁할 수 있는 (즉 공정한 경쟁) 사회를 만들자는 것이다. 대표적인 소수자 우대 정책으로 2023년 역차별 논란 속에 폐지된 미국의 적극적 우대조치(Affirmative Action)를 들 수 있다. 이 정책은 1960년대 미국 사회의 인권운동의 결실 중 하나로, 대학입학에 있어 소수 인종을 우대함으로써 소수 인종의 권익을 보호하는 것이 목적이었다.

그러나 정치적 합리성의 시각으로 보면, 적극적 우대조치와 같은 소수자 우대 정책은 주류 지배권력의 통치를 합리화하는 즉 지배권력 유지에 도움을 주는 정당성 부여의 역할을 한다고도 볼 수 있다. 이를 위해 적극적 우대조치 정책이 나오게 된 미국 사회 맥락을 살펴보자.

미국 사회에 있어 흑인과 백인의 철저한 분리 및 차별은 20세기 중반에 이르기까지 사회제도적으로 규정되어 있었으나, 1950년대부터 시작된 미국의 흑인 인권운동이 점차 대규모의 사회운동으로 발전하면서(대표적으로 1963년 워싱턴 DC 마틴 루터 킹(Martin Luther King) 목사 주도 25만 명 집회 등), 미국의 주류집단인 백인으로 구성된 미국 정부에서 이를 그대로 방치할 수만은 없었던 것이다. 만약 백인 중심의 차별 정책을 그대로 유지하고, 흑인사회의 사회운동을 그대로 방치하였다면 종국적으로 큰 사회적 혼란(폭력적 저항 및 시위를 통한 정부 전복 등)으로까지 번질 수 있는 상황이었다. 특히 당시 흑인 인권운동에 있어 두 명의 주요 리더 중 말콤 엑스(Malcom X)는 마틴 루터 킹 목사와 비교하여 정치적으로 매우 급진적이었으며, 동시에 1966년 등장한 흑표당(Black Panther Party)은 마르크스 레닌주의를 표방하면서 폭력적 저항을 지향하였다. 이렇게 흑인인권 운동의 강도 및 수위가 높아져 가면서 미국 주류사회는 자신들의 정치적 권력을 안정적으로 유지하기 위해 이들과 일정 부분 타협할 수밖에 없었던 것이라고도 해석될 수 있다. 즉 흑인 인권 인정 및 이들에게 선심성 정책을 부여함으로서 기존 주류 백인사회 중심 통치의 정당성 확보의 역할을 했다는 것이다.

정치적 합리성 : 시각의 차이

정치적 합리성을 정부와 시민, 각각의 시각에서 파악해보면 다음과 같다.

먼저 정부의 측면에서 보면 정부의 주요 통치 대상은 그 사회에 살고 있는 '국민'이다. 정부는 이 국민에 대한 다양한 정보들(주로 통계적 정보, 인구, 소득, 거주지, 다양한 성향, 가치관 등)을 국가 권위를 바탕으로 배타적으로 수집할 수 있다. 정부는 이러한 정보를 바탕으로 국민들이 정부의 정책(푸코의 언어로는 통치)에 정당성을 부여할 수 있도록 정책을 조작화함으로써 정치적 합리성을 창출해낸다. 즉 정치적 합리성이란 현대국가의 통치구조를 떠받치는 일종의 통치기술로 보일 수 있는 것이다.

반면 시민의 측면에서 정치적 합리성은 정부의 잘못된 정책에 저항함으로써 정책을 민주화하는 역할을 하는 것이다. 즉 통치자(국가)와 피통치자(국민) 간 정책 정당성을 둘러싼 힘의 역학관계 및 이러한 역학관계가 어떻게 균형을 이루어나가는가, 그리고 궁극적으로 국가의 주인인 국민에게 통치의 권한을 되돌려주는 것에 초점을 맞추는 것이 시민의 입장에서의 정치적 합리성이라고 할 수 있다.

과거 국가중심 사회에 있어서는 국가가 일방적인 힘의 우위 및 정보·지식에 있어 독점적 권위·권력을 가지고 있었기 때문에 정치적 합리성이란 국가(정부)가 어떻게 자신들의 정책(통치양식)을 정당화시키는 지식생산을 하는가(또는 정보를 어떻게 조작화 하는가)의 과정으로 논의될 수 있다. 반면 최근 들어 민주화의 발전 및 지식·정보화 사회 도래에 따라 국민 → 정부(정책)의 방향으로 정책에 대한 정당성을 국민의 비판적 실천으로 이해할 수 있게 되었다.

국가주도적 정부의 정책은 소수 정치권력에 의해 조작되기 때문에, 실제 정부정책이 국민들에게 반드시 필요한 정책이 아닌 정책이 만들어지는 경우가 많다.

생각해 볼 거리: 시민의 불복종 (civil disobedience)

'인간(존재 자체로서 목적)'이 먼저냐, '국민(국가와의 법적 관계)'이 먼저냐? 우리는 국민이기에 앞서 먼저 인간, 특히 양심적인 인간이어야 한다!

양심적인 인간은 정의로운 인간인데, 법이 인간의 정의로운 양심에 반하는 경우, 이를 그냥 준수하면 국가의 하수인으로 전락하게 되어 인간에 대한 존엄을 지킬 수 없게 된다. 따라서 자신의 양심에 비추어 부당한 행위를 강요하는 정부에 대하여는 저항을 하여야 한다.

쏘로우(Henry D. Thoreau)의 경우 19세기 중반 당시 미국정부의 노예제와 멕시코전쟁을 건전한 양심에 비추어 부당한 행위라고 판단하였으며, 이러한 부당한 정부에 대하여 이를 인정하지 않는 행위를 함으로써(즉 인두세를 거부), 부당한 정부에 대한 저항으로써 시민의 불복종을 강조하였다.

이를 현재 우리 사회에 적용시켜보면 이러한 불복종은 폭력적인 수단보다는 비폭력적인 수단을 이용하는 촛불집회 같은 불복종 운동으로 나타난다. 이러한 비폭력적 저항이 가능한 이유는 시민들이 정부와의 정당성 싸움에서 우위에 있기 때문이다. 즉 시민들이 정당한 명분 아래에서 인간으로서 자신의 양심의 목소리에 따라 나설 때, 결국 전체로서의 저항으로 발전하여 사회를 변화시킬 수 있는 것이다.

현대사회는 국가나 전문가뿐 아닌 일반인들에게 있어서도 지식·정보에 대한 접근성이 과거 어떤 시기보다 매우 높아진 사회이다. 이에 따라 국민들이 정부가 제시한 정책이 잘못된 정책 또는 불합리한 정책이라고 판단할 때, 이에 대해 저항할 권리가 부여되는 것이다. 이 역시 정치적 합리성에 근거한다.

현재 우리 사회가 경험하고 있는 촛불집회 역시 이러한 시대의 변화를 반영하고 있다. 역사적으로 이러한 비판적 저항의 움직임의 발전을 살펴보면, 시민의 불복종(Henry David Thoreau) → 비폭력 저항(Mahatma Gandhi) → 놀이로서 저항(촛불집회)으로 볼 수 있다.

의사소통 합리성

의사소통 합리성은 위르겐 하버마스(J. Habermas)에 의해 그 논의가 발전해 왔다. 하버마스는 근대 서구사회의 이성에 대한 지나친 믿음에 따라 도구적 합리성에만 매몰되어 나타나는 비인간화 현상을 비판하고, 동시에 이를 극복하기 위한 실천적 대안으로서 의사소통 합리성을 제시하였다.

하버마스에 따르면 도구적 합리성에 따른 효율성 추구 자체가 잘못된 것이 아니다. 그러나 효율성을 추구하는 도구적 합리성은 인간으로 하여금 자신이 추구하는 목적 달성을 위한 가장 효율적인 도구의 선택에만 매몰되게 만든다. 이때, 다른 주체, 즉 타인에 대한 고려가 없어지게 되었기 때문에 비인간화 현상이 나타났다고 비판한다. 이러한 타인에 대한 고려는 합리적 의사소통에 의해 가능해진다. 이는 인간이 살아가는 일반적인 상황(하버마스에 따르면 생활세계)에서 항상, 그리고 자연스럽게 발생하는 현상이다.

이러한 의사소통 합리성(상호 의견 교환 및 이해 노력)에 대한 고려 없이 도구적 합리성에만 매몰되어 정책문제 해결을 추구하였기에 전통적 정책분석(정책결정 및 집행 등 정책 전 과정에 걸친)이 도출하였던 정책결과는 우리 세상의 문제를 해결하기보다, 오히려 인간 억압의 기제로 작용하기까지 한 것이다. 의사소통 합리성을 중심으로 하는 정책과정에 대하여 살펴보자.

의사소통 합리성에서는 앞서 정치적 합리성과 마찬가지로 개인의 자율성을 강조하고, 의사결정 권력을 보유한 행위자(정치권력, 정부 등)와 일반 국민 간 힘의 불균형을 인정한다. 여기서 의사소통 합리성이 강조하는 것은 특정 사회문제(정책문제)를 둘러싼 다양한 행위자들이 함께 공유할 수 있는 의미를 어떻게 형성해 내는 것인가이다.

그러나 이러한 과정에 있어 정치권력을 포함한 정부는 다른 행위자, 특히 일반 국민과 비교하여 힘의 우위를 점하고 있기 때문에, 이들 간 불합리한 의사소통이 이루어질 가능성이 높다.

이러한 한계 내에서 상호이해(사회적 합의 도출)에 다다르기 위하여 필요한 것으로 첫째, 항상 상호대화의 창이 열려있어야 한다는 점이다. 아무리 힘의 불균형 관계에 있다고 할지라도 대화 가능성의 창이 열려있는 한 오해를 불식시킬 수 있는 가능성이 항상 열려있게 되고, 이에 따라 궁극적으로 민주적 의사결정이 이루어질 수 있기 때문이다.

둘째, 자비의 원칙 아래 상대방의 의견에 대한 차이를 인정하고(상대방의 의견이 틀린 것이 아니라 다른 것), 토론 결과 자신의 의견보다 더 논리적이며 사회발전에 기여점이 큰 경우, 이에 대해 설득될 수 있는 성숙한 시민의 자세가 필요하다.

셋째, 여기서 또 하나 중요한 점은 대화가 합리적 절차에 근거하여 이루어져야 한다는 점이다. 의사소통이 합리적이 될 수 있는 근본적 요인은, 의사소통이 상호이해를 위한 목적으로 사용되기 때문이다. 이러한 점에 있어 의사소통 합리성은 숙의민주주의가 원활하게 작동할 수 있는 기본적 요인이라고 보아야 한다.

요약하면, 의사소통 합리성이란 공론장에서 다양한 행위자 간 주장이 대립할 경우, 한쪽에 유리하게 일방적인 방향(winner takes all)으로 의사결정이 되지 않고, 쌍방 합의에 의해 참여하는 행위자 모두 수용할 수 있는 해결책(win-win)을 의사소통을 통해 찾아 나가려는 접근이라고 볼 수 있다. 이를 도식화하여 정리하면 아래와 같다.

그림 17 공론장

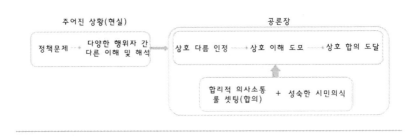

일상생활에 있어 인간의 대화 및 의사소통은 특정한 목적을 위한 기능적 수단으로만 작용하지 않는다. 아주 단순한 경우(예를 들어 물건을 구입하려 값을 물어보는 경우 등)를 제외하고, 대부분의 경우 인간은 자신이 살고 있는 시공간 및 자신의 삶 자체를 이해하기 위해서 타인과 끊임없는 의사소통을 하고, 이러한 과정을 통하여 의미를 찾아내고 공유한다.

다른 말로 하면, 그 누구도 자신만이 옳다는 방식으로만 이 세상을 이해하지 않고, 사회의 다른 구성원들과(최소한 자신이 속한 집단 내) 공유할 수 있는 의미를 가짐으로써 사회를 이해하고 살아나간다. 이러한 상호이해의 방식으로서 의사소통이 공적 영역(공론장)에서도 마찬가지의 역할을 할 때, 민주적 정책 결정의 가능성이 커질 수 있다는 것이다.

그러나 앞서 언급되었듯이 공적 영역에 있어서는 모든 행위자들이 같은 수준의 힘을 가지고 있지 않고 행위자 간 힘의 불균형이 존재한다. 또한 다수의 서로 다른 의견(문제에 대한 이해 및 해결책)을 가지는 집단들이 자신들에게 유리한 방향으로 정책이 결정되도록 경쟁을 한다. 따라서 합리적인 의사소통을 위해서는 힘의 불균형에 의해 나타날 수 있는 왜곡을 방지하기 위한 객관적 절차가 매우 중요하다. 즉 상호 다른 의견이나 이해관계를 가지는 상대방 간 공정한 게임의 법칙을 만드는 것이 일차적으로 중요하다.

마지막으로 의사소통 합리성은 정책에 대한 정당성을 담보하는데 필요조건으로 작용한다. 다양한 이해관계자들 사이에서 상호 건전한 의사소통에 의한 상호이해 및 의미공유가 있다면, 이에 기반하여 결정된 정책은 특정인의 정책이 아니라 '우리'의 정책이 될 수 있다.

우리의 정책이 의미하는 바는 국민들이 자신의 결정에 대한 책임을
정부와 같이 지는 것이다.

정책과정에서 지속적인 대화를 통한 동감과 연대성의 발현이 나타
나고 이에 기반한 사회문제 해결을 할 수 있는 가장 적합한 정책을 추
구할 때 비로소 의사소통 합리성에 의한 정책결정이 실현될 수 있다.[22]

정치적 합리성과 의사소통 합리성의 비교

이 두 합리성은 정책결정에 있어 1) 결정론적 세계관을 견지하지
않고, 2) 변화에 대한 가능성을 열어놓고, 3) 귀납적 사고를 통한 공
동의 이해를 추구하고, 4) 개인의 자율성에 대한 강조, 그리고 5) 상
호조율, 학습을 강조하는 합리성으로서, 변화에 민감하며 현상유지
(status quo)에 대하여 비판적이다.

이러한 합리성에 기반하여 진행되는 정책과정에서 정책지식을 산
출하는 행위자는 반드시 전문가에만 한정될 필요가 없다. 오히려 정
책에 영향을 받는 일반 시민들이 자신들의 생활세계에서의 경험에
따라 정책문제를 해석하는 것이 오히려 더 중요할 수 있다. 왜냐하
면 정책과정에서 주요하게 사용되는 사실은 누군가에 의해 주어진
것(객관적인 사실)이라기보다 상황에 따라 해석되는 맥락적인 성격이 더
강하기 때문이다.

---

22) 의사소통 합리성은 4장의 정책설계 논의로 이어지고, 이는 다시 5장 민주적
정책 만들기, 특히 정책 공론장 및 정책 정당성 논의로 직접적으로 연계되어
자세히 설명된다.

요약하자면 두 합리성 모두 전통적 합리성의 한계(주어진 진실만을 추구해야
함, 그리고 이에 따라 효율성만을 강조하는 도구적 합리성(인간을 특정 목표 달성 내지 문제해결의 도구로))를 비
판하는 것에 있어 공통점이 있지만, 의사소통 합리성은 근대 이성에
대한 도구적 합리성의 한계를 비판하는 동시에 발전적으로 보완하
는 것에 초점을 맞추는 반면, 정치적 합리성은 이러한 전통적 합리
성의 한계를 비판적으로 파악하는 데 더 초점을 맞춘다.

마지막으로 정책학의 입장에서 이제까지 살펴본 다양한 합리성들
을 어떻게 이해하여야 할까? 정책학은 어느 하나의 합리성에만 매
몰되어 세상을 이해하고 해석하는 것이 목적이 아니라 주어진 환경
과 상황에 가장 적합한(맥락적으로 가장 적절한) 합리성을 선택하고 취사선택
할 수 있는 능력을 기반으로 인간의 존엄성을 증대하는 것을 목적으
로 하는 비판적 학문이다.

이러한 정책학의 유연성은 실제 우리 사회문제의 비판적·효과적
해결이라는 실천적 목표를 가진 학문으로서, 가장 적절한 합리성을
가장 적절한 시기와 장소에 적용하는 능력을 가질 수 있게 해주는
원천인 것이다.

정책을 이해하는 틀

정책을 이해하는 틀

정책은 다양한 행위자들이 자신들의 가치관에 따라 정책현상을 이해 및 해석하고, 지속적인 상호 의사소통을 통해 문제를 해결하는 과정이다. 이러한 과정은 정체되어 있는 현상이 아니라 지속적으로 변화해가는 역동적인 사회현상이다.

또한 정책의 복잡성과 불확실성이라는 특징으로 말미암아 정책은 단순화하여 이해하기 어렵다는 특징을 가진다. 역동적이고, 동시에 복잡하고 불확실한 특징을 가지는 정책을 이해하기 위하여 정책과정을 이론적으로 정형화하려는 노력이 지속적으로 발전되어 왔다.

본 장에서는 이러한 정책을 이해하는 이론적 틀을 크게 세 가지로 나누어 살펴보려 한다. 즉 순차적으로 이루어지는 정책의 과정 자체에 초점을 맞추는 정책과정 모형, 정책행위자의 의사결정 행위에 초점을 맞추는 합리성 모형, 그리고 정책을 둘러싼 맥락에 초점을 맞추어 정책을 설명하는 정책설계로 나누어 살펴본다.

1. 정책과정을 중심으로: 정책과정 모형

정책과정 모형은 정책이 시작하여 끝나는 전과정을 순차적으로 구성함으로써 정책과정을 이해하려는 노력이다.

정책과정은 사회문제가 공공문제(정부가 문제해결의 주체가 되는 것, 사회문제일 때는 반드시 정부가 문제해결의 주체일 필요는 없다)로 발전하는 과정, 정부 주도로 다른 민간영역과의 긴밀한 협력 아래에서 문제해결책 마련 및 해결노력을 하는 과정, 이러한 일련의 과정의 결과에 대한 평가, 그리고 이러한 정책과정 속에서 나타난 정책 관련 지식에 대한 지속적인 학습(정책과정에서 발생하는 오류에 대한 교정 포함)으로서 환류 과정으로 구성된다. 이를 도식화하면 아래의 그림과 같다.

⋮⋙ 그림 18 **정책과정모형**

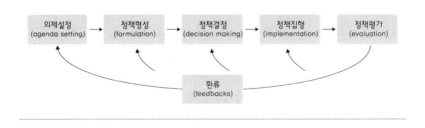

의제설정

의제(agenda) 또는 공중의제란 다양한 공식·비공식적 정책행위자들이 특정 시점에 있어 심각하게 고려되어야 할 사회현상으로 인식하는 일련의 사회문제를 의미한다. 공중의제가 공식적으로 정부가 해결하여야 할 문제라고 인식되어, 정부가 나서서 해야 될 일이라고 선언되는 것이 바로 정책의제설정이라고 볼 수 있다.

존 킹돈(John Kingdon)에 따르면 공중의제가 정책의제로 채택되는 과정은 제시된 사회문제를 둘러싼 주요 쟁점사항, 문제의 주요 원인, 범위, 문제해결을 위한 대안 등이 패키지로 논의되는 과정이다.

구체적으로 정책의제설정과정은 해당 의제와 관련된 정책행위자들이 자신들의 이해관계가 반영되는 의제가 설정되는 것을 목적으로 다른 행위자들과 협력, 갈등, 투쟁 등의 다양한 상호작용을 하는 복잡하고 역동적인 정치적 과정이다. 이런 측면에서 정책의제설정이란 사회문제에 대한 공식 정책행위자들에 의한 공식적 문제제기이다.

전통적으로는 정치인(선출직 공무원 포함) 또는 정부(관료)가 주로 정책의제설정의 역할을 수행하였다. 김춘수 시인의 '꽃'이라는 시에서 나오는 것처럼 정부에서 '이것이 문제'라고 인식할 때에만 공중의제가 공식 정책의제로 인식되었던 것이다. 그러나 최근에 와서는 대중 매체, 사회운동단체, 일반국민들의 모임 등 정부 밖의 행위자들이 공식적 문제제기를 하여 공식적 정책행위자들(정부나 정치인)로 하여금 이를 공식적 의제로 채택할 수밖에 없도록 만드는 경우도 많다(예: 광우병 사태, 황우석 사태).

꽃

김춘수

내가 그의 이름을 불러주기 전에는
그는 다만
하나의 몸짓에 지나지 않았다.
내가 그의 이름을 불러주었을 때,
그는 내게로 와
꽃이 되었다.
내가 그의 이름을 불러준 것처럼
나의 이 빛깔과 향기에 알맞는
누가 나의 이름을 불러다오.
그에게로 가서 나도
그의 꽃이 되고 싶다.
우리들은 모두
무엇이 되고 싶다.
나는 너에게 너는 나에게
잊혀지지 않는
하나의 눈짓이 되고 싶다.

시민에 의한 정책의제화 사례: 광우병 사태

2008년 4월 이명박 정부는 시민들의 의견을 전혀 고려하지 않은 채 미국산 쇠고기 수입에 있어 도축되는 소의 연령제한을 해제하는 수입결정을 내렸다.

곧이어 언론(MBC PD수첩)은 이에 대한 이의를 제기하였고, 이에 문제를 느낀 시민들은 인터넷상에서 긴밀하게 상호의사소통을 하면서 사회쟁점화시키고 있었다. 이에 대하여 정부의 반응이 없자 시민들은 자발적으로 촛불집회를 시작하였다.

이러한 인터넷상의 논의에서 실제 촛불집회로의 진화는 복잡계의 창발현상으로 볼 수 있다. 개별 시민들이 누군가의 명령에 의하여 거대한 촛불집회를 만들어 내었다기보다 복잡하게 상호작용하는 개별 시민들의 복잡한 상호작용이 거대한 촛불집회로 발현된 것이다.

거대한 촛불집회로의 창발에 대하여 이명박 정부는 결국 이를 다시 공식정책의제로 만들고, 앞서 일방적 정책결정에 대한 사과를 하게 되었다.

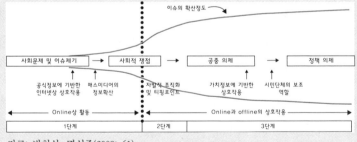

자료: 박치성·명성준(2009: 61).

또한 의제설정과정은 앞 장에서 논의된 문제정의의 기본이 되는 가정들을 재점검할 수 있는 정책 관련 지식들을 제공하는 과정이기도 하다. 이 과정에 있어 문제의 구조화(problem structuring)는 숨겨진 가정들을 발견하는 데 도움을 줌으로써 진짜 원인이 무엇인지 진단할 수 있게 해준다. 이에 따라 갈등상황에 있는 견해들을 통합할 수 있게 해주고, 가능한 목표를 설계할 수 있게 해준다. 이러한 과정들을 거쳐 새로운 정책 옵션을 설계·제시하는 역할을 한다.

정책형성

정책형성과정은 앞서 과정에서 채택된 공식적인 의제를 정책문제화 하고, 이를 해결하기 위한 대안(가능한 해결책)을 탐색하는 과정이다.

전통적으로는(기계적 합리성 아래에서) 전문관료, 관련 정책전문가 등이 주로 이 역할을 하였으나, 최근 정책과정의 민주화(참여 중심)가 확대되면서 관련 일반 정책이해관계자들의 역할이 중요시되고 있다. 그러나 실질적으로는 복잡한 행정절차, 법규정 등에 위반되지 않는 범위 내에서 가능한 대안이 탐색되어야 하기 때문에 아직까지 전문관료의 역할이 정책형성과정에서 상당히 중요하다.

정책형성과정은 다음단계인 정책결정에 있어 주요한 정책정보로 사용되는 대안을 제공한다는 측면에서 그 의의가 크다. 이러한 대안들에 대한 분석은 예측에 의해 수행될 수 있다.

예측(forecasting)은 가능한 대안들을 선택하였을 때 미래에 발생할 결과를 탐색해 보는 것으로서, 정책형성과정 및 결정과정에 중요한 정책관련 지식을 제공한다. 예측을 통하여 미래에 발생할 수 있는 잠재적인 결과에 대한 검사를 하고, 현재 제출된 정책안이 예측된 바와 같은 미래의 결과를 가져오는 데 장애가 될 것으로 예상되는 제한요소나, 정책의 실질적 집행 가능성을 추려낼 수 있다.

정책결정

정책결정과정은 정책문제 해결을 위한 다양한 대안들 중 가장 효과적으로 문제를 해결할 것으로 기대되는 대안을 채택하는 과정이다. 즉 당면한 문제의 해소를 가져올 수 있는 가장 적절한 대안을 선택하는 과정으로서, 초점은 문제해결 가능성에 맞추어진다.

도구적 합리성 또는 전통적 합리성에 기반한 정책결정에 있어서는 대안 중 가장 효율적인 방법으로 결과를 도출할 것으로 기대되는 문제해결 도구의 선택에 초점이 맞추어진다.

정책결정과정에 있어 가장 중요한 역할을 하는 정책행위자는 입법권을 가지고 있는 국회(국회의원), 고위관료, 선거직 공무원 등이다. 이러한 정책결정 위치에 있는 행위자들은 전문가들이 제공하는 정책 대안들의 효과에 대한 예측 정보에 기반하여 현재 상황에서 보았을 때 미래 시점에 가장 바람직한 결과를 도출할 것으로 기대되는 대안을 선택한다.

그러나 앞서 살펴보았듯이 정책상황에 있어 미래 결과에 대한 불확실성이라는 특성으로 인하여 완벽하게 문제를 해결할 수 있는 또는 가장 완벽하게 효율적인 대안을 선택하는 것은 불가능에 가깝다. 오히려 실제 정책이 결정되는 데 있어서는 정책을 둘러싼 다양한 정책행위자 간 이해관계의 정치적 고려, 즉 정치적 타협이 상당히 일어난다.

이러한 정치적 타협과정에 있어 외부 민간 이해관계자 및 관료들의 로비 및 역할 역시 매우 중요하다.[23]

정치적 타협으로서 정책 교환거래(barter)에 의한 정책결정 사례

노무현 정부 시절 문화관광부 및 당시 여당이었던 새천년민주당·열린우리당에게 노무현 대통령의 공약사항 중 하나였던 독립기구로서 문화예술위원회 설립은 매우 중요한 정책과제였다. 왜냐하면 이전의 문화예술진흥원은 정부의 입김에 의해 좌지우지되는 정부산하기관으로서, 박정희 정부 시절부터 당시 정권(군부독재)에 편향적인 문화예술인에게 집중적·배타적 지원을 해왔다고 비판을 받고 있었기 때문이다(박근혜 정부에서 불거진 문화예술계 블랙리스트는 박정희·전두환 시절에 비하면 새발의 피라고도 할 수 있다).

그러나 당시 거대야당이었던 한나라당이 이에 대하여 극렬히 반대하였기에 국회에서의 정책결정이 매우 불투명한 상황이었다. 이러한 상황 아래에서 새로운 문화예술위원회를 설립하기 위한 법안통과는 당시 한나라당이 강력히 주장하고 있었던 방송통신법 개정안에 대하여 민주당·한나라당

---

23) 대안의 산출 및 이에 대한 결정과정의 예는 뒤에서 제시되는 앨리슨(Allison)의 정책모형(쿠바 미사일 사태 해결)의 예를 참조하시오.

이 상호 이 두 정책을 교환거래(barter)하여 통과시켜주는 것으로 정치적 타협을 하였었다.

정책집행

정책집행은 정책결정과정에서 채택된 해결책(정책결정 사항)을 권위있는 정부(다양한 정부기관 포함)가 중심이 되어 1) 이를 실질적으로 실행할 수 있는 재원 및 인력을 조달하여 2) 실제 문제해결을 위한 특정 사업을 진행하는 과정이다.

집행과정의 특징으로, 전 단계의 주요 정책행위자였던 (정책의제설정, 정책형성, 정책결정) 상위 수준 관료, 정치인·전문가가 정책집행과정에 있어서는 더 이상 주요한 행위자로 나타나지 않는다는 점을 들 수 있다. 즉 이러한 행위자들은 주로 앞서 정책과정에서 주요 역할을 하고, 집행단계에 오면 주로 실제 정책을 실행될 수 있게 설계를 하는 중·상 위치의 관료들과 이를 집행하는 일선관료 또는 정부산하기관 및 공기업, 그리고 정부의 정책사업 집행 파트너 역할을 하는 시장의 민간기관, 비영리 영역의 기관들이 주요 행위자로 부각된다.

정책결정 과정까지의 행위자와 집행단계의 행위자 간 불일치로 인하여 채택된 정책결정 사항에 대한 이해의 차이가 발생할 수 있다 (오해까지도 일어날 수 있다!). 또한 정책집행단계는 상대적으로 전문적·기술적 지식 및 요인이 많이 작용하고(댐건설을 생각해보라. 댐을 왜, 그리고 어느 지역, 위치에 설립하는가는 정치적 영역인 반면, 실제 댐 설계는 공학적 적용 영역이다), 하루하루 업무를 순차적으로 진행시키는 것이 중요하기 때문에, 앞서 단계와 비교하여 일반 시민들의 참여가 높지 않다.

구체적으로 정책집행과정에서는 일일 업무진행이 상당히 중요하기 때문에 정책집행 상황에 대한 모니터링이 중요하다. 모니터링은 정책집행과정에서 생성되는 정보들을 가지고 정책집행이 기결정된 정책목표를 달성하는 방향으로 움직이고 있는가를 체크하는 것을 의미한다.

모니터링의 역할은 정책에 대한 순응의 정도, 정책결정 과정에서 예측하지 못했던 상황 또는 결과(side effects), 집행상의 문제점 등을 밝혀내고, 이러한 문제를 해결할 수 있는 방안을 고려하여 최대한 신속하고 유연하게 집행과정에서 나타나는 문제점을 해결하는 것이다.

이러한 집행과정은 크게 일상적이며 정례적인 업무에 대한 집행과 특정시기에만 발생하는 정책에 대한 집행으로 나누어 볼 수 있다.

대개 일상적인 업무 또는 정책에 대한 집행은 전년도 내지 전에 집행하였던 방식에 준하여(예산 및 인력 조달, 그리고 실제 업무수행 모두에 있어) 점진적으로 유사하게 이루어진다. 반면 새로운 또는 정례적이지 않은 정책에 대한 집행에 있어서는 상당히 복잡한 문제가 발생한다. 바로 위에서 제시된 집행과정에서의 문제점이 이러한 사업들에서 특히 두드러진다.

예를 들면 4대강 사업(4대강 사업은 매년 정례적으로 이루어지는 정책이 아니다)에 있어 정책결정까지는 대통령을 포함한 선거직 공무원, 정치인, 다양한 시민, 시민단체, 전문가, 정부관료 등이 매우 중요한 행위자이었지만, 집행단계에 있어서는 건설사와 일선관료, 그리고 그들을 자신의 숨은 목적에 따라 관리하는 최상위 정책결정자(일부 선거직 공무원과 일부 정치인)들이 가장 중요한 행위자가 되었다. 이러한 차이에 의해, 원래 목적으로 하였던 지속적인 수자원 개발(환경 중심)이라는 정책목표가 달성되지 못하였던 것이라고 볼 수 있다. 즉 정책결정(원인)에서 채택된 문제해결책이 문제를 해결하지 못한 결과(실패한 인과관계)로 귀결된 것이다.

정책평가

정책평가는 정책집행이 앞서 제기되었던 정책문제를 해결하는 결과를 가져왔는가에 대한 종합적 평가과정이다. 예산에 초점을 맞추는 정책평가 측면인 회계감사의 경우 정책의 효율성(경제적 측면) 및 재무적 투명성을 평가하는데 유용한 평가방법이다.

반면, 정책의 효과성의 측면에서는 정책의 집행결과가 실제 문제를 해결하는데 있어 얼마나 효과적인 방법이었는가, 그리고 문제상황이 실제로 해결되었는가에 대한 평가가 이루어진다. 문제상황이 실제로 해결되었는가는 앞서 정책으로 채택될 당시 예측하였던 결과와 실제 정책성과 간의 차이에 대한 평가로 이루어진다.

평가는 해결하고자 하였던 문제 상황이 얼마나 경감되었는가뿐만 아니라 본 정책을 이끌었던 가치체계에 대한 재평가 및 명확화를 가져오게 되어, 후에 유사한 정책의 재구성 및 정책문제의 재확립에 큰 도움이 된다. 따라서 수행된 정책이 성공인가 아닌가는 올바른 정책문제 정의가 선행된 이후, 이에 바탕을 두고 선정된 정책목표가 얼마나 달성되었는지 정도에 따라 평가되어야 한다.

전통적 정책목표는 경제적 모형에 따라 투입/산출 비율, 또는 비용/편익 비율이라는 효율성 지표에 의해 평가되는 것이 일반적이었다. 이러한 정책평가에 있어 적합한 대상은 정책 산출물(output)로서, 이는 양적(숫자)으로 표현될 수 있는 정책지수를 통하여 정책의 결과가 평가된다.

이러한 지수의 예로서, 건강·보건정책에서는 결핵환자수 감소, 성병 환자수 감소 같은 것이, 교육정책에 있어서는 고등학교 진학률, 학업성취도 평가 등이, 주택정책에 있어서는 아파트 값, 형사정책에 있어서는 범죄자 수의 감소, 그리고 과학기술정책에서는 과학기술 개발을 통한 특허 건수 등이 있을 수 있다.

반면, 비판적 정책목표의 경우 효과성은 담론으로 구성된 정책목표에 따라 정책을 둘러싼 이해관계자 및 정책대상의 행태 변화가 나타났는가로 판단한다. 장애인 고용정책을 예로 들어 이 두 가지 정책목표를 비교해 보자.

전통적 정책목표의 경우, 정책평가 기준 자체가 숫자로 계산되는 투입/산출이 비율이라는 증거에 의해 진행되기 때문에 투입된 정부 자금이 몇 명의 장애인을 고용하는 데 기여하였는가를 계산함으로써 정책결과를 평가한다. 반면 비판적 정책목표를 가지는 경우, 정책평가 기준은 실제 정책 대상(장애인)이 정책의 원래 목표(지속적·안정적 고용을 통한 자립)를 얼마만큼이나 달성하였는지에 따라 평가하는 것이기 때문에 정부지원을 받은 장애인들이 실제 자립성을 가지게 되었는지 여부를 가지고 정책결과를 평가하게 된다.

환류

환류는 대개 정책평가결과 이후, 나타난 오류(정책문제설정에서 기대하였던 결과와 실제 집행 후 나타난 결과 간 차이)에 대한 학습으로 볼 수 있다. 그러나 환류는 정책과정이 끝난 후에만 일어나는 것이 아니라 모든 정책과정에서 일어나기 때문에(즉 정책을 둘러싼 환경이 시간의 흐름에 따라 변화하면서, 이러한 변화에 대응 및 적응하는 방향으로 정책이 조정되어야 하기 때문에) 모든 정책과정에 있어 환류는 복잡하게 이루어진다.

예를 들면 정책집행을 하면서 앞서 단계에서 예측하지 못하였던 사건이나 오류가 발생하는 경우, 이는 바로 정책문제 정의의 단계로 환류될 수 있는 것이다.

정책과정에서 환류가 갖는 의미는 복잡한 정책과정에서 산출된 정보와 지식이 정책과정 전반에 걸쳐 유용하게 활용되어야 한다는 측면에서 정책학습으로 파악될 수 있다. 그러나 정책평가과정에서 아무리 좋은 정책정보를 산출하였다고 하더라도 이후 같은 정책의 반복 또는 유사정책과정에서 정책문제 해결노력의 발전으로 연결되지 않는다면 정책환류가 제대로 이루어졌다고 볼 수 없다.

따라서 환류가 정책학습으로서 제기능을 발휘하기 위해서는 정책과정에서 유용한 정보를 산출하는 역할을 하는 일반시민 및 공공영역 종사자들과 관련 학자들 간 긴밀한 의사소통이 있어야 한다. 동시에 정부는 적극적으로 과거 정책경험을 활용하려는 정책학습 노력을 게을리하지 말아야 한다.

정책과정을 이해하는 데 있어 주의점

정책과정을 이해하는 데 있어 중요한 것은 정책과정이 일련의 선형적 인과관계로 이루어진 과정이 아니라는 점이다. 즉 앞의 그림 15에서 보이는 바에 따르면 정책과정이 일련의 선형적 인과관계인 것으로 이해되기 쉽지만 실제 정책과정은 정책을 둘러싼 복잡성에 의하여, 선형적인 인과관계(기계론적 인과관계)에 의한다기보다 비선형적인 인과관계(때로는 인과관계가 없어 보이는 경우까지도 가능하다. 뒤에 후술되는 쓰레기통 내지 정책의 창 모형을 참조하시오.)로 이루어지는 경우가 더 많다고 볼 수 있다.

또한 앞서 집행과정에서 간략히 설명하였듯이 각 정책과정에 참여하는 주요한 행위자들이 지속적으로 변화하기 때문에, 이들 간 완벽한 상호이해가 있는 것은 어렵다. 시간적 흐름에 따라 정책과정에 새롭게 들어오는 행위자는 전의 행위자와 다른 가치체계를 가지고 있을 가능성 역시 높기 때문에(인간이기 때문에 모두 같은 선호/가치체계를 가지지 않는다!), 이러한 사람의 차이에 의해 정책의 방향이 어디로 갈지 모르게 되는 것이다.

지속적인 환경의 변화, 참여자들의 지속적인 변화(이들의 상호작용 역시 변화)

등 정책과정의 복잡성에 대응하기 위해서는 이러한 변화에 민감하게 대응하면서 학습하려는 자세가 필요하다. 실제 정책과정에 있어 이러한 자세는 정책과 관련된 정보 및 지식을 지속적으로 업데이팅하면서, 정책문제를 지속적으로 재구조화하려는 노력으로 나타난다.

2. 정책행위자를 중심으로: 합리성에 따른 정책모형

정책학이 독자적 학문분야로 발돋움한 1950년대 이래, 다양하고 복잡한 정책과정을 이해하고 정책에 유용한 정보·지식을 산출하기 위한 노력으로 다양한 정책모형들이 개발·제시되어 왔다.

특히 정책을 이해하는 틀로서 정책모형의 주요 접근은 정책행위자들의 합리성에 기초하여 다양한 모형으로 발전되어 왔다. 즉 행위자들의 행동을 어떠한 합리성에 의해 규정하는가에 따라 다양한 정책모형이 제시되어 왔다.

그림 19 **합리성에 따른 정책모형**

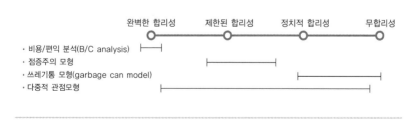

본 장에서는 정책행위자들이 각각의 합리성 종류에 따라 정책과정에서 어떻게 행동할 것이며, 어떠한 정책지식을 산출할 것인가라는 측면에 따른 행위자의 행동규범을 중심으로 하는 정책모형을 소개한다.

앞서 소개된 정책과정 모형 역시 정책과정을 다수의 단계로 구분하여, 각 과정에서 정책행위자들이 어떠한 행동을 하는가에 초점을 맞춘 모형이라는 점에서 행위자를 중심으로 정책을 이해하는 틀이라고 볼 수 있다.

앞의 그림은 네 종류의 정책모형이 합리성 스펙트럼 중 어느 지점에 대응하는가를 간략히 도식화한 것이다. 아래에서 각 정책모형에 대한 구체적 설명이 제시된다.

비용편익분석 : 전통적 합리성

비용편익분석(cost-benefit analysis)은 정부 정책을 경제적 합리성의 측면에서 판단하는 분석방법이다. 정책문제 해결 수단의 선택에 있어 가장 효율적인 수단을 결정하는 방식으로서, 문제해결과 관련된 모든 비용과 편익을 화폐단위로 치환하여 비용대비 순편익이 가장 많이 나타나게 될 수단(즉 가장 효율적인 수단)을 선택하는 방식이다. 실제 비용편익분석은 대상정책사업의 경제적 타당성을 평가하는 데 주로 이용된다.

간단한 예를 들어 설명해 보자. 수자원 보호 및 홍수예방을 위하여 댐을 건설하여야 한다는 정책이 수립되었을 때, 비용편익분석은 수계에 있어 두 가능 지역(A와 B지역이라고 하자) 중 어느 지역에 댐을 건설하는 것이 더 효율적인가를 계산한다.

비용편익분석은 각 대안에 대하여 건설 및 유지 등과 관련된 모든 비용 그리고 댐을 건설하였을 경우 미래 발생할 수 있는 모든 편익을 현재 화폐가치를 기준으로 계산한다. 이러한 계산을 통하여 얻을 수 있는 정보로 편익비용 비율(B/C ratio)이 있다. 이 비율은 미래편익의 현재가치 나누기 미래비용의 현재가치로 계산된다.

예를 들어 A라는 지역에 댐을 건설하는 경우 100억의 비용과 150억의 편익이 나타난다고 하면 편익비용 비율은 1.5가 된다. 이와 비교하여 B지역의 경우 총비용이 120억, 총편익이 200억이면 편익비용비율이 1.67이 되어 B지역에 댐을 건설하기로 결정되는 것이다. 여기서 문제가 되는 것은 비용과 편익과 관련된 가능한 모든 정보를 객관적으로 수집할 수 있다는 가정이다.

댐 건설에 한정된 기술적 비용은 상대적으로 화폐단위로 측정하기가 용이하나, 댐 건설로 유발되는 편익은 화폐단위로 측정하기 어려운 경우가 많다.

예를 들면 댐 건설 이전 인근 지역에서 지난 10년 동안 홍수로 평균 3명이 사망하였다고 하면, 댐 건설 후 이에 대한 편익의 계산을 어떻게 할 것인가? 이 사람들이 계속 살아있을 것이라고 가정하고 이들이 1년 동안 생산할 경제적 가치를 평균적(예를 들어 해당 동네 성인 1인당 평균 생산액을 2천만원이라 하자)으로 부여함으로써(댐 건설 후 1년차 3명×2천만원=6천만원, 2년차

6명×2천만원=1억 2천만원 등), 댐이 건설되어 발생할 수 있는 편익을 계산한다.

이러한 가정이 완벽하게 편익을 추정하는 방식일까? 만약 편익을 조금 더 높이고 싶다면(사업 타당성을 높이기 위해) 그 동네 성인이 아닌 한국 성인 평균 1년 생산액(3천만원이라고 하자)을 사용하여 편익을 더 높일 수 있다. 사람의 목숨 값을 이와 같이 계산할 수 있을까?

점증주의 모형: 제한된 합리성 ~ 정치적 합리성

정책학자인 찰스 린드블롬(Charles Lindblom)이 제시하였던 점증주의(incrementalism) 모형은 정치과정에서 오는 한계를 받아들이면서 그 와중에 가능한 한 가장 합리적이려 노력하는 모습을 보여주는 정책 모형이다.

점증주의는 미국과 같은 다원주의 사회에서 의사결정이 이루어지는 모습을 보여준다. 즉 다원주의 사회에서 의사결정은 합리성에 의해 진행되지 않고, 오히려 다원성을 대표하는 정치집단 간 정치적 교섭(bargaining)과 협상(negotiation)에 의해 상호조정(mutual adjustment)과정을 거쳐 기존의 상태(status quo)를 약간 보완하는 정도에서 수정되어 결정된다는 것이다. 이는 정부 예산의 변화를 통하여 실증적으로 이해될 수 있다.

대의민주주의 국가에 있어 정부의 예산은 전년도 예산을 바탕으로 당파 간 교섭 및 협상 과정을 통하여 타협안을 도출함으로써 결정이 이루어진다. 이러한 타협안은 예외 없이 전년도와 비교하여 낮은 비율의 증가 또는 감소(점증)의 형태로 나타난다.

이러한 점증적 예산결정은 미래 불확실에 대한 정치적 부담(책임)을 경감할 수 있으며, 과거의 정책경험을 바탕으로 결정이 된다는 정책 학습의 효과도 있고, 무엇보다 다양한 의견을 가지는 집단들 간 충분한 정치적 의사결정 과정을 거쳤다는 측면에서 정책결정의 정당성 확보(절차적 정당성)에 유리하다.

전통적 합리성에 기반하는 합리모형과 점증모형의 차이를 정리하면 아래의 표와 같다.

표 4 합리모형과 점증주의 모형의 비교

합리모형	점증모형
• 문제상황을 총체적으로 바꾸어서 해결 • 가치나 목표의 명료화: 대안정책 분석에 필수조건 • 정책형성도 목표를 먼저 찾아내고, 이에 따른 수단을 강구 • 좋은 정책은 목표를 최적의 수단으로 달성함으로써 검증됨 • 분석은 총체적, 모든 관련요인들이 고려 • 이론에 지나치게 의존하는 경우가 많음	• 가치와 사실은 긴밀히 얽혀있음: 가치의 선택과 경험적 구분이 불가능 • 목표와 수단의 일방향적 인과관계가 항상 옳은 것은 아니다. • 좋은 정책은 정책분석가들의 합의에 의해 도출 • 분석이 제한되어 있음 • 주요결과, 잠재적 결과, 주요 영향가치 등을 총체적이고 포괄적으로 분석해 내는 것은 불가능 • 과거의 정책경험과의 비교를 중요시 • 이론에 대한 의존도는 최소화

예를 들어 예산결정과정에 있어 합리주의와 점증주의의 차이를 인플레이션을 어떻게 고려하는가에 따라 비교하면 다음과 같다.

먼저 합리주의를 근간으로 예산결정을 하는 경우, 인플레이션과 관련되는 모든 요인들(완전고용, 적정이윤율, 소액저축자 보호, 증권시장 안정화 등)을 가능한 한 모두 조사하여 정보처리하고, 기존에 검증된 이론을 바탕으로 이들을 비용/편익 분석에 따라 중요도 순서대로 나열한다. 이러한 결과를 바탕으로 그중 가장 편익이 큰 또는 비용편익 비율이 가장 높은 대안을 선택하면 사회적 효용이 극대화되는 합리적 의사결정이 이루어진다.

반면 점증주의에 따르면, 정책결정자가 판단하기에 현재 인플레이션에 긴급하게 필요한 요인들과 다른 다양한 정책이해관계자들이 중요하다고 생각하는 요인들 간의 협상 및 타협이 시도된다. 여기서 정책결정에 주요한 요인으로 작용하는 것은 이론같은 것보다, 서로 다른 정책행위자들 간 상호이해관계의 정치적 고려 및 과거의 정책경험이다. 이러한 경우 거의 예외 없이 과거의 정책변화가 가져왔던 점증분만큼만 변화가 이루어지게 된다.

쓰레기통 모형 : 정치적 합리성 ~ 무합리성

정책과정에 있어 정책과 관련된 여러 요소들이 전혀 설명 내지 예측할 수 없이 쓰레기통에 던져지는, 즉 정책과정 자체가 쓰레기들이 뒤죽박죽되는 상태와 같이 혼란스러운 상태라는 것이 정책의 쓰레기통 모형이다. 즉 정책이 결정되는 과정에서 어떤 합리적인 절차나 규칙도 없다는 측면에서 정책과정을 혼돈 상태로 파악하는 것이다.

그러나 쓰레기통 모형에 있어 정책과정은 완전히 무정형의 무합리성에 의해 지배되는 것이 아니라 어느 정도 패턴을 가진다. 이것을 조직화된 무정부상태(organized anarchy)라 표현한다. 조직화된 무정부상태는 다음과 같은 세 가지 특징(패턴)을 가진다.

첫째, 문제성 있는 선호이다. 정책과정의 참여자들 간 문제상황에 대한 해결책으로서 무엇이 바람직한 것인가에 대한 합의가 전혀 없고, 동시에 개인적인 차원에서도 특정 문제에 대한 자신들의 선호가 불분명한 상태에서 정책과정에 참여한다.

이러한 이유는 인간의 선호체계가 항상 동일한 가치체계 아래에서 최적의 효용만을 추구하는 것이 아니라 인간을 둘러싼 복잡한 환경과의 끊임없는 상호작용 속에서 특정한 문제상황에 대한 선호 자체가 지속적으로 변화하기 때문이다.

예를 들어 불가마 한증막 안에서 땀을 뻘뻘 흘리고 있는 상황을 생각해보자. 이 순간 무더움이라는 당면 문제를 해결하고자 여러분은 시원한 콜라 한잔을 마시고 싶어 할 수 있다. 그러나 잠시 후 한증막에서 나오자마자 출출함을 동시에 느끼게 되면서, 여러분은 콜라 대신 빨리 근처 맥주집에 가서 치킨에 시원한 맥주 한잔을 마시고 싶다고 생각할 수 있다. 나가서 치킨에 맥주 한잔을 마시고 나서 집에 가려 길에 나서니, 저녁나절에 서늘한 기운이 들어 목에 칼칼함을 느끼고, 이러한 기분을 전환시킬 따뜻한 커피가 생각날 수 있다.

이 간단한 예에 있어 동일한 사람은 같은 문제(목마름)에 대하여 외부환경 내지 자신의 상태 변화에 따라 선호가 지속적으로 변화하고 있음을 알 수 있다. 즉 당면 문제에 대한 단 하나의 바람직한 해결책이 존재한다기보다, 선호가 불분명하게, 즉 지속적으로 환경과의 상호작용 속에서 변화해나간다.

둘째, 현재 우리가 알고 있는 지식 또는 기술의 불분명성이다. 특정한 사회문제 해결을 위한 수단이 반드시 그 사회문제 해결이라는 목표를 가져다 줄 것이라는 확신은 100% 객관적이며 완벽한 사실에 의하여만 가능하다. 그러나 복잡성·불확실성 등 정책을 둘러싼 맥락은 이러한 객관적이며 100% 완벽한 예측을 불가능하게 한다. 이에 따라 목표와 수단 간의 인과관계가 불분명해질 수밖에 없는 것이다.

셋째, 정책과정 전반에 걸쳐 나타나는 참여자의 유동성이다. 사회문제 해결과정인 정책과정은 대개 상당히 긴 시간을 요구한다. 이러한 정책과정이 진행됨에 따라, 문제의 성질이 수정 또는 초기와는 사뭇 달라질 수도 있다. 이에 따라 참여자가 바뀔 수 있고, 동일한 문제가 유지된다고 할지라도 특정인이 계속 참여할 수도 있고, 아닐 수도 있다. 즉 미래에 대한 불확실성과 변화 가능성에 의해 정책과정에서 행위자들의 참여는 유동적일 수밖에 없는 것이다.

이러한 특성을 바탕으로 정책은 네 가지 요소에 의해 결정된다. 즉 쓰레기통에 들어가는 네 가지 흐름이 있다고 보는데, 이는 해결해야 할 문제, 해결책, 참여자, 그리고 의사결정의 기회이다.

문제의 경우 사람들이 관심을 가지는 특정 이슈를 의미하며, 이는 사람마다 그리고 상황마다 변화하는 속성을 갖는다. 해결책은 제시된 문제에 대한 해결방안이다. 이 해결책 역시 문제를 진짜 해결할 수 있는 해결책인지에 대한 확신은 없이, 사람마다 다른 해결책이 제시되는 특성이 있다.

참여자는 문제해결을 위한 참여자들의 노력을 의미한다. 그러나 참여자는 문제의 속성에 따라 계속 등장 및 사라지곤 한다. 즉 문제해결 과정에서 참여자는 지속적으로 변화한다. 의사결정의 기회는 앞의 세 가지 요소가 뒤죽박죽 움직여 나가는 과정 속에서 대개 정치적인 움직임으로 갑작스럽게 만들어지는 경우가 많다.

쓰레기통 모형에서는 이러한 네 가지 요소가 서로 독자적으로 움직인다(그러나 상호배타적이지는 않다). 독자적으로 움직이다가 어느 순간 네 가지 흐름이 우연히 결합(coupling)되는 순간이 되면 정책결정이 이루어진다.

정책결정 순간을 의미하는 네 가지 요소의 결합에 있어 특정한 순서가 없다. 실제 정책상황에서는 먼저 해결책을 가지고 해결해야 할 문제를 찾는 경우도 있고, 참여자들이 해결해야 할 문제를 만드는 경우도 있다. 어쨌든, 네 가지 요소들이 동시에 합쳐졌을 때 정책결정이 이루어지는데, 이러한 상황은 누가 의도하였다기보다 우연에 의해 이루어진다.

이러한 쓰레기통 모형은 이론적으로 상당히 의미가 있으나, 현실 정책현상을 설명하는 데 있어서는 상당한 한계가 존재하였다. 쓰레기통 모형을 발전시킨 것이 바로 존 킹돈(John Kingdon)이 제시하였던 정책의 창(policy window) 모형이다.

정책의 창 모형은 쓰레기통 모형을 현실적으로 수정보완·발전시킨 정책모형이다. 이 모형에서는 쓰레기통 모형과 달리 문제인식,

정책제안(및 수정), 그리고 정치라는 세 가지 흐름이 상호 독립적으로 움직여나간다. 이러한 세 가지 흐름 중 두 가지 이상이 우연히 결합될 때, 정책결정의 기회가 도래한다.

이 모형에서는 정책을 결정할 수 있는 때를 정책의 창이 열리는 시기로 묘사한다. 즉 정책의 창이 열릴 때 정책이 결정될 수 있는데, 정책의 창은 언제나 열리는 것이 아니라, 특정 조건 상황에서만 열린다.

정책의 창이 열리는 것은 불규칙적이며 일정한 한정된 시간(짧게 열린다)이다. 따라서 정책의 창이 열리더라도 이는 곧 닫히기 때문에 정책행위자들은 정책의 창이 열렸을 때 매우 신속하게 정책결정을 하여야 한다. 이렇게 정책의 창이 열리는 순간에 새로운 정책 의제가 공식적인 정책으로 상정, 만들어질 수 있다.

마지막으로 쓰레기통 모형과 다른 점으로서 정책기업가(policy entrepreneur)를 들 수 있다. 정책 중재자는 자신들의 정책선호를 정책화시키기 위해서 의도적으로 세 가지 흐름 중 두 개를 결합시키려 노력하는 행위자들이다. 예를 들면 다른 행위자들로 하여금 자신들이 제시한 문제를 문제로 인식하게 하면서, 동시에 정치적 힘을 발휘하여 정책의 창을 열어 정책을 결정한다.

다중적 관점 모형

다중적 관점(multiple perspectives)에 따른 정책 이해는 여러 합리성을 아우르는 종합적 접근이라고 볼 수 있다. 즉 다양한 합리성에 따른 관점들을 통합적·입체적으로 분석하는 모형을 의미한다. 우리가 일차원적이 아닌 다차원적인 방법을 통하여 대상 및 현상을 인식한다는 측면에서 다중적 관점은 우리가 세상을 인식하는 자연스러운 방법을 그대로 원용한 정책접근이라고 할 수 있다.

예를 들어 여러분의 친한 친구 한 명을 떠올려 보라. 사람이 많은 길거리에서 그 친구의 뒷모습을 멀리서 보았을 때, 여러분은 어렵지 않게 그 친구를 알아볼 수 있을 것이다. 또한 그 친구와 같이 즐겼던 추억이 있는 장소나 물건을 보게 될 때, 여러분은 그 친구를 떠올릴 것이다. 여러분이 친구를 인식하고 있는 방법은 단편적으로 그 친구의 이름과 얼굴(정면에서 본 모습)만을 알고 있는 것이 아니기 때문이다. 다시 말하자면 우리는 특정 인물, 대상을 이해할 때 한 가지 측면이 아닌 다양한 측면을 통합적으로 이해한다.

사회현상도 마찬가지로 이해될 수 있다. 즉 특정 사회현상을 이해하는 방식이 단 하나만 존재하지 않기 때문에 사회현상 역시 이렇게 다양한 측면에서 통합적으로 이해되어야 그 사회현상의 제대로 된 모습을 이해할 수 있다.

하나의 정책이나 사회문제를 둘러싼 환경은 매우 복잡하기 때문에, 정책에 관련된 지식·정보를 창출하는 방법은 여러 가지, 즉 다중주의(multiplism) 시각에서 접근해야 한다.

다중적 관점을 현실화하기 위한 방법론으로 삼각 검증(triangulation)을 들 수 있다. 삼각 검증은 입체적인 시각에서(적어도 세 가지 이상 여러 방면에서) 특정 사회현상(특정 사물)을 바라보고 이러한 시각들이 합치되는 지점을 찾아보려는 노력으로서, 사회현상을 총체적 또는 입체적으로 이해하자는 것이다.

실제로 삼각 검증은 다음과 같은 방식에 의해 수행된다; 여러 가지 방법(multiple methods), 여러 가지 측정(multiple measures), 여러 가지 자료(multiple data), 그리고 다원화된 의사소통(multiple communication). 동일한 대상에 대하여 이와 같이 다각도로 접근하여 이것을 하나의 결과에 수렴되도록 하거나, 다양한 접근 중 가장 적절한 접근 및 해석을 찾아내려 하는 것이다.

정책분석에서 대표적인 다중화된 접근법인 다중 이해관계자 분석(multiple stakeholder analysis)을 소개하면 다음과 같다.

다중 이해관계자 분석 방법은 정책에 관련이 있는 개인들이나 그룹에 초점을 맞춘다. 직접 정책과정에 참여하기를 원하는 개인들이나 그룹들 간의 경쟁적인 가치관들이나 그들이 가지고 있는 윤리적 입장들이 어떻게 다른지, 그리고 어떻게 상호보완적일 수 있는지를 상호 비교분석함으로써 이들 간 공통점과 차이점을 발견하여 정책 절충점을 찾으려는 노력이다.

즉 다양한 견해들(윤리적, 정치적, 조직학적, 경제적, 사회학적, 문화적, 심리학적, 기술적)로부터 한 가지의 문제를 파악하였을 때, 서로 다른 견해에서 오는 차이로 인하여 같은 문제를 다르게 파악할 수 있다. 이러한 다름을 인지하고, 다름에서 오는 차이와 상호작용을 삼각 검증(triangulation)을 통하여 수렴하여, 가장 적절한 원인을 규명하고 적절한 문제정의에 이바지하는 것이 본 분석의 목적이다.

다중 이해관계자 분석은 정치적으로 더 비중 있는 개인이나 집단의 의견에 따라 정책을 둘러싼 갈등상황이 해결된다는 정치적 시각과 정책에 대한 다양한 시각·가치관을 가지는 이해관계자들이 서로서로를 이해하여 가는 계속적인 과정을 통하여 장기적인 시점에서 암묵적인 타협으로 수렴되어 간다는 진화론적 시각이 복합적으로 작용한다.

이 중 진화론적 시각에 따르면 정책과정에 참가하는 이해 당사자들의 선호는 시간 및 환경의 변화에 따라 변화하고 동시에 이에 적응하여 나간다. 이러한 역동적인 변화 과정을 통하여, 처음에는 경쟁하던 가치관들이 일치하기도 하며, 서로서로 이해하기도 하며, 서로서로의 필요성을 다시 한 번 느끼는 등의 과정을 통하여 결국에는 대타협으로 수렴해나갈 수 있다.

정치적 시각에 따르면 이해관계자 간 차이를 비교분석하는 당사자는 대개 정부의 공무원이거나, 전문 정책분석가이다. 정책분석가가 이해관계자들의 다양한 시각을 제대로 반영하기 위해서는 다중적 관점 분석(multiple perspective analysis)을 적용하여야 한다.

즉 정책의 주무 전담자이지만 여러 이해관계자 중 하나인 자신들의 시각만이 반영된 정책을 만들면서 나타날 수 있는 문제를 최소화하기 위해서, 정책분석가들은 자신들의 전문분야를 넘어서는 다양한 견해들과 이와 관련된 일반 시민들의 정책견해까지 반영하도록 노력하여야 하는 것이다.

이와 같은 다중적 관점에 기초하여 제시된 정책모형으로서 그래험 앨리슨(Graham Allison)의 정책결정 모형(세 가지 시각에 기반한 모형의 복합적 적용)을 들 수 있다.

앨리슨의 정책결정 모형은 미국 케네디(John F. Kennedy) 대통령 시절 쿠바 미사일 사태에 대한 정책결정 성공 사례를 다각도 시각에서 분석함으로써, 정책은 하나의 시각(당시까지 지배적인 정책모형이었던 합리성 모형)이 아닌 다양한 시각에서 종합적 분석을 하여야만 정책결정에 대한 올바른 이해를 할 수 있다는 것을 보여준 이론적 접근이다

그 당시까지 지배적이던 전통적 합리성을 넘어선 정책과정의 복잡성을 보여주었다는 측면에서 앨리슨의 정책학에 대한 기여가 크다. 구체적으로 쿠바 미사일 사태 사례에 기반하여 이 모형을 설명하면 다음과 같다.

1962년 구소련은 미국의 압도적인 핵무기 우위 및 미국의 터키 등의 지역에 대한 전략적 핵무기 배치에 맞서기 위해 쿠바에서 요구한 쿠바 핵무기 배치를 결정하게 되었다. 구소련은 해상을 통해 이미 배치되어 있던 핵무기(워싱턴 D.C.까지 타격 가능범위)보다 성능이 좋은 핵무기(타격범위가 워싱턴주(州)를 제외한 거의 모든 미국 전역을 포함)를 쿠바에 보내는 작전을 펴게 되었는데, 이러한 첩보를 알게 된 미국에게는 생존이 걸린 매우 긴급히 해결하여야 하는 문제로 대두되었다(쿠바에 핵무기가 배치되면 미국 전역이 구소련 공산권의 핵미사일 타격 범위에 들어가기에).

이 긴급한 문제를 해결하기 위해 미국정부는, 쿠바의 핵무기 미사일 발사시설에 대하여, 다음 쪽 박스에서 제시된 바와 같은 네 가지 대안을 설정하였다.

1) 쿠바 침공을 통한 미사일·전투기 폭격 등 전면적 무력을 통해 완전히 분쇄: 이는 쿠바와의 전면전을 초래할 가능성이 높으며, 이에 따른 소련의 개입으로 3차 세계대전까지 가능함
2) 전투비행기 공습을 통하여 핵 미사일 발사시설 및 기설치 미사일만 박살내기: 가장 효율적이며, 효과적인 문제해결 방법이지만 실제 기술상 어려움이 상당히 높음
3) 소련으로부터 쿠바로 미사일이 들어올 수 있는 해상봉쇄
4) 대화를 통한 회유

이 네 가지 대안 중 결국 미국정부는 세 번째 대안을 선택하였다. 당시 미국정부의 분위기에서 세 번째 대안인 해상봉쇄는 상당히 비효율적이면서 동시에 문제해결이라는 효과성 측면에서도 상당히 부정적인 분위기였는데도 불구하고 선택되었고, 결국에는 성공적인 결과를 가져왔다.

어떠한 정책결정과정을 통하여 우선순위가 상당히 낮았던 대안이 선택되었는가에 대한 분석을 위하여 앨리슨은 아래의 세 가지 정책모형을 동시에 적용하여 분석하였다.

첫째, 합리모형이다. 이는 인간이 전통적 합리성에 따라 가장 합리적(효율적) 결정을 할 수 있다는 믿음에 근거한 정책결정 모형이다.[24]

---

24) 합리모형과 관련된 자세한 내용은 앞 장의 '완벽한 합리성'과 [표 4 합리모형과 점증주의 모형의 비교]를 참조하시오.

둘째, 조직과정모형이다. 한 국가의 정부는 다시 다양한 하위조직으로 세분화된다(예를 들어 각 부처를 생각하면 된다). 이러한 하위조직들은 각자에게 맞는 표준운영절차(Standard Operating Procedure)에 따라 운영되고 주요한 정책결정은 자신 조직들의 특성에 맞는 표준절차에 따라 이루어진다. 여기서 개별 조직들은 국가목표보다는 자신들이 속한 조직의 목표 및 이를 달성할 수 있는 표준절차를 더 우선시하여 문제해결 노력을 하기 때문에 국가적 또는 동일한 사회문제를 둘러싸고 조직간 갈등이 발생한다.

셋째, 관료정치모형에 따르면 정부를 구성하고 있는 조직과 사람들의 정치적 게임 과정이 정책결정과정이 된다. 즉 정부의 관료 및

:::➡ 표 5   앨리슨의 정책결정 모형

	합리모형	조직과정모형	관료정치모형
정부(구성)에 대한 시각	명령/통제가 일원화되어 있는 단일한 조직	느슨하게 연결된 하위조직들의 연합	독립적인 개개인(관료)들의 집합체
정책과정에 있어 정부행위에 대한 시각	합리적 선택으로서 정부행위	조직의 표준절차에 따른 산출물로서 정부행위	정치적 결과물로서 정부행위
정책결정에 대한 시각	국가목표의 가장 효율적 해결책 산출에 의한 결과	조직목표, 조직표준운영절차에 따른 결과	경쟁/협상에 의한 결과
정책목표에 대한 시각	목표의 공유	개별 조직 내 목표 공유/전체 정부차원에서는 약하다	개별 정치적 행위자들 간 목표 공유가 상당히 약하다
합리성	전통적 합리성	전통적 합리성/제한된 합리성	정치적 합리성/의사소통 합리성

전문가 간 경쟁, 연합형성, 타협, 협상 등의 과정에 따라 정책이 결정되는 것이다. 이러한 정치적 과정에 있어서는 누가 더 정치적 영향력이 큰가가 중요한 요인이 된다.

쿠바 미사일 사태의 경우 전통적인 합리모형(정책 전문가 중심 의견)에 따르면 정밀타격이라는 대안이 선호되나, 조직과정모형에 의거하면 무력봉쇄 또는 쿠바 침공(국방부 등 조직 중심 의견) 대안이 지지를 받는다. 그러나 다양한 주요 정책행위자들 간 경쟁과 협상이라는 의사소통을 강조하는 관료정치모형에 따라 정책결정을 설명하였을 때 비로소 해상봉쇄라는 정책이 선택되는 것을 설명할 수 있었던 것이다.

3. 맥락을 중심으로 : 정책설계

우리는 문제의 원인을 파악하는 데 있어 그 문제를 일으킨 인물을 중심으로 이해하는 방식에 익숙하다.

앞서 우리는 문제를 총체적으로 파악하는데 있어 인물의 특성뿐만 아니라 인물을 둘러싼 맥락의 고려 역시 중요하다고 이야기했었다. 정책은 문제를 풀어가는 과정이라고 볼 수 있는데, 여기서 특정인이 정말 나쁜 사람이기 때문에, 그 사람 때문에 문제가 발생한 것이라고 한정하여 문제를 해결하려 하면 정책문제 정의에 있어 제3종 오류가 발생할 수 있다는 점 역시 이야기하였다.

한나 아렌트(Hannah Arendt)의 〈예루살렘의 아이히만〉은 문제파악에 있어 인물중심보다 맥락이 더 중요하다는 것을 잘 보여주고 있다. 즉 문제를 일으킨 특정 인물이 태어나면서부터 악마적인 특성을 가졌다기보다, 그는 다른 보통 사람과 마찬가지로 지극히 평범할 뿐이다. 오히려 문제를 일으킨 주요 원인은 그 평범한 사람을 둘러싸고 있는 맥락 때문이라는 것이다.

이러한 점을 고려하였을 때, 앞 장에서 논의한 정책을 이해하는 틀(행위자의 행동 특성에만 초점을 맞춘 정책과정 설명 노력)에만 국한하여 정책과정을 논의한다면, 자칫 편향된 정책과정 설명에 빠질 수 있다는 점을 상기하여야 한다. 정책과정에 대해 최대한 총체적으로 이해하기 위해서는 앞서 제시되었던 인물 중심의 정책모형뿐만 아니라 맥락을 고려하는 정책모형 역시 동시에 고려되어야 한다.

본 장에서는 정책을 둘러싼 맥락을 고려하는 정책모형에 대하여 논의한다. 구체적으로 논의하기 앞서서 먼저 현대사회 정책을 둘러싼 큰 영향 요인 중 하나인 변화를 정책이 어떤 방식으로 받아들이고 있는지에 대하여 살펴보고자 한다. 이어 사회의 다양성이라는 맥락을 고려하는 정책설계(Policy design)에 대하여 논의한다.

정책변화

정책문제 해결과정은 끝없는 시행착오 과정이라고 볼 수 있다(그림 20 참조).

그러나 정책과정을 이렇게 끝없는 이야기로 풀어나간다면, 정책 자체에 대한 회의, 즉 '왜 해결할 수도 없는 문제를 해결하려고 하는가?'

그림 20　정책문제 해결과정

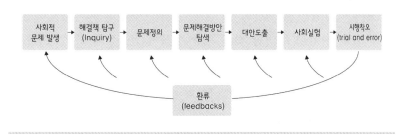

라는 회의론에 빠지기 쉽다. 정책의 목표는 지금 당장 하나의 해결책으로 모든 사회문제를 일순간에 해결하려는 노력이 아니다. 오히려 정책이 추구하는 본질은 문제의 근본적인 해결이라기보다 현재의 상태보다 조금이라도 더 나은 상태로 한 발자국씩 진보하려는 노력이다.

이러한 진보를 위하여 정책은 사회에 바람직한 변화를 불러오는 기제이면서 동시에 정책을 둘러싼 '변화'에 적절히 대응하여야 하는 이중적 모습을 가진다. 따라서 정책을 맥락적으로 이해하면(즉 정책을 둘러싼 환경과 정책과의 상호작용 및 역동성) 정책변화는 당연히 나타날 수밖에 없는 현상이다.

이러한 정책변화는 미시적 수준에서 단일 정책 내에서의 정책변화, 중범위 수준에서 정책과 정책 간 연속적으로 연결되는 정책변화, 그리고 거시적 수준에서 패러다임 변화에 따른 정책변화로 구분하여 설명될 수 있다.

첫째, 단일 정책과정 내에서의 정책변화이다. 특정 사회문제에 대한 해결노력인 단일 정책 내에서의 정책변화는 시간의 흐름에 따른 정책과정의 변화를 의미한다. 이는 앞서 살펴본 바와 같은 정책과정 모형으로 설명될 수 있다.

여기서 하나 더 첨언할 것은 특정 정책이 진공상태 또는 실험실에서처럼 이와 연관되거나, 이를 둘러싼 다른 정책과 상호 배타적으로 완전히 독립적인 관계로 이루어지지 않는다는 점이다.

즉 특정 정책은 항상 다른 정책영역과 상호 영향을 주고받는 관계를 가지기 때문에(정책의 속성상 둘 이상의 정책이 상호연관되는 경우,[25] 정책을 결정/집행하는 정부보유 자원의 희소성에 따라 정책우선순위 결정에 있어, 정책을 둘러싼 정치적 환경에 따라 등등) 특정 정책은 다른 정책들과의 조율 속에서 변화가 일어날 수밖에 없다.

둘째, 정책의 연속성으로서 정책변화(정책 간 변화)이다.

먼저, 전-후 관계를 가지는 정책들의 연속성의 측면에서 정책변화는 다음과 같은 두 가지 정책변화 모형으로 설명될 수 있다. 이는 정책변화의 모습을 정규분포에 따라 설명하려는 노력으로서 점증주의 모형과, 정규분포의 수정(정규분포에 있어 양극단에 위치하는 예외적 정책에 대한 설명)으로서 단속평형이론(punctuated equilibrium)에 따르는 정책변화를 들 수 있다.

먼저, 점증주의의 시각에서의 정책변화를 살펴보면 다음과 같다. 정책의 본래적 목적 중 하나가 사회의 변화(바람직한 방향으로)를 가져오는 것이다. 이러한 측면에서 정책은 정부가 사회문제를 해결하기 위하여 개입하는 일종의 사회적 실험으로 보여질 수 있다.

---

25) 예를 들어 국토개발정책으로서 터널 또는 댐을 건설하는 경우, 경제성(정책)의 측면에서 경제정책(기획재정부), 국토개발건설의 측면에서 개발정책(국토교통부), 그리고 환경영향의 측면에서 환경정책(환경부) 등이 동시에 연관된다. 이에 따라 이들 간 상호관계가 동시에 고려될 수밖에 없다.

사회적 실험이라는 의미는 결정된, 그리고 결정에 따라 집행되는 정책이 반드시 원래 원했던 결과를 도출하지는 못한다는 점이다. 따라서 특정 정책의 실시 후, 정책과정 및 정책결과에서 나타난 사항을 바탕으로 정책에 대한 학습을 하고, 이러한 학습사항을 반영하여, 그 문제를 더 잘 해결할 수 있도록 정책이 수정(변화)되어 나타난다.

이러한 측면에서 정책의 변화를 설명하는 것이 바로 점증주의로서 정책변화이다. 대부분의 모든 정책들은 이렇게 점진적으로 조그마한 수정을 지속적으로 하면서 이루어지기 때문에 선행 정책과 바로 그 다음의 후행정책 간 변화의 폭이 점진적(크지 않다!)이라는 것이다.

반면, 모든 정책이 이렇게 점진적인 수정만을 하는 정도로 진행되지는 않는다. 즉 소수이기는 하지만 전의 정책과 비교하여 변화의 폭이 상당히 큰 정책들 역시 존재한다.

이러한 소수의 큰 폭의 정책변화를 설명하기 위하여 도입된 것이 (점증주의식 정책변화 설명의 보완 발전으로서) 바로 단속평형이론(punctuated equilibrium)이라는 정책변화 모형이다. 이는 주로 정책실험의 정도가 전의 정책과 비교하여 상당히 큰 차이로 이루어지는 경우에 초점을 맞춘 것으로 점증주의에서 제시하는 정책변화의 표준 정규분포로서 변화 양상에 대하여, 정규분포의 양극단에 대한 수정을 가한 정책모형이다.

단속평형이론에 기초하여 정책의 변화를 이해하면, 정책변화는 대부분 점진적인 변화를 가지지만, 환경의 급작스런 변화(예: 전쟁)가 일어나면 이에 대응하기 위해서 갑작스런 정책변화 역시 일어난다는 것이다.

단속평형이론(punctuated equilibrium theory)

단속평형이론은 원래 진화에 있어 잃어버린 고리(missing link)를 찾기 위한 노력으로 나온 이론으로, 점증적인 변화로 주장되는 다윈의 진화론이 설명 못하는 갑작스런 종의 분화*를 설명하기 위해 나타났다.

생물의 진화는 소진화와 대진화로 나누어 볼 수 있다. 소진화는 다윈 (Charles Darwin)이 주장한 바대로 오랜 시간에 걸쳐 환경의 변화에 적응하면서 매우 점진적으로 조금씩 변화해 나가는 진화를 의미하는 반면, 대진화는 상대적으로 매우 짧은 시간에 급작스런 진화가 이루어지는 것이다.

소진화는 같은 종 내에서 형태의 진화 등으로 설명되며, 대진화는 짧은 기간에 하나의 종이 다른 종으로 분화가 이루어지는 갑작스런 진화를 의미한다. 한 종의 생명이 약 500만년이라고 할 때, 대부분의 시간(약 99%의 시간인 495만년)에는 종 내에서의 환경에 적응으로서 점진적 변화만이 이루어지다가, 마지막 1% 시간인 5만년에 갑작스런 종의 분화가 발생한다는 것이다.

다윈은 소진화로서 자연선택설을 주장한 학자로 유명하다. 그는 갈라파고스 섬에 가서 13종의 핀치새가 부리만 조금씩 다르다는 점을 발견하였고, 이렇게 부리가 다른 이유는 이들이 먹는 먹이의 차이(환경에서 오는 것)때문이라고 설명하였다.

다음의 그림에 나타나듯이 거주환경 및 먹이(씨앗, 곤충, 선인장, 과일 등)에 따라 부리 모양이 여러 종류로 진화하였다는 것이다. 그러나 이러한 점진적인 진화는 같은 종 내에서는 상당히 설명력이 크지만, 갑자기 다른 종으로의 진화를 설명하는 데는 한계가 있다.

단속평형이론은 갑작스런 환경의 변화(운석충돌, 최근에는 지구온난화)

---

* 캄브리아기 종의 대폭발, 지구 생명체는 거의 단세포 생물로만 30억년을 지속하다가 대빙하기가 끝나는 캄브리아기에 갑자기 다양한 고등 생물체로 진화하였다는 것임.

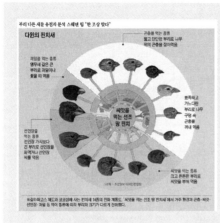

부리 다른 새들 유전자 분석 스웨덴 팀 "한 조상 밝다"

다윈의 핀치새

곤충을 먹는 종류
물고 단단한 부리로 나무
위의 곤충을 잡아먹음

과일을 먹는 종류
앵무새 같은 큰
부리로 과일이나
꽃을 따 먹음

씨앗을
먹는 선조
땅 핀치

뾰족하고
가느다란
부리로 나무
구멍 속
곤충을
꺼내 먹음

선인장을
먹는 종류
선인장 가시보다
긴 부리로 선인장을
꽂거나 선인장
씨를 먹음

씨앗을 먹는 종류
크고 튼튼한 부리로
씨앗을 부셔 먹음

※갈라파고스 제도와 코코섬에 사는 핀치새 14종의 진화 계통도. '씨앗을 먹는 선조 땅 핀치새'에서 거주 환경과 곤충·씨앗·선인장·과일 등 먹이 종류에 따라 부리의 크기가 다르게 진화했다.

자료: 조선일보 http://biz.chosun.com/site/
data/html_dir/2015/02/12/2015021200321.
html?Dep0=twitter

에 적응하기 위해, 이러한 변화에 대응하여 생물이 갑작스럽게 형태 변이 또는 종의 분화를 하는 진화를 한다는 것을 설명하는 이론이다.

정책의 변화 역시 대부분은 점진적인 변화만 나타나지만, 때때로 갑작스런 대변화가 나타나는 예외적인 경우가 있는데, 이러한 예외적인 정책변화를 설명하기 위해 정책이론에 도입된 것이다.

미국을 포함 다수의 서구 선진국의 100여 년이 넘는 시간에 걸친 연간 예산변화 비율 분포를 분석해 보면, 정부예산의 변화는 정규분포를 따른다기보다 오히려 급첨적[26] 분포를 따른다고 한다. 즉 다음의 그림에 나타나듯이 정규분포보다 극단치가 더 많지만, 대부분의 경우에는 평균(0%)에서 멀리 떨어지지 않은 분포가 바로 단속평형이론에서 말하는 분포이다.

이는 앞서 점증주의에서 말하는 일반적인 정규분포보다 극단치(급작스런 변화)로서 정책변화가 무시할 수 없을 정도로 상당하다는 것을

---

26) 급첨적(leptokurtic) 분포는 정규분포와 비교하여 양측 꼬리에 극단치가 상당히 많이 존재하는 두꺼운 꼬리(fat tail)를 가지며, 동시에 정규분포보다 평균을 중심으로 더 많은 사례가 분표하기 때문에 분포의 꼭대기가 더 뾰족해지는 분포이다.

그림 21 급첨(leptokurtosis) 분포

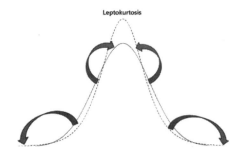

자료: https://blog.minitab.com/blog/statistics−and−quality−data−analysis/why−
kurtosis−is−like−liposuction−and−why−it−matters

의미한다. 즉 전쟁, 대공황 등으로 대표되는 대규모의 환경변화가
있을 때, 이에 대응하는 대규모 정책변화가 상대적으로 정규분포에
서보다는 더 많다는 것이다.

셋째, 패러다임 전환(paradigm shift)으로서 정책변화이다. 이는 비선형
적 또는 복잡계에서 논의되는 상변이(phase transition, 또는 발현) 같은 변화로
나타나며, 모든 정책을 아우르는 정책 패러다임 변화, 즉 패러다임
전환으로서 정책변화이다.

먼저 패러다임이란 무엇인가를 이해할 필요가 있다. 패러다임이
란 한 시대를 지배하는 시대정신쯤으로 보면 쉽게 이해할 수 있다.
예를 들면 조선시대를 지배한 패러다임은 유교주의라고 할 수 있고,
현재 우리의 삶을 지배하는 패러다임은 민주주의(혹자는 자본주의)라고도
볼 수 있다.

패러다임 전환은 토마스 쿤(Thomas Khun)이 〈과학혁명의 구조〉에서 주장한 것이다.

패러다임 전환

한 시대를 지배하는 패러다임은 상당히 오랜 시간 동안 변화없이 균형상태로 지속된다. 그러나 시간이 흘러감에 따라 환경이 변화하면서 이 패러다임의 오류가 나타나기 시작한다. 변화에 대한 기존 패러다임의 설명력(치유력, 해결능력)이 낮아지게 되면서 기존 패러다임과 상이한 이론이 새로운 변화에 의한 오류에 대한 해결책을 제시하기 시작한다. 이러한 새로운 이론의 설명력이 점차 사회에서 인정을 받게 되고, 새로운 이론의 영향력이 어느 순간 상변이 현상처럼 기존의 패러다임을 대체하는 새로운 패러다임이 되는 것이다.

앞서 정책을 둘러싼 환경으로서 복잡성에서 논의한 바와 같이 패러다임 전환으로서 정책변화는 비선형적인 상변이 현상으로 나타나는 정책변화이다. 이러한 시각에 따르면 대부분의 시기에 있어서는 정책변화가 거의 없다가(점진적, 안정적) 기존 상태에 대한 문제의 발견에 따라 문제에 대한 새로운 해결책이 점점 큰 지지를 얻게 되면서, 어느 한 순간 갑자기 새로운 문제해결책으로 정책변화가 일어난다는 것이다.

이러한 정책변화는 특정 분야의 정책변화를 의미하는 것이 아니라 거시적인 측면에서 모든 정책(사회, 문화, 경제, 정치 등등)에 걸쳐 큰 영향을 미치는 정책적 패러다임의 변화를 의미한다.

정부 정책의 측면에서 패러다임 변화가 가장 크게 나타났던 것은 케인즈(John Maynard Keynes)의 거시경제학에 기초한 정부가 주도하는 사회문화경제 정책(영국 등 서구 선진국에서는 복지국가의 확대로 나타났다)의 오류가 나타나면서 신자유주의적 질서가 이를 대체한 정책 패러다임의 변화를 들 수 있다.

요약하면, 정책은 인간과 사회 사이에서 사회변화를 가져올 수 있는 매개체 역할을 하며, 이러한 의미에 있어 정책변화가 사회변화를 가져온다. 즉 정책의 변화가 있어야 이러한 변화된 정책을 통하여 사회의 변화를 추구할 수 있다.

여기서 정책변화는 '시민'들이 원하는(상호이해를 바탕으로 합의된 정책수요) 방향으로 이루어져야 한다. 시민들이 사회현상에 있어 무엇인가 잘못되어 있다고 느낀다면, 사람들은 이를 더 나은 방향으로 수정하려 노력하는데 이러한 노력 자체가 다른 사람들 또는 사회와의 끊임없는 의사소통을 통해 이루어진다.

이러한 의미에서 사회변화를 위한 정책변화가 바람직한 방향으로 이루어지기 위해서는 공론장에서 정책행위자 간 합리적인 의사소통을 통한 탐구(inquiry)가 있어야 된다. 인간이 환경의 변화에 대응하는 방식이 바로 끊임없는 상호의사소통 및 학습을 통하여 자신의 현상태(문제에 대한 오류 탐색)를 더 나은 상태(오류해결)로 발전시키는 것이기 때문이다.

정책설계

건물을 완성하기 위한 기본계획이 설계도라고 한다면 정책이야기를 완성하기 위한 기본계획은 정책설계(policy design)라고 할 수 있다.

건물을 만드는 설계의 궁극적 목적은 그 건물에서 생활하는 '인간'의 행복을 높여주기 위함이다. 이와 마찬가지로 정책설계 역시 정책이라는 인공물(the artificial)을 매개로 하여 살아가는 '인간'의 행복을 높여주는 것이 궁극적 목적이며, 이러한 궁극적 목적은 민주주의의 발전으로 구체화될 수 있다.

건물설계와 정책설계의 공통점

건물을 설계할 때, 설계자는 건축물의 설계에 영향을 주는 다양하고 특징적인 환경(맥락)에 따라 맞춤형으로 설계를 하게 된다. 무엇보다도 건축주의 사용 목적에 맞는 설계가 되어야 될 것이며, 여기에 더하여 건물 설계에 영향을 주는 물리적 환경인 땅의 크기/모양, 옆 건물과의 관계, 그리고 행정적 맥락인 건축 관련 법/규제 등이 복합적으로 영향을 미치게 되는데, 이러한 복잡하고 다양한 맥락을 반영하여 최대한 건축주가 만족하는 수준으로 건물 설계가 진행된다. 이러한 건물의 설계는 단 한 번에 이루어지는 경우는 거의 없으며, 앞서 언급한 다양한 환경/맥락 그리고 설계자와 건축주의 선호/가치 등이 복합적으로 반영되면서 수차례에 걸친 수정 설계가 진행되게 된다.

이러한 건물의 설계과정은 바로 정책의 설계과정을 이해하는 첩경이 된다. 앞서 언급하였듯이, 모든 건물의 설계는 그 건물의 목적(정책문제)을 달성하기 위하여 그 건물이 처한 복잡한 맥락에 따라 지속적으로 수정(학습)되며, 최종적으로는 건축주(국민)가 원하는 최적 건축설계가 이루어지기보다 설계자(정부)와 건축주 간 합의에 근거한 맥락 안에서 최대한 만족할만한 수준의 최종설계(정책결정, 또는 해결수단 선택)가 이루어지는 것이다. 설계가 이루어지는 과정에서 건물의 설계에 적용되는 보편적인 공학법칙에 의해 만들어진다기보다 건물이 처한 복잡한 맥락에 적응하면서 설계도는 만들어지며, 이렇게 완성된 설계도는 다른 모든 건물에 적용될 수 있는 보편적 설계도가 아니다. 정책설계 역시 건물의 설계와 마찬가지로 특정 정책문제의 특이한 맥락/상황에 가장 적절한, 또는 적합한 해결방법을 지속적인 시행착오(trial and error)의 과정을 통해 발전시켜나가는 과정인 것이다.

건물을 만들 때 아무 계획 없이 마구, 되는대로 만들면, 그 건물의 용도도, 목적도 사라진다. 건물을 만들 때 목적에 걸맞은 설계도면이 필요하듯이, 정책을 만들 때도 목적(특정 사회문제 해결)에 맞는 설계가 필요하다. 여기서 정책설계는 다양한 방식으로 이루어질 수 있다. 앞서 '합리성'에서 제시된 여러 정책분석 모형 역시 다양한 정책설계 방법(또는 도구) 중 하나이다.

건물 건설의 목표는 이를 통한 이윤창출, 또는 건물 건설을 통한 주거 공간 마련 등 다양한 것이 될 수 있고, 이러한 목표에 따라 건물의 설계 방향이 정해진다. 그러나 건물의 설계가 단순히 건물주 한 사람만의 온전한 선호만으로 이루어질 수 없다.

우선 공식적으로 토지의 용도가 정해져 있고, 이러한 토지 용도에 따라 건폐율, 용적률 등의 제한이 주어진다. 이러한 법적인 제한 이외, 건설하려는 땅 주변에 이미 거주하는 주민들과의 문제, 건물을 실제 시공하는 사업자와의 문제, 만약 건물을 짓는데 드는 비용 중 일부를 은행에서 빌리는 경우 은행과의 문제 등 셀 수 없는 문제가 도사리고 있다. 정책의 경우 이보다 훨씬 더 복잡하다.

정책학자인 드라이젝(John Dryzek)에 따르면, 정책설계란 사회적 문제라고 여겨지는 현상을 해결하거나 완화할 수 있도록 일련의 문제해결 노력 방법(행위)을 개발하고 정제하는 과정이라고 할 수 있다. 구체적으로 정책설계란 정책의 전 과정에 있어 당면한 정책문제를 가장 효과적(효율적)으로 해결할 수 있는 정책과정을 설계하는 것이라고 볼 수 있다. 이를 살펴보면 다음과 같다.

① 다양한 이해관계를 반영할 수 있는 공론장에서 정책목표를 합의할 수 있는 방식에 대한 설계(목표합의설계)

② 결정된 정책목표를 가장 잘 달성할 수 있는 수단에 대한 합의를 할 수 있는 방식에 대한 설계(수단선택설계)

③ 합의된 수단이 적절하게 이용될 수 있도록 자원 동원 및 환경에 유연히 적응할 수 있는 집행설계

④ 원래 합의된 정책문제의 해결이 되었는지에 대한 평가 및 학습에 대한 설계

⑤ 동시에 이 네 가지 과정을 모두 포괄하는 정책과정 전반의 설계

여기서 정책목표 결정 및 정책수단 선택과 관련된 설계는 정책문제의 성격 및 정책을 둘러싼 환경의 특성에 따라 합리적 정책수단부

터 의사소통적 정책수단까지 다양한 설계 수단이 선택될 수 있다. 그러나 모든 정책설계가 담아야 할 내용으로, 정책의 민주화에 기여하는 정책지식 산출 및 산출된 민주적 정책지식에 근거한 정책방향 제시를 들 수 있다.

이하에서는 다양한 정책설계 방식 중 민주적 정책설계에 적합한 (즉 정책행위자의 다양성에 기초한 정책설계) 두 가지 정책설계 모형으로 사회구성주의 모형과 정책 프레임 접근을 소개한다.

사회구성주의

사회구성주의(social constructivism)에 대하여 구체적으로 이야기하기 앞서 질문을 하나 해보자. 여러분들은 사회, 문화, 역사적 맥락이 거세된 '중립적이며 일반적'인 지식이나 정보가 존재할 수 있다고 생각하는가? 만약 그러한 지식이 존재한다면, 이러한 지식이 특정 사회의 발전, 더 정확하게는 그 사회 구성원의 인간적 삶의 향상 및 진보에 도움이 된다고 생각하는가?

다른 방식으로 질문하여 보자. 여러분이 살아가면서 올바르다고 또는 잘못되었다고 생각하는 것이 소위 객관적 '사실'에 근거한 것인가? 아니면 주관적 '가치'에 근거한 것인가?

20세기 전반에 걸쳐 과학 발전이 급속히 이루어지면서, 서구사회에서는 사실과 가치를 대립되는 관계로 이해하는 경향이 짙었다. 사실과 가치를 객관성과 주관성이라는 단어로 치환하여 과학은 지고지순하고 절대적으로 객관적인(시공을 초월한) 사실 추구를 목적으로 하며, 그러한 과학의 범주에서 벗어나는 것은 주관적 가치의 영역으로 나누는 이분법적 사고가 강화되어 왔었다.

그러나 과학의 입장에서도 양자역학 등 과학지식의 발전에 따라 절대적 사실(진리)이 없다는 논의가 점차 커지고 있다. 이와 동시에 인문 사회과학에 있어서도 이에 동조하는 목소리가 높아지고 있다. 이는 후기실증주의(post-positivism)의 입장에서 가장 잘 드러난다. 이에 따르면 사회적 현상에 있어서도 언제 어디에서나 누구에게나 적용될 수 있는 보편타당한 도덕(사회적 진리/가치)은 존재하지 않는다는 절대적 진리에 대한 부정이 힘을 얻고 있다.

이러한 경향에 의거하여 정책을 논의한다면, 절대적 진리에 기반하여 미래 예측(정책결정)을 시도하는 실증주의적 접근보다는 어느 정도 보편타당한(절대적인 보편타당성이 아닌) 지식과 이를 둘러싼 가치들과의 상호작용에 따라 산출되는 정책지식에 기반하여 정책을 형성·결정하는 것이 더 바람직하다.

즉 정책을 둘러싼 맥락을 고려하여야만 사회적으로 가장 바람직해 보이는 방향으로 정책이 나갈 수 있는 것이다. 이러한 측면을 강조하는 정책을 이해하는 틀로 사회구성주의를 들 수 있다.

사회구성주의는 정책과정을 절대적 사실에 기반하여 설명하는 것이 아니라 그 정책이 처해있는 사회적 맥락에 따라 구성원들이 형성한 사회적 실재(social reality)에 따라 설명하려 노력하는 접근이다. 사회적 실재는 사회구성원에 의해 형성되기도 하지만, 일단 형성된 사회적 실재는 다시 사회구성원들의 사고 및 행동에 영향을 미친다.

중요한 점은 사회적 실재로서 정책문제에 대한 이해는 정책이해 관계자들이 가지고 있는 가치관의 다름, 그리고 이에 따른 정보 해석의 차이에 따라 다른 의미로 파악된다는 것이다.

이러한 의미에서 보면 우리가 옳다고 믿고 있는 사실(대부분이 특정 가치관에 따른 해석)은 거의 모두 사회적으로 구성된 지식(socially constructed knowledge)이다. 이는 현대 뇌과학의 발전에 따라, 인간의 뇌가 환경을 인식하는 방식이 어떠한가에 대한 내용이 알려지면서 더 명확해지고 있다.

컴퓨터나 복사기와 같은 기계는 있는 그대로 모든 정보를 반영하여 세상을 인식하는 반면, 인간의 뇌는 세상을 있는 그대로 인식한다기보다는 전체 정보 중 일부를 중심으로 다른 부분, 즉 주변부는 모호하게 인식한다. 이는 인간의 정보처리 능력이 한정되어 있기 때문이다.

인간은 자신에게 들어오는 모든 정보를 완벽하게(모든 정보를 하나도 빠짐없이 완벽하게) 처리하지 못한다. 다른 말로 하면 인간의 뇌는 여러 정보들을 기계나 복사기처럼 1:1로 그대로 인식·저장하기보다, 유사한 의미를 가지는 정보들로 범주화하여 정보처리를 하게 된다. 이러한 유사성을 바탕으로 특정한 패턴을 구성하여 인식하기 때문에 인간의 인식은 모호하게 된다.

다시 말하자면 정보처리과정에서 인간(의 뇌)은 자신에게 들어온 정보를 있는 그대로 인식하기보다, 자신의 과거 경험이나 학습을 통해 저장되어 있는 기억에 바탕을 둔 자신만의 선호에 의해 새롭게 유입된 정보를 보정하게 된다.

모호한 기억 패턴

인간은 자신에게 들어오는 정보를 모호하게 처리한다. 즉 인간은 모든 정보를 일일이 개별적으로 저장, 처리하기보다 특정 범주 내지 패턴으로 처리한다.

이러한 정보처리방식은 과거 자신이 경험하였던 정보를 바탕으로 새로운 정보를 보정하는 과정을 거친다. 이러한 이유로 인하여 인간의 정보처리는 인간 외부에 존재하는 정보를 있는 그대로 처리하는 것이 불가능하며, 자신의 경험(가치관)에 따라 그 의미를 자신에게 맞게(자신을 둘러싸고 있는 사회환경이 자신에게 사회적으로 학습시켜준 대로) 인식하게 되는 것이다.

예를 들어 아래의 그림을 보자. 왼쪽에 있는 약간 삐뚤어진 삼각형을 보여준 후, 며칠 후에 여러분에게 며칠 전에 본 삼각형을 재현하여 보라고 한다면, 대부분 오른쪽에 있는 삼각형처럼 똑바른 삼각형을 그릴 것이다. 이는 삐뚤어진 삼각형이라는 정보를 받아들인 우리의 뇌가 이를 똑바른 삼각형으로 보정시켜 기억하게 하였기 때문이다.

또 다른 예로 여러 가지 유사한 단어들을 주고, 거기에 없지만, 제시되었던 유사한 단어들을 범주화하여 주는 단어를 제시하면, 그 단어를 보았다고 기억하곤 한다. 예를 들어 '크림빵, 짜장면, 탕수육, 냉면, 김치찌개, 불고기'라는 단어를 보여준 후, 일정 시간 지나고 '음식'이라는 단어를 제시하면, 이를 보았다고 기억하는 경우이다.

출처: 이케가야 유지 <교양으로 읽는 뇌과학>.

인간의 사회적 인식능력은 단지 언어·인지적 사고에만 국한되지 않는다. 이는 인간의 가장 기본적인 감각인 미각·후각의 예로

➡ 그림 22 청국장, 두리안, 쉬시트뢰밍, 취두부

도 설명될 수 있다.

한국인들은 김치, 청국장 등을 즐겨 먹고, 삭힌 홍어를 즐기는 사람들도 상당하다. 이와 비슷하게 동남아시아인들은 두리안이라는 과일을 즐겨 먹고, 북구 유럽 사람들은 청어를 삭힌 쉬시트뢰밍(Surströmming)을, 중국인들은 취두부를 즐겨 먹는다. 이러한 음식들의 공통점은 냄새가 매우 고약하다는 것이다.

그러나 한국 사람에게 김치, 청국장은 오히려 식욕을 돋우는 냄

새, 맛을 가지며, 이와 마찬가지로 동남아시아인에게 두리안 냄새는 맛있는 과일 냄새로, 스웨덴 사람에게 쉬시트뢰밍은 맛있는 냄새 및 맛으로, 중국인에게 취두부는 식욕을 돋우는 음식 맛으로 인식된다.

이러한 현상은 후천적 학습에 의해 특정 냄새, 맛을 맛있다고 학습하였기 때문에 나타나는 것이다. 즉 특정 사회에서 이루어진 특정 식품에 대한 사회적 학습에 의해 바람직하다고 인식된 것으로, 이는 그 특정 사회에서만 통용된다.

이렇게 사회적 맥락에 기반하여 특정 사회현상을 인식하고 해석하는 것이 우리가 지금 알고 있는 사실이라고 주장하는 접근이 바로 사회구성주의의 입장이다. 우리가 앞서 논의하였듯이, 절대적 사실은 존재하지 않고 우리가 알고, 사용하는 지식·정보는 거의 모두가 특정 사회의 특성에 따라 확률적 개연성이 높다고 인식되는 해석인 것이다.

이를 정책의 영역에 적용한 정책모형으로서 슈나이더와 잉그램(Anne L. Schneider and Helen Ingram)이라는 학자들이 제시한 사회구성주의 접근에 따른 정책설계를 들 수 있다. 사회구성주의에 따른 정책설계는 이미 형성된 사회적 구성이 정책에 영향을 주는 경우와 정책이 이미 형성된(대개 부정적으로 왜곡되어) 사회적 구성의 변화를 도모하는 방식 등 두 가지 형태로 나타난다.

이 중 후자의 경우에 초점을 맞추어 살펴보자. 사회구성주의 정책설계에서 주요 대상이 되는 사회적 구성물은 대개 정책의 대상집단이다. 여기서 사회구성주의 정책설계는 사회문제를 대표하는 대상

정책개입에 의한 사회적 구성의 변화 : 이주노동자와 결혼이주자

소수자에 대한 사회적 구성을 변화시키기 위한 정책설계의 예로서 한국의 이주자에 대한 사회적 구성의 변화를 살펴보자.

우리나라에서 가장 많은 숫자를 차지하는 이주민으로서 이주노동자와 결혼이주자를 꼽을 수 있다. 이 두 집단 모두 초기에는 주로 '불법'이라는 이름으로 불리며 일탈집단으로 인식되는 경향이 컸었다.

정부는 결혼이주자에 대하여는 주로 포용정책을 많이 적용한 반면, 이주노동자들에 대하여는 별다른 정책을 내놓지 않았다. 이러한 정책개입의 결과, 결혼이주자는 일탈집단에서 긍정적 이미지를 가지는 의존적 집단으로 한국사회의 인식이 변화한 반면, 이주노동자들에 대한 한국사회의 시선은 여전히 불법이라는 부정적 이미지로 고착되고 있음을 알 수 있다(아래 그림 참조).

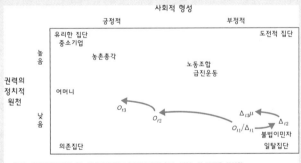

* Δ는 외국인근로자를 O는 결혼이주자를 나타내며 아래 첨자 숫자는 각 단계를 의미함.

자료: 한승준·박치성(2011: 77).

이것이 의미하는 바는 정부가 사회적 약자들에게 잘못 덧씌워진 왜곡된 이미지를 긍정적으로 바꾸려는 방향으로 정책을 설계한다면, 그 효과가 상당히 높을 수 있다는 것이다.

집단이 어떻게 사회적으로 인식되어(왜곡되어) 왔는지를 맥락적으로 파악함으로써 문제해결책을 찾을 수 있다는 것을 강조한다.

사회문제로 인식되는 정책대상은 실제로는 부정적으로 인식되면 안 되는데도 불구하고 사회적으로 부정적으로 인식되면서, 자신들의 힘으로 자신들의 부정적 인식을 극복할 수 없는 집단인 경우가 많다.

특정 정책 대상집단에 대한 사회적 인식(구성)은 시간의 흐름(상당히 오랜 흐름)에 걸쳐 한쪽 방향으로 쌓이게 된다. 이는 경로의존성(path dependency)이라고 불리는데, 경로의존성의 부정적인 측면으로 한번 특정 경로가 특정 대상에 대한 이미지로 정해지면, 그 이미지에 부합되는 정보가 지속적으로 축적되게 된다는 점을 들 수 있다. 이렇게 축적된 특정집단에 대한 사회적 인식이 잘못되었음에도 불구하고, 이를 당연히 받아들이게 되는 경우가 발생할 수 있다.

대부분의 소수자, 특히 유색인종 외국인에 대한 차별적 인식이 대표적 예이다. 이렇게 왜곡된 인식에 대하여 정부가 정책 차원에서 개입하여, 사회적으로 왜곡된 인식을 바로잡음으로써 문제를 해결하려는 노력이 바로 사회구성주의를 통한 민주적 사회를 만들기 위한 정책설계가 되는 것이다.

정책 프레임

여기서는 특정 정책 대상 또는 특정 정책 현상에 대한 사회적 구성을 최근 일반적으로 많이 사용되는 용어인 정책 프레임(policy frame)의 측면에서 살펴보고자 한다.

• 프레임

프레임(frame)은 액자와 같이 뼈대를 이루는 틀을 의미한다. 액자의 틀은 틀을 경계로 하여 그 안에 있는 그림이나 사진만에 집중하여 볼 수 있게 만들어준다. 이와 마찬가지로 우리는 세상을 바라볼 때 모든 것을 전부 인식하기보다 일정한 틀에 따라(대개 자신의 과거 경험, 선호, 가치 등) 세상을 인식한다. 이는 사진사가 사진을 찍을 때 자신이 찍고자 하는 부분에 초점을 맞추어 사진의 프레임을 구성하는 것과 마찬가지이다. 이런 의미에서 프레임은 우리가 세상을 바라보는 틀이라고 할 수 있다.

우리는 프레임을 통하여 세상을 바라보고 의미를 발견함으로써 우리를 둘러싼 세상을 이해하려고 노력한다. 정책 프레임은 정책행위자들이 정책문제로 발전될 수 있는 사회적 실재(social reality)를 어떻게 이해·해석·반영하는가에 관한 틀이다.

세상을 바라보는 방식으로서 프레임을 또 다른 방식으로 표현하면 렌즈라고도 볼 수 있다. 검은 렌즈 안경을 통해 세상을 보면 세상이 모두 어둡게 보이는 반면, 빨간색 렌즈를 통해 세상을 보면 세상이 모두 붉게 보인다. 이렇듯 프레임이나 렌즈는 모두 우리와 실제 현실 사이 중간에서 매개체로 역할을 하며, 우리가 어떤 프레임 또는 어떤 렌즈를 끼고 세상을 바라보는가에 따라 세상에 대한 이해 및 인식이 달라지게 만들어 준다.

프레임 접근에 따르면 정책(문제)은 사회적 구성(social construct)이다. 왜냐하면 정책행위자들은 자신들의 고유한 가치체계 또는 세상을 바라보는 시각을 가지고 있고 이러한 자신만의 가치체계라는 렌즈(프레임)를 투과한 사회문제는 사람마다 다르게 해석될 수밖에 없기 때문이다. 그러나 재미있는 현상은, 특정 사회문제에 대한 프레임이 타인과의 관계와 관계없이 독립적으로(다른 사람들과의 의사소통 없이) 만들어지지 않는다는 것이다. 일반적으로 정책행위자는 자신만의 정책 프레임을 형성하기보다는 자신의 선호에 가장 잘 부합하는 타인이 이미 만들어 놓은 프레임을 자신의 정책 프레임으로 채택하고 이를 통하여 당면 정책문제를 해석한다.

이러한 측면에서 정책과정에 있어 프레임은 일련의 정책행위자들이 특정 정책문제를 자신들에게 유리하게 인식되도록 만드는 설계도구라고 볼 수 있다. 정책행위자들은 특정 문제에 대하여 인위적으로 프레임 설계(또는 설계 변화)를 함으로써 다른 정책행위자들로 하여금 자신들에게 유리한 방식으로 정책을 이해하도록 유도한다. 이러한 프레임의 영향력이 커지게 되면 종국적으로는 사회변화의 방향에까지 영향을 끼칠 수 있는 것이다.

사람들이 특정한 프레임에 갇히게 되는 경우 그 프레임 밖에 있는 것을 볼 수 없게 되거나 또는 프레임을 통하여 들어오는 내용에만 갇혀 세상을 이해하게 된다. 따라서 어떻게 정책 프레임을 형성하는가에 따라 민주주의의 발전이 올 수도 있고, 반대의 방향으로 갈수도 있다. 다양한 시각(프레임)을 인정하고, 이를 상호 의사소통을 통하여 상호 이해로 발전시키려는 노력은 민주주의의 발전을 가져올 것이지만, 자신만의 프레임에 갇혀 다른 프레임을 배척하려 하는 경우에는 민주주의의 퇴보를 가져올 수 있다.

후자와 관련된 것으로서 프레임은 복잡한 세상을 특정 프레임에만 국한시켜 단순화시킴으로써 우리로 하여금 세상에 대한 이해를 단순화시켜버릴 수도 있다. 이러한 프레임의 부정적 효과는 다음의 예에서 극명하게 드러난다.

프레임의 폐해: 종북 프레임

종북(從北)이란 단어가 지칭하는 것은 북한을 추종한다는 의미일 것이다. 민주노동당이 분화되는 2007년 당시 불거지기 시작한 종북이라는 단어는 이후 보수언론에서 본격적으로 사용하면서부터 점차 '대한민국의 정체성을 부정하는 사람 또는 이러한 이유로 사회에서 격리시켜버려야 하는 상대'라는 프레임으로 발전해 나가게 되었다.

예를 들면 북한과 전혀 무관한 세월호 유족에게까지 종북이라는 프레임을 씌우는 극단적인 모습으로 발전하여, 한국사회를 이념적으로 두 개의 한국으로 나누어 갈등을 증폭시키는 역할을 하게 되었다.

이러한 잘못된 프레임의 사용이 민주적 의사소통, 토론 자체를 막아버리는 폐해를 가져오게 된 것이다.

사람이 서로 다르다는 점에 근거하여 볼 때, 프레임 접근이 유용한 이유는 이러한 다름을 파악하는데 용이하다는 점이다. 특히 비물질적인 가치체계의 다양성에 의한 차이가 현실세계에 어떻게 투영되는지를 파악하는데 용이하기 때문이다. 정책행위자들에게 '프레임'은 거의 주어진 것 또는 벌써 형성이 거의 완료된 것으로서, 세상을 이해하고 해석하는 '틀' 또는 '렌즈'로서 작용하기 때문이다.

가치체계나 신념체계와 유사하게 프레임은 일단 고착되고 나면 쉽게 변하지 않는 속성을 가진다. 따라서 잘못된 프레임을 가진 사람의 프레임을 수정하기 위해서는 상당한 노력이 필요하다.

• 정책 프레임

명확한 진실이 존재하고, 객관적이며 가장 효율적인 하나의 문제 해결책이 있다고 믿었던 전통적 합리성에 근거한 세계에서는 정책 프레임이라는 것이 전혀 필요하지 않았다. 정책 프레임이 정책학 그리고 정책분석에서 유용한 역할을 하기 시작한 것은 바로 정책을 둘러싼 환경인 복잡성, 정책이해관계자의 다양성, 미래에 대한 불확실성, 그리고 정책상황의 모호성까지를 인정하면서 부터이다.

정책 프레임의 중요성은 이해관계자들이 정책상황의 복잡하고 불확실한 특성을 자신들의 가치체계에 근거하여 최대한 이해가능하게 언어적[27]으로 재구성하는 데 도움을 준다는 점에 있다.

지금까지 많이 이야기해왔던 바와 같이 사회현상으로서 정책상황은 복잡하고, 불확실하고, 모호하기까지 하다. 따라서 정책상황에 근거하여 단 하나의 객관적이며 결정론적인 정책문제를 구성해내기는 거의 불가능하기 때문에, 정책이해관계자들은 자신들에게 유리한 방향으로 정책상황이 명확해 보이도록 언어를 재구성하여 정책문제를 단순하고 이해가능하게 만들어 가려한다(이렇게 이해가능하게 된 정책 프레임을

---

27) 우리는 대부분 언어로 된 사고에 기초하여, 맥락에 영향을 받아 세상을 인식하고 의미를 부여한다.

같은 이해관계, 신념을 가지는 행위자 간 공유). 이를 바탕으로 같은 문제 상황에 대하여 다른 이해를 하고 있는 상대방 이해관계자들과의 정책에 대한 시각이나 관점 차이를 명확히 구분해 내게 된다.

객관적 방법에 의해 정책지식을 추구한다고 할지라도 결국 이해관계자들 사이의 정책에 대한 해석의 차이에 의해 누구에게나 명명백백한 정책정보·지식을 만들어내기는 거의 불가능하다. 사람들은 외부로부터 제공된 정보를 자신의 프레임에 따라 이해하고 재해석한다.

여기서 문제가 발생하는 것이다. 즉 개별 행위자들의 '해석'은 주관적 영역이 되기에 모든 개별 행위자들의 해석이 동일하게 귀결될 수 없다. 이러한 차이가 왜, 그리고 어떻게 발생하였는가를 파악하고 이해하는데 유용한 접근이 바로 프레임에 의한 접근이다.

구체적으로 정책 프레임을 통한 정책분석이 우리에게 제공할 수 있는 유용한 점은 다음의 두 가지 측면에서 설명될 수 있다.

첫째, 프레임 자체의 측면이다. 정책 프레임 분석의 목적 중 하나는 특정 사회현상 또는 정책에 대하여 다양한 정책행위자들이 인지하는(이해하고 있는) 것을 최대한 중립적으로 파악 및 기술하려는 노력이라고 할 수 있다. 이러한 접근은 정책행위자들의 '프레임', 즉 이미 형성되어 세상을 해석하는 시각의 차이(다양성)에 초점을 맞추어 정책의 복잡성을 이해하려는 노력이기 때문에 가능하다.

이러한 접근은 주로 ① 특정사회현상에 대한 지배적인 특정 프레임은 무엇이며 이는 어떻게 형성되었는가? —앞의 사회구성주의의 접근(경로의존성)과 유사- ② 특정 사회현상에 대하여 다른 해석들은 무엇이며, 왜 이런 차이가 나타나는가? 등 질문에 초점을 맞춘다.

둘째, 프레이밍(framing)의 측면이다. 정책과정에 있어 프레임 접근이 중요한 이유는 위에서 논의한 정책상황에 대한 사회적 구성(social construct)이 만들어지는 역동적인 과정을 프레이밍(fromming), 즉 프레임이 만들어지는 과정을 통해 이해할 수 있기 때문이다.

프레이밍은 프레임이 형성되는 과정, 그리고 다양한 정책이해관계자들 간 상호작용을 통하여 나타나는 프레임의 변화 과정 등 두 가지 측면에서 이해될 수 있다.

먼저, 반 헐스트와 야노우(Merlijn van Hulst and Dvora Yanow)라는 학자들에 의해 제시된 다섯 가지 프레임 형성 과정을 살펴보자(아래 그림 참조).

▓ 그림 23 프레이밍

정책행위자들은 특정 사회문제 또는 상황에 맞닥뜨렸을 때, 이것을 자신의 사고능력 내에서 이해하려 노력하는데, 이때 다양한 해석이 가능하다. 이러한 다양한 해석 중 자신의 가치관, 선호, 경험 등을 바탕으로 하나를 선택하고, 자신의 가치체계에 맞추어 선택된 이해를 특정 단위로 분류시킨다.

이러한 분류가 끝나면 이에 대하여 특정한 이름을 붙여줌으로써 복잡한 현상에 대한 단순화로서 프레임을 형성하게 된다. 마지막으로 주어진 이름을 중심으로 사건의 맥락에 기반한 이야기를 생산하여 프레임의 전파력을 높이게 된다.

생각해 볼 거리: 부정적 프레이밍의 예

세월호 유가족을 이해하는 데 있어 여러 가지 측면이 있을 수 있다. 사랑하는 사람을 잃어버려 매우 슬픈 상황에 있는 사람들, 정부의 무관심에 의해 고통을 받는 사람들(희생자 프레임), 정부의 무능력/불통을 비판하는 사람들(정부 비판세력 프레임) 등 다양한 해석이 있을 수 있다.

이 중 극우주의를 표방하는 가치관을 가지는 사람은 세월호 유가족에 대하여 희생자 프레임이 아닌 정부 비판자 프레임을 선택하였다. 이렇게 선택된 프레임을 그들의 가치관에 맞추어 세월호 유가족들을 북한의 지령에 의해 좌파단체에 도움을 받는 사람들이라는 반국가적 행위를 하는 사람들로 분류하였다. 결국 이러한 분류기준에 따른 이름짓기로 '종북'이라는 프레임이 만들어지게 되었다.

이와 같은 종북 프레임은 수년에 걸쳐 세월호 진상규명을 외치는 세월호 유가족들이 반국가 종북세력이기 때문에, 이들의 진상규명 노력 자체가 반국가 행위라는 이야기로 만들어질 수 있게 된 것이다.

특정 사회문제에 봉착한 정책행위자들은 이러한 프레이밍 과정을 거치면서 모호하고 불확실한 사회현상(정책상황)을 명확히 이해하기 시작한다. 즉 특정 정책상황에 있어 정책행위자들은 자신들에게 유리하거나, 쉽게 이해되는 특정한 측면에 초점을 맞추면서 일관되고

(coherent) 이해 가능한(graspable) 형태의 정책 프레임을 형성한다.

두 번째 측면의 프레이밍은 정책 프레임이 지속적인 상호작용(의사소통)을 통하여 상호 주관적으로 만들어지는 것이라고 파악한다. 따라서 사건(정책)을 둘러싼 객관적인 측면보다는 정책분석가와 일반 정책이해관계자들 간 지속적인 상호작용을 통하여 정책 프레임 자체가 만들어지는 과정에서 나타나는 행위자 간 상호 주관적인 측면을 강조한다.

이러한 접근은 주로 다양한 프레임들이 어떻게 상호작용하여 또다른 프레임으로 발전해나가는가(상호주관성(intersubjectivity)이 형성되는 과정으로서)에 초점을 맞춘다. 따라서 이러한 프레이밍에 따른 접근은 정책행위자 간 연속적인 의사소통과정을 통한 정책변화 그리고 사회변화에 초점을 둔다. 이러한 측면에서 프레이밍은 앞서 논의되었던 의사소통 합리성에 의해 나타나는 현상으로 볼 수 있다.

상호주관성이란?

우리가 살고 있는 사회에는 완벽하게 객관적인 사실이 존재하지 않는다. 다만 개별 인간은 주관적인 경험, 생각에 의해서 세상을 인식하게 된다.

이러한 주관적 인식이 개별 인간 간 상호작용(의사소통)을 통해서 공유되어나가고, 더 넓게는 일정 집단의 사람들 간 공유되는 인식틀로 발전되어 나가게 되면서, 최소한 특정 시점, 특정 공간에 처해 있는 사람들 간에는 객관적인 것과 유사하게 받아들여지는 인식이 생성된다. 이러한 인식이 상호주관성이다.

요약하자면 프레이밍은 특정 정책을 이해하기 위한 정책행위자들의 인위적인 노력으로 이해될 수 있다. 이러한 측면에서 정책프레임 분석은 정책과정에 있어 정책행위자들의 상호작용 및 이에 따르는 정책학습 및 변화가 정책을 어떻게 역동적으로 만들어나가는가를 파악하는 데 있어 중요한 역할을 한다.

민주적 정책 만들기

민주적 정책 만들기

앞 장에서 전통적 합리성, 제한된 합리성, 정치적 합리성에 따른 정책모형에 대하여 살펴보았다. 본 장은 민주적인 정책 만들기에 가장 적합한 의사소통 합리성에 초점을 맞춘 정책접근을 다루는 것이 목적이다.

우리가 정책을 민주화시키기 위하여 가져야 될 가장 기본적 자세는 비판적 시각의 견지이다. 잘못된 것을 잘못되었다고, 옳은 것을 옳다고 말할 수 있는 용기가 바로 비판적 자세일 것이다. 건전한 비판적 자세를 가지는 정책행위자들은 합리적인 의사소통을 진행시켜 상호 갈등의 최소화 내지 합의에 도달할 수 있다.

이러한 의사소통에 있어 주요한 내용이 되는 것이 바로 정책관련 정보·지식 등이다. 정책의 민주화를 위해서는 정책지식 생성의 민주화 역시 상당히 중요하다. 왜냐하면 정책행위자들이 의사소통을 하는 기본 내용인 정책정보나 지식이 민주적인 방식에 의해 형성된 것이 아닌 왜곡된 정보라면 의사소통 결과로서 정책 역시 민주적인 것이 될 수 없기 때문이다.

이러한 측면에서 본 장에서는 정책의 민주화가 의미하는 바가 무엇인지에 대하여 살펴보고, 이어 정책의 민주화를 만들기 위한 두 가지 기본 조건인 정책지식 생성의 민주화와 건전한 의사소통에 대하여 살펴본다.

1. 정책의 민주화

정책이 민주화되어 있지 않다는 것은 무엇을 의미하는가? 정책과정에 있어 정책과 연관된 다양한 정책행위자의 목소리가 반영되지 못한 채, 소수에 의해 정책목표 설정 및 정책이 결정될 때 정책은 민주화되어 있다고 볼 수 없다. 구체적으로, 1) 정책결정 권력이 소수의 정부(정치) 엘리트에 귀속되어 있을 때, 그리고 2) 정책결정에 있어 정책 정당성의 주요 증거로 이용되는 정책지식의 형성 및 제공이 소수의 전문가들에게만 귀속되어 있을 때, 비민주적 정책이 나타난다.

이는 다음과 같이 네 가지로 다시 구분될 수 있다.

① 정책결정을 하는 데 있어 국민들의 동의 자체(정책의 절차적 정당성)를 필요로 하지 않는 독재정권의 경우

② 정책결정을 하는 데 있어 미리 정치권력 내부에서 자신들만의 의견을 가지고 정책결정을 한 후, 사후적으로 일부 정책전문가들 및 관변단체들을 동원하여 정책 정당성을 취하는 경우

③ 합의에 의해 정책을 결정한 후, 이를 이행하지 않는 경우(이 경우에도 소수의 전문가들이 동원되어 결정된 정책을 이행할 수 없는 사후적 이유를 만들어 냄)

④ 정치적으로 부담이 큰 경우, 아예 공식적 정책의제로 만들어지는 것 자체를 막는 경우

④번의 경우 앞서 논의된 무의사결정으로서, 문제가 수면위로 드러나지 않도록 고도의 정치적 전술을 동원한다.

위의 네 가지 모두 비민주적 정책과정(결정)이라고 볼 수 있다. 이렇게 정책의 비민주화가 발생하는 근본적인 원인은 정책정보·지식의 비대칭화 때문이다. 즉 정책과정에 있어 정책 관련 정보를 독점할 수 있는 위치에 있는 선거직 공무원, 관료, 정치인, 관련 전문가 등은 관련 정보를 배타적으로 더 많이 가지고 있기 때문에 정책과 관련된 정보·지식을 투명하게 공개하지 않은 채, 자신들에게 유리한 방식으로 정책문제를 해석·정의를 하고 이에 따른 처방책을 일방적으로 제시할 수 있다. 이는 앞서 ①번과 ②번의 경우에 해당한다.

④번의 경우에도 대부분의 정책관련 정보가 정부에 귀속되어 있는 상태로, 이러한 정보가 외부, 즉 일반 시민들에게 투명하게 알려

질 경우 정권을 가진 엘리트들의 입장에서 i) 갈등상황이 촉발되어 이를 관리하기 어렵다고 판단하거나, ii) 또는 자신들의 이익에 부합되지 못하는 정책일 가능성이 있기에 이를 사전에, 즉 정책의제 자체가 되지 못하도록 하는 것이다. 독재정권 시절 인권, 노동 등의 문제 자체가 공식적인 정책의제로 입안되지 못하도록 막은 것이 대표적 사례라고 볼 수 있다.

마지막으로 ③번의 경우, 정부의 입장에서 무의사결정을 할 수 없을 정도로 상당한 민주화가 이루어져서, 정부가 어쩔 수 없이 이를 받아들이는 모습을 보이지만(정책의제로까지는 입안), 실질적으로 정책결정 단계로까지는 가지 못하게 지연책을 사용하는 경우이다.

정책학은 이러한 비민주적 정책(결정)과정을 지양하고, 국민이 중심이 되는 정책(결정)과정을 지향한다. 민주적인 정책과정에 있어서는 공론장에서의 합의에 근거를 둔 민주적 권력(하버마스에 따르면 의사소통 권력)에 의해 정책과정이 지배된다.

이러한 민주적 의사소통이 활발하게 이루어지기 위해서는 무엇보다도 원활한 시민참여가 이루어질 수 있는 공론장의 제도화가 필요하며, 이러한 공론장에서 특정 정책과 관련된 모든 정책이해관계자 간 활발한 의사소통이 진행되어야 한다. 이러한 과정을 통해서야 정책지식(형성)의 민주화가 이루어질 수 있다.

민주적 정책과정에 저해되는 권력

권력이란 기본적으로 상대방이 원하지 않는 일을 수행할 수 있도록 할 수 있는 힘을 의미한다. 이러한 권력이 정책과정을 민주화시키는데 방해가 되는 경우를, 크게 정치권력, 금권권력, 지식권력으로 나누어 볼 수 있고, 이와 반대되는 지점에 있는 권력을 민주권력으로 볼 수 있다. 앞의 세 가지 권력은 사회에서 희귀하고 가치있는 특정 자원을 자신만의 이익을 위하여 사유화하려는 모습에서 나타나는 현상이다.

첫째, 정치권력은 시민들의 투표에 의해 선출된 대표자가 가질 수 있는 권력을 의미한다. 민주주의 사회에서는 이러한 권력이 제도적으로 민주적 권력(시민의 의지를 대표하는데 한정된 권력)으로 사용되는 것이 상식이다. 그러나 종종 정치권력의 사유화 경향을 목격할 수 있다. 정치권력의 사유화의 대표적 예로 민주주의를 가장한 독재권력을 들 수 있다. 세계의 대부분 독재국가들도 자신들을 민주주의 국가로 표방하기 때문이다(북한의 정식명칭 역시 조선민주주의인민공화국이다).

그러나 이러한 독재국가는 실제로 민주주의 국가가 아니다. 왜냐하면 시민들의 의지로 정권의 평화적 교체를 할 수 없는 체제이기 때문이다. 따라서 이 책에서는 이러한 독재국가는 민주주의 국가의 범주로 고려하지 않는다.

박근혜 전 대통령은 국민을 대표하고, 국민을 위하여 사용되어야 할 대통령 권한을 사적으로 전용한 예를 남긴 대통령이다. 소위 비선실세라고 불렸던 최순실을 정점으로 당시 청와대는 국민을 대표하는 대통령의 의지라기보다 소위 소수 국정농단세력에 의해 운영되었다.

이들의 목적은 대통령의 정치권력을 자신들의 사적 이익을 위하여 남용하는 것이었다. 이러한 정치권력의 사유화는 결국 박근혜 대통령 탄핵이라는 비극적 결말로 마무리되었다.

둘째, 지식권력이란 지식·정보 비대칭에 의해 나타나는 권력을 의미한다. 이는 정보나 지식을 독점한 특정 엘리트들이 지식을 사유화(배타성)하고 이를 특정목적(예를 들면 정치적 권력 창출 및 유지에 기여)에 사용하면서 나타난다.

실증주의적 시각에서 보면 자명한 진리가 존재하지만, 이러한 지식을 이해하는 것은 소수의 지식 엘리트만 가능하다고 볼 수 있다. 또한 일반인의 정보·지식은 전문적(객관적)이지 않고 가변적이기에 정책형성, 결정과정에 적합하지 않다고 본다. 따라서 지식권력은 전문용어(jargon)를 이해할 수 있는 (정부) 엘리트와 지식전문가만이 정책분석 및 결정의 주체가 될 수 있다고 본다.

지식전문가 또는 지식 엘리트는 자신들이 가진 정보비대칭성을 통해 정보가 없는 쪽을 무력화 또는 속일 수 있는 위치에 있다는 측면에서 이들의 지식 또는 정보권력은 민주적 정책 구축에 위협이 될 수 있다. 여기서 지식전문가와 지식인과의 차이는 명확히 할 필요가 있다.

지식인

지식전문가는 자신의 전문지식 및 정보를 권력의 원천으로 삼을 수 있는 경향이 있다. 그러나 지식인은 지식권력을 가진 사람이 아니라 특정 학문 분야에 있어 전문적 '권위'를 가진 사람을 의미한다. 이러한 학문적 권위는 그 학자의 학문적 업적 또는 품성에서 자연스럽게 도출되는 것이지, 타인을 자신의 지식의 힘으로 마음대로 강제할 수 있는 능력(즉 권력)이 아니다. 지식인은 자신의 전문분야에 대한 지식과 직관력이 높을 뿐이기 때문에(즉 사람 간 특정 지식 또는 정보의 차이만이 존재하기 때문에), 자신의 지식을 무기로 타인을 무시하거나 차별하지 않는다. 각자 자신의 자리에서 성숙한 시민이 되기 위하여 우리 개개인은 자신의 전문분야에서 지식전문가가 아닌 지식인이 되도록 노력해야 할 것이다.

지식권력이 정치권력 또는 금권과 결탁하게 되면 문제가 더 커질 수 있다. 다양한 정책정보·지식이 특정인(정치적 권력자)에게만 유리하게 생산되고, 귀속되게 되는 경우 민주적 정책과정에 상당한 저해요인이 될 수 있기 때문이다.

특히 지식은 특정인에게 사유화되어서는 안 되는 사회적 재화로서 그 가치를 가진다. 즉 지식은 누구나 원하면 이를 향유할 수 있는 자원으로 작용하여야 하고, 이에 대한 자유로운 논쟁에 의해 지속적으로 변화해 나가야 한다. 지식을 자신의 이익을 위하여 배타적으로 사유화하면서 권력이 되는 것이다.

셋째, 금권(자본권력)이다. 영어로 '돈이 말한다(money talks)'라는 표현이 있다. 이것이 의미하는 바는 돈을 가지고 있는 사람은 자신이 원하는 모든 것을 할 수 있으며, 돈의 영향력이 돈이 없는 사람에 대하여 자신이 원하는 대로 조종할 수 있는 권력으로 작용한다는 의미이다.

금권이 정치권력과 합종연횡하는 경우 문제가 심각해진다. 정경유착이 대표적인 사례이다. 정치권력이 특정 기업가에게 유리한 특혜를 주면서 이에 대한 대가로 뇌물을 받는 경우이다.

다음의 내용(역대정권 정경유착 사례)에서 알 수 있듯이 불행히도 정치권력이 금권과 결탁하지 않은 경우를 찾기 힘들다.

역대정권 정경유착 사례

- 이승만 정권(1948~1960): 은행 민영화 특혜(1950), 증석불사건(1952)
- 박정희 정권(1963~1979): 증권파동(1962), 사카린 밀수사건(1966), 현대아파트 특혜분양 사건(1978)
- 전두환 정권(1980~1988): 명성그룹 사건(1979–83), 이철희·장영자 사건(1981), 국제상사 사건(1986)
- 노태우 정권(1988~1993): 수서비리 사건(1990), 율곡비리 사건(1993), 슬롯머신비리 사건(1993)
- 김영삼 정권(1993~1998): 한보비리 사건(1997), 김현철 게이트(1997), 세풍 사건(1997)
- 김대중 정권(1998~2003): 옷로비 사건(1999), 이용호 게이트(2001), 최규선 게이트(2002)

이에 반하여, 마지막으로, 민주(의사소통)권력은 대화와 토론에 기초한 공유된 의견 및 의지형성을 통한 시민들의 민주적 역량 강화를 지향한다. 민주적 권력은 합리적인 의사소통에 의해 가능해진다. 이를 위하여 정책관련 유용한 정보·지식의 공개 및 투명성이 무엇보다도 선행되어야 한다.

무엇보다 의사소통을 통한 상호이해에 기반한 정책정보 및 지식산출이 중요한 이유로, 현재 우리가 가지고 있는 정책 지식·정보는 절대적 진리라기보다 항상 변화가능하다는 점을 이해해야 한다. 따라서 사회·경제·문화 환경의 변화를 반영하면서, 특정 문제에 대한 의미형성과정 및 의미가 형성되는 맥락에 대한 이해를 하여야 정책과정에 유용한 정책정보·지식이 산출될 수 있다.

요약하면 정책문제 정의 및 정책결정, 그리고 정책집행, 평가 등 전체 정책과정에 있어 시민들의 요구와 목소리가 반영되는 정책과정을 만들어내는 것은 바로 민주적인 의사소통 권력에 의해 가능해진다. 따라서 우리 사회에서 정책(결정)과정에서의 민주화와 정책분석에서의 민주화가 필요하다. 전자는 정치권력으로부터 정책의 민주화를 의미하며, 후자는 다음장에서 다루어질 지식권력으로부터 정책의 민주화를 의미한다.

2. 정책과정에 있어 유용한 정책정보·지식

정책학의 실용적 목적 중 하나는 정책문제 및 정책대안과 관련된 지식·정보의 독점 및 왜곡을 발생하지 않게 하고, 정책을 시민의 감시(소극적) 또는 지배(적극적) 아래 두는 것이다. 시민들에게 정책관련 정보·지식을 투명하게 공개하고, 이를 바탕으로 시민 그리고 관련 정책 이해관계자 간 민주적인 의사소통을 통해 유용한 정책지식을 산출하고 이를 공공정책과정에 반영시키는 것이다. 이러한 정책학의 목적을 고려하여 볼 때, 정책학은 근본적으로 비판적이 될 수밖에 없다.

그렇다면 민주적 정책에 도움이 되는 유용한 지식(usable knowledge)이 되기 위하여 정책정보와 지식은 어떻게 이해되어야 할까? 이를 위해서 정책에 사용될 수 있는 정보·지식을 정책관련 정보, 정책적합 지식으로 나누어 살펴봄으로써 이를 이해해보자.

정책관련 정보(policy related information)란, 해석되기 전의 날 것으로서의 정보를 의미하는 것으로서, 그 자체만으로는 의미를 가지지 못한다. 예로 들 수 있는 정책관련 정보는 국민 1인당 GDP, 인구수, 복지지

출 규모 등 다양한 통계들이 있다.

이러한 정책관련 정보들은 이 정보를 누가 어떠한 시각으로 바라보는가에 따라 해석의 여지가 남아있다. 이러한 정보는 그 자체로 어떤 목적을 갖지 않는다. 또한 이를 이해하는 시각에 의해 왜곡 역시 가능하기 때문에, 정책관련 정보 자체가 정책과정에서 유용한 지식으로 역할을 하는 경우는 드물다. 이러한 정책관련 정보가 정책행위자에 의해 가공된 지식 또는 정보로 만들어질 때 비로소 실제 정책에 유용하게 사용될 수 있다.

정책적합 지식(policy relevant knowledge)이란 정책행위자에 의해 분석 또는 해석된 정보(지식)를 의미한다. 구체적으로, 제시된 일차적 정보를 자신의 선호, 가치관 등에 의해 해석한 것, 그리고 전문가 등에 의해 객관적으로 분석되어 산출된 지식이 여기에 해당한다(예로 들 수 있는 정책지식은. 싱크 탱크(think tank)에 의한 정책분석 정보, 시민들의 정책 프레임). 이러한 정책적합 정보가 실제 실행가능성(정책 정당성의 실행가능성 부분 참조)과 연계되었을 때 비로소 정책에서 실제 유용하게 사용되는 지식이 된다.

그러나 정책분석과정에서 고의로 왜곡하여 생산된 정보는 정책적합 정보에는 해당하지 않는다(다음 박근혜 정부 담뱃값 인상 예 참조). 자신의 시각이 반영되어 해석된 것이 아니라 특정한 목적을 위해 자신의 시각과 관련 없이 정보를 왜곡하여(어려운 정책분석모형 도입), 특정인에게 유리하도록 정보·지식을 제공하는 경우이다.

정책지식이 민주적 정책 달성에 유용하게 이용되기 위해서는 다음의 필요조건과 충분조건의 측면에서 정책과정을 이해할 필요가 있다.

먼저, 민주적 정책과정을 위한 필요조건으로서 유용한 정책지식 산출이 있어야 한다. 여기서 유용한 정책지식(usable knowledge)이란 정책 이해관계자 간 긴밀한 상호 의사소통을 통해 정책의 맥락이 충분히 반영된 상황에서 산출된 정책지식을 의미한다.

유용한 정책지식이 되기 위해서는 정책에 의해 영향을 받는(주는) 개별 정책행위자들이 자신들의 입장(가치체계)에 따라 정책문제에 대한 이해 및 해석을 하여야 하며, 자신의 이해·해석에 의거하여 정책에 대한 비판적 지식 산출이 있어야 한다. 이러한 개별적·비판적 정책지식은 다시 다양한 이해관계자 간 상호이해지향적인 의사소통 활동을 통해 문제정의에 대한 합의 및 정책문제해결책에 대한 합의로 발전되어야 한다. 이러한 과정이 없는 정책, 즉 정부 엘리트에 의한 일방적인 정책은 민주적 정책이라고 볼 수 없다.

그러나 개별 정책이해관계자들 간 상호의사소통을 통해 만들어진 지식이 자동적으로 정부 정책으로 되지는 못한다. 즉 시민들에 의해 정의된 사회문제가 실제 정부에 의해 해결되기 위해서는 아래와 같은 충분조건이 갖추어져야 한다.

주어진 문제상황에 대한 개별 정책행위자들의 해석(자신들의 시각을 바탕으로)은 필요조건일 뿐이다. 실질적 정책으로 발전하기 위한 충분조건으로서 현재 공고히 구축된 권력구조(즉 정부)의 조사에 의한 해석과의 충분히 합리적인 소통 및 토론(debate) 과정이 있어야 한다. 이러한 충분조건이 겸비되어야만 앞서 합의된 정책관련 지식이 실제 실행 가능한 객관적인 맥락으로서 유용한 지식이 될 수 있다. 이것이 의미하는 바는 정부의 정치권력의 권위적 해석과 일반 정책행위자(시민)들과의 의사소통이 충분조건이라는 것이다.

요약하면 정책과정에서 일반시민들 간 각자 가치관에 기반한 정책정보·지식 산출 및 이에 대한 합의과정은 민주적 정책과정을 위한 필요조건이며, 이러한 정책지식이 권위있는 정부와의 의사소통을 통하여 실제 실행 가능한 공식적 정책지식으로 발전하는 것은 민주적 정책과정을 이루기 위한 충분조건이다.

마지막으로, 정책정보·지식은 정책문제나 해결책에 대한 사회적 합의를 도출하는 과정에서 이용되는 것으로서, 어떤 정보도 유용할 수 있다. 그러나 정보가 일부러 왜곡되거나 일방에 의해 배타적으로 점유되어 사적으로 이용되는 경우, 이러한 정책정보·지식은 민주적 정책과정에 유용하지 않다고 볼 수 있다.

즉 유용한 정책정보·지식이란 '누가 만들어 내었는가', '내용이 무엇인가'가 중요한 것이 아니고, '어떻게 형성되고 이용되었는가'(모든 정책이해관계자들이 정책과정을 이해하고 의사소통하는 데 정보·지식이 투명하게 이용되어 궁극적으로 정책합의에 이르는데 유효하게 이용되었는지 여부)에 의해 판단될 수 있는 것이다.

정책과정에서 유용한 정책지식·정보 산출을 위한 의사소통 구조

정책과정에서 유용한 정책지식·정보 산출을 위하여 가장 중요한 점을 하나 꼽으라고 한다면, 바로 시민과 정부와의 의사소통 관계에 있어 일방에 의한 의도적인 왜곡이 없어야 한다는 점이다.

하버마스(Jürgen Habermas)에 따르면 이러한 왜곡이 없어야만 이상적인 대화 상황(ideal speech situation)이 가능하다. 그러나 불행히도 정부는 의도하였건, 의도치 않았건 간에 정책지식의 독점 및 왜곡을 상당히 저질러왔다. 이러한 정책지식의 독점 및 왜곡이 일어나는 경우는 다음과 같이 설명이 될 수 있다.

먼저, 정책지식·정보의 독점이 발생하게 되는 이유로, 정책관련 지식의 복잡성을 들 수 있다. 대개 특정 정책관련 전문적 지식은 고도의 학습을 통해야만 얻을 수 있는 전문용어로 구성된 전문지식인 경우가 많기 때문에, 일반적으로 이러한 특정 전문분야와 무관한 일반인들의 접근이 힘들게 된다.

정책지식을 더욱 세분화하고 전문화하는 이유 중 하나로 들 수 있는 것으로, 정부 엘리트들이 정책문제 관련 객관적 지식이나 정보를 이용하여 항상 하나의 가장 올바른 해결책 또는 문제정의가 가능하다고 믿기 때문이다(1장 환원주의 및 3장 합리성 참조). 이 경우 정부는 다름을 인정하지 않는다.

그러나 정부 전문 엘리트가 가장 올바른 해결책이라고 제시한 것이 대하여 일반 시민은 자신의 입장에서 이것이 옳지 않을 수 있다고 주장할 수도 있다(시각, 가치관의 차이에 의해 또는 정치권력의 왜곡된 정보를 고쳐주는 입장에서). 이때 정부는 이러한 의견이 잘못된(또는 적절하지 못한) 증거에 의한 것이라고 반박하며, 반박의 근거로서 전문적 정책지식(해당 정책 관련 전문가에 의한 객관적 지식)을 제공한다. 이러한 경우 정부는 정책지식 독점에 의한 실증적 지식 도그마에 빠져버리는 우를 범하게 된다.

반면, 정책지식·정보의 왜곡은 정부가 일부러 잘못된 정보를 시민들에게 제공하여 정부의 본래 의도를 감추려는 경우에 발생한다. 예를 들어, 박근혜 정부의 담뱃값 인상 정책을 살펴보자. 결론부터 말하자면, 이 정책은 정책문제를 잘못 정의한 것 뿐만 아니라 왜곡된 정책지식 산출 및 사용에 의한 정책 밀어붙이기로 보여질 수 있다.

박근혜 정부는 2015년 1월부로 담뱃값을 2,000원 인상(2,500원에서 4,500원으로 80% 인상)하기로 정책 결정하였다. 당시 정부는 국민건강증진이라는 정책목표(담배로 인한 국민건강 저하 및 사회적 비용 증가라는 문제해결)를 달성하기 위하여 금연정책의 다양한 수단 중 가격정책 수단을 사용하기로 결정하였다. 그러나 당시 문제로 제기되었던 점 중 하나는 박근혜 정부 들어와 부족해진 세수를 확보하기 위하여 딱 2,000원만 인상하였다는 점이다.

2014년에 발간된 정부의 싱크 탱크(think tank)인 한국조세재정연구원의 '담배과세의 효과와 재정'이라는 보고서에 의하면 담배가격 인상을 통해 최대 세입을 확보할 수 있는 가격이 4,500원이라는 결과가 나왔었다. 아래의 그림에 있어 가장 높은 부분, 즉 세금이 가장 많이 걷히는 것으로 예측된 가격이 4,500원이다. 즉 정부 내부에서 이미 결정된 정책을 밀어붙이는 데 유용하게 사용될 수 있는 정책지식이 정부산하 정책 전문가들로 구성된 연구원에 의해 제시되었다. 이 내용은 일반인이 이해하기 어려운 세금 추세 모형을 사용하여 세금이 가장 많이 걷힐 수 있는 가격을 찾아내고, 정부는 이 정책지식을 정책결정에 이용한 것이다.

이러한 정책지식은 일반 국민들 누구나 쉽게 알 수 있게 제공되지 못하였다. 당시 정부는 지속적으로 일방적 의사소통방식을 고수하며, 자신들에게 유리한 정보만을 생산하였던 것이다.

꙼꙼ 그림 24 담뱃값 인상 가격대별 추가 세수 예측

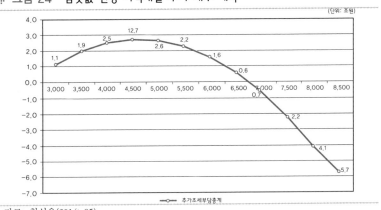

자료: 최성은(2014: 95).

정책과 관련된 지식·정보가 일반시민으로부터 괴리되는 이유

민주적 정책을 만들기 위해서 반드시 숙지하여야 할 것이 바로 '엘리트의 정책 지식 독점은 시민들의 정치(정책) 무관심에서 비롯된다'는 것이다. 국민들이 정부가 하는 일에 대하여 무관심하게 되었을 때 발생할 수 있는 일로서, 정부가 국민 모두에게 편익이 가는 정책 정보 대신 일부분에게만 유리한 정책정보를 제시한 후, 이를 정당화 하기 위해서 자신들을 옹호하는 관변 시민단체, 어용지식인을 동원하는 것을 들 수 있다.

또한 정부 또는 일부 계층에게 불리한 내용에 있어서는 일반인들이 이해하기 어려운 전문용어들로 내용을 제시함으로써 자신들의 정책에 대한 일반시민들의 관심을 줄일 수도 있다. 이러한 경우 정부가 국민들에게 제시하는 정보는 국민들에게 유리한 정보가 아닐 가능성이 높지만 일반시민들이 정치적 무관심에 처해 있다면, 국민들은 제시된 정책(정부의 의도가 어떻든 크게 괘념치 않고)에 쉽게 동의하거나 무심결에 지나쳐 버리게 될 것이다.

이러한 상황을 방지하기 위해서는 정책관련 지식이나 정보가 일반시민들로부터 괴리되는 이유를 파악하여, 이를 방지할 수 있는 노력을 하여야 할 것이다. 정책과 관련된 지식이나 정보들이 일반시민들로부터 괴리되는 이유를 간단히 살펴보면 현대사회의 전문화 및 세분화를 들 수 있다.

현대사회의 고도화된 과학기술, 시장 및 자본주의의 급속한 발전,

그리고 이에 대응하는 국가기능의 확대 및 전문화·고도화 경향에 따라 사회전반에 걸쳐 기능적 전문화가 발생하게 되었다. 이에 따라 현대사회는 일반시민의 삶과 괴리되는(일반인이 이해하기 힘든) 복잡한 체계(complicated system)로 진화하여 왔다.

이는 사회과학 분야에서도 나타나는 현상이다. 20세기에 들어와 가장 발전한 사회과학 학문으로 경제학을 들 수 있다. 경제학의 시조로 불리는 아담 스미스(Adam Smith, 아담 스미스는 원래 철학자였다)의 〈국부론(The Wealth of Nations)〉은 현대의 전문적 경제학 교육을 받지 않은 사람이라도 조금만 노력한다면 읽을 수 있는 책이다. 그러나 경제학이 어려워지기 시작한 것은(일반인들로부터 괴리되기 시작한 것은) 산업혁명 등에 따라 시장의 기능이 더욱 고도화되면서, 한계효용학파가 수학적 모형(미적분)을 도입하여 경제모형을 개발하면서 부터이다.

이후 경제학은 사회의 고도화에 대응하여 케인즈주의, 통화주의, 제도주의, 행동경제학 등으로 더욱 전문화되고 있고, 이러한 전문화 경향에 따라 일반인들과의 거리는 더욱 멀어지고 있는 것이다. 현대 정부의 정책 역시 많은 경우 이러한 경제학의 발전에 도움을 받은 전문적 모형을 이용한 정책지식 산출이 이루어지고 있기 때문에, 정책과 관련된 지식이 일반시민으로부터 멀어지고 있다.

이러한 정책지식의 전문화·고도화에 대하여 일반 국민이 대응할 수 있는 방안은 무엇일까? 이에 대한 해답 중 하나로 들 수 있는 것이 바로 일반인들의 정보와 지식이 인터넷상에서 자유롭게 의사소통되면서 나타나고 있는 집단지성(collective intelligence)이다. 특정 소수 엘리트들이 생산한 지식과 일반인들이 모여서 함께 만들어나가는 지식 중 어떤 지식이 더 신뢰할 만할까에 대한 대답은 벌써 제시되고 있다. 가장 비근한 예로, 인터넷의 대백과사전인 위키피디아(Wikipedia, https://www.wikipedia.org/)와 브리태니커 대백과사전의 비교이다.

브리태니커 대백과사전은 전 세계에서 가장 우수하다는 석학 4,000여 명이 자신의 전문영역에 대한 내용을 집필한 것인데 반하여 위키피디아는 누구나(나도, 여러분도) 백과사전 집필에 참여할 수 있다. 일견 후자의 경우 엉터리 내용만으로 가득찰 것으로 생각되기 쉽다. 그러나 실제에 있어서는 오히려 전자보다 더 신뢰할 만한 정보로 가득차 있는 것이 현실이다.

이것이 가능하게 된 이유는 자발적인 참여 및 자유로운 의사소통이 보장되기 때문이다. 누구나 글을 올릴 수 있다. 이렇게 올려진 글에 대하여 누구나 수정할 내용이 있으면 비판 내지 수정을 가할 수 있다. 이러한 과정에서 그 누구도 다른 사람이 작성한 내용에 대하여 잘못되었다고 싸움을 걸지 않고, 건전한 비판에 의한 발전적 협력이 지속되는 것이다.

이러한 상호토론 및 수정과정이 지속되면서(여기에는 시간이 필요하다), 어느 순간이 되면서 위키피디아의 내용은 브리태니커보다 더 신뢰할 수 있게 만들어진 것이다. 이러한 상황의 현실적 예로 들 수 있는 것이 바로 메르스 확산지도(MERS map)이다.

시민협동에 의한 유용한 정책정보 창출

2015년 5월 소위 메르스라는 전염병이 한국사회를 강타하고 있을 때였다. 메르스는 강력한 전염병이기 때문에 초기에 진화를 할 필요가 있었다. 이를 위하여 무엇보다 메르스가 발병한 지역과 병원에 대한 정보가 있어야 국민들이 메르스 감염을 피하기 위하여 이러한 지역이나 병원에 가지 않을 수 있었다. 그러나 정부는 이러한 정보를 비공개로 유지하고 있었고, 이에 따라 국민들의 불안은 더욱 커져가고 있었다.

정부의 부적절한 대응(정보 비공개)을 스스로 타개하기 위하여 시민들이 직접 움직이기 시작하였다. 일부 프로그래머의 주도로 소위 메르스 맵(메르스 확산지도)이라는 사이트가 제작되게 되었고, 여기에는 수많은 시민들의 제보에 의해 정보가 업데이트되었다.

익명의 수많은 시민들이 제공한 정보에 의해 제작된 메르스 확산지도에

대하여 일반시민들의 호응이 매우 컸으며, 당시 언론에게 영향을 미쳐 언론도 메르스 맵을 만들어 정보를 제공하는 등 시의적절하게 정보를 제공하였다는 점에서 상당히 효과를 발휘하였다.

자료: http://www.bloter.net/archives/229467

3. 정책 공론장

정책 공론장이란 정부 또는 공공 이슈들에 대한 시민들의 적극적인 관여(involvement)가 이루어지는 매개체이다. 즉 정책 공론장은 비판적인 공공 토론을 통하여 정부 공공사업(정책)의 방향 및 실행책에 대하여 상호학습을 하고 합의를 이끌어 내는 사회적 장(場)이다.

따라서 참여를 통하여 문제에 대한 상호 공감 및 이해가 이루어지는 공간이 바로 공론장(public sphere)이라고 할 수 있다. 공론장은 정치적인 이슈들을 포함한 다양한 시민들의 관심 사항들을 자유롭게 논의할 수 있는 장이며, 여론이 형성되는 공간이다.

정책 공론장은 민주적 정책과정이 이루어지는 공간이며, 민주적 정책과정이 이루어지기 위해서 참여는 필수적이다. 그렇다면 참여가 이루어지는 실질적 공간은 어디일까?

참여는 물리적 공간을 통하여 이루어지기도 하지만, 최근에 와서는 인터넷 등 첨단 정보통신기술에 수혜를 받은 가상공간(virtual space) 역시 참여가 이루어지는 공간이다. 즉 참여라는 것은 특정한 형태의 물리적 공간에서 만나는 것만을 의미하는 것이 아니다. 특정 사회문제와 관련된 사람들 간 의사소통을 할 수 있는 가상공간까지도 참여를 통한 상호학습을 가능하게 해주는 공간이라고 할 수 있다.

다양한 참여 공간에서 사람들은 자신들의 의견을 피력하기 마련이며, 균형적 양방향 의사소통과 건전한 양식과 상식에 기반한 의사소통이 상호이해의 방향으로 움직여 나갈 때 우리는 '우리'('나'가 아니다)

가 해결해야 할 문제를 알게 되는 것(학습)이다.

요약하면 공론장이란 여기에 참여하는 정책행위자들이 자신들의 사적 이해관계에 치중하지 않고, 사회적으로 바람직한 방향으로 문제를 해결해 나아가기 위한 대화와 토론을 하는 장소이다. 건전한 상호이해 및 합의를 도출하기 위해서는 합리적 의사소통이 이루어져야 한다. 합리적 정치문화로서 합리적 의사소통은 첫째, 다양성을 인정하고, 서로의 차이를 인정할 수 있는 관용의 문화, 그리고 둘째, 왜곡되지 않은 의사소통에 의하여 가능하다.

건전한 의사소통

건전한 의사소통은 정책의 민주화에 가장 기본적인 필수 요소이다. 건전한 의사소통은 정책행위자 간 사회·경제·문화적 차이에 의한 의사소통 왜곡이 없어야 가능하다. 의사소통에 있어 왜곡을 가져오는 주요 이유 중 하나로 들 수 있는 것이 힘 있는 행위자에 의한 일방향적 의사소통(unilateral communication)이다.

일방향적 의사소통체계가 현대사회에 나타나게 된 주요 이유로 들 수 있는 것은 자본의 집중, 국가개입의 확대(국가의 거대화, 독점적 권력 강화), 관료제의 강화, 사당화된 정당, 거대 기업화된 매스 미디어 등이다. 이러한 현상은 특정인에게 권력이 집중되는 현상을 야기하였고, 이들은 자신들에게 유리한 지식과 정보를 일방향적으로 전달함으로써 자신들의 우월적 지위를 공고히 하고자 하는 경향이 있어 왔다(다음 표의 홍보 및 공공정보 모형).

표 6 의사소통 모형

특성	모형			
	언론대행/홍보	공공정보	쌍방불균형	쌍방균형
의사소통 목적	선전	정보의 확산	쌍방불균형	쌍방균형
의사소통 방향	일방: 완벽한 진실이 필수는 아님	일방: 진실이 중요함	쌍방: 균형 잃은 효과	쌍방: 균형 잡힌 효과
의사소통 방식	정보원→수신자	정보원→수신자	정보원↔ 수신자피드백	집단↔집단

자료: Grunig & Hunt(1984), 박기순 외 옮김, (2006): 33쪽 일부 발췌.

건전한 의사소통이 어렵게 되면 사회의 합의를 이끌어내야 하는 공론장 역시 왜곡된다. 즉 공론장은 상호이해를 위한 장이 아니라 현대 대중소비사회에 발맞추어 사적 이해관계를 둘러싼 각축장으로 변모되기도 한다. 또 다른 측면에서 보자면 공론장의 주요 행위자에 있어 일반시민은 배제되고, 자원(권력)을 가진 행위자들 간 자신의 목소리를 주장하여, 자신의 이익을 최대화하려는 대결의 장으로 전락해버리는 경우가 상당하다.

이렇게 변질된 공론장에서는 합리적이며 건전한 대화와 토론을 통한 상호학습이 불가능하며, 일방적인 자기주장만이 난무하게 되어 사회문제에 대한 공유된 이해가 발생하지 않게 된다. 더 극단적인 경우 권력을 가진 일부는 무비판적인 시민들을 자신의 편으로 만들어(대중동원) 권력의 입맛에 맞는 정책의 정당성을 얻는 수단으로 공론장을 활용할 가능성이 높아지게 된다(위 표의 선전).

따라서 건전한 의사소통을 위해서는 무엇보다 쌍방향 의사소통이 전제되어야 한다. 이는 특히 정책과 관련하여 정부와 시민 간의 관계에서 중요하다. 쌍방향 의사소통은 균형적인 방식과 불균형적인 방식으로 나뉠 수 있는데, 이 중 정부와 시민 사이에 건전한 의사소통을 만들어 줄 수 있는 것은 균형적인 쌍방향 의사소통이라고 할 수 있다. 왜냐하면 정책정보 및 지식에 대한 정부의 의도적 왜곡을 최소화하기 위한 의사소통 방식은 정부와 정부가 아닌 정책이해관계자 간 균형적 쌍방향 의사소통이기 때문이다.

균형적 쌍방향 의사소통은 바로 앞서 논의한 공론장에서 행위자들 간 의사소통이 되는 방식이라 할 수 있다. 이는 위의 표에서 나타나는 네 가지 형태의 의사소통 방식 중 가장 민주적인 의사소통 방식이다.

불균형적 쌍방향 의사소통 방식에 있어서는 정보를 제공하는 입장에서 정보를 제공받은 상대방의 의견을 수렴하지만 이를 반영할지 않을지는 정보제공자가 결정하게 된다.

불균형적인 쌍방향 의사소통은 정부와 시민 간의 관계가 오용될 가능성이 있는 의사소통 방식이다. 즉 정부가 시민들에게 정책관련 정보를 제공하지만, 이러한 정보를 받은 시민들의 반응이 비판적일 경우 굳이 수용하지 않은 채 정책결정과정에서 시민의 참여가 있었기에 문제가 없다고 할 수 있기 때문이다. 왜냐하면 정부의 입장에서 이미 시민들에게 충분한 정보를 제공하였다고 주장할 수 있기 때문이다.

반면 균형적 쌍방향 의사소통은 정책 정보를 제공하는 정부가 시민들로부터의 다양한 반응을 다시 정책에 반영하려는 노력을 하는 경우이다. 균형적 쌍방향 의사소통에 의하면 정부는 일회성 정보제공 및 대응에만 그치지 않는다. 오히려 적극적으로 시민들의 의견에 의해 수정된 정책을 다시 시민들에게 제공하여 이에 대한 의견을 재차 수렴하는 지속적인 의사소통 노력을 의미한다. 정부와 시민 간의 관계는 균형적 쌍방향 의사소통 관계이어야 민주적인 정책수립이 가능해진다.

마지막으로 건전한 의사소통이 이루어지기 위한 네 가지 조건을 제시하면 다음과 같다.

첫째, 쌍방향 의사소통 방식에 있어서도 의사소통의 왜곡이 발생할 수 있기 때문에 이를 방지하기 위해서 먼저 의사소통 당사자 간 상호 다양성(차이)에 대한 인정이 있어야 한다. 이는 서로 다름을 인정하는 것이지, 틀린(잘못된) 것을 주장하는 것까지 무조건적으로 인정하는 것이 아니다. 예를 들면 위안부 문제, 세월호 사태 등 인권과 관련된 문제에 있어서 제기될 수 있는 잘못된 주장을 다름에 따른 다양성의 차이라고 인정하기는 어렵다.

둘째, 의사소통을 하는 행위자 간 관계는 상호 수평적이어야 한다. 즉 힘이 센 사람의 의견이 그렇지 않은 사람의 의견보다 무조건적으로 더 높게 평가되지 않아야 하고, 약자도 최소한 자신의 의견을 개진할 수 있는 제도적 통로가 있어야 한다.

셋째, 올바른 권위에 대한 인정이 필요하다. 즉 무조건적인 권위에 대한 복종 자세를 가진다면 의사소통에 있어 일방적 의사전달만을 가중시킬 가능성이 커지기 때문에, 바람직한 상호이해로 나아가는데 방해가 될 수 있다.

넷째, 합리적인 정보와 지식을 바탕으로 상대방을 논리적으로 설득시키려는 노력이 선행되어야 하며, 상호토론에 있어 상대편 정보에 대한 합리적인 수용자세가 있어야 한다. 여기서 거짓된 정보·지식을 이용하여 상대방을 현혹시키려는 경우, 이를 가차 없이 퇴출시키는 절차적 제도가 필요할 것이다.

공론장의 주도자에 따른 논의

공론장에 참여하는 정책행위자는 모두 동등한 위치에서 토론, 설득, 협상 등 의사소통을 통하여 상호이해를 도모하지만, 의제를 제기한 주체에 따라 토론의 주도자가 구분되어 논의될 수 있다. 의사소통 과정에 있어 의제를 주도하는 행위자가 정부인 경우와 시민들인 경우를 나누어 살펴보자.

첫째, 정책문제 및 그에 대한 대안이 정부/엘리트에 의해 주어진 경우에는 정부 등 권력에 의해 공론장이 주도된다. 이는 현대 대의민주주의 사회에서 대부분 나타나는 경우로서, 이러한 경우 시민은 정부정책의 수동적 수용자로 역할이 한정될 가능성이 높다.

정책문제를 최초로 제기한 주체가 정부이기 때문에 정부의 의도가 정책결정 및 집행에 상당히 반영될 수밖에 없으며, 이에 따라 정책대안에 따른 정책집행 결과에 대한 책임 역시 대부분 정부에게 있게 된다.

정부가 선제적으로 시민들이 미처 인식하지 못하고 있는 사회문제를 해결하기 위해 주도적으로 정책의제를 제안하는 경우에는 시민들이 이에 대하여 합리적으로 반응하게 될 것이고, 정부는 시민들과 합목적적인 의사소통을 통한 바람직한 정책결정을 시도할 것이다.

그러나 만약 정부가 평균적 시민들의 눈높이에서 수용되기 힘든 정책을 밀어붙이기 위해 미리 정책문제를 정의하고 해결책까지 결정한 후 시민들에게 사후적 동의와 지지만을 얻기 위해 노력하는 경우, 국민으로부터 상당한 저항에 부딪힐 수 있다.

둘째, 정책문제에 대한 대안을 시민이 주도적으로 만들어 가는 경우이다. 이 경우, 시민은 정책문제를 스스로 자율적으로 탐색하고 이를 정책의제화 시키기 위하여 능동적으로 공론장을 형성하려 노력할 것이다.

시민들이 공중의제를 주도하는 경우, 최초의 공론장은 문제를 제기한 시민들이 주도하는 비공식적 공론장이 될 것이다. 다수의 일반 시민들의 공동노력에 의해 공론장이 열릴 수도 있지만, 실질적인 공론장 활성화 역할을 하는 것은 정책기업가(policy entrepreneur)라 불리는 열성적 정책이해관계자이다. 정책기업가는 특정 정책문제(영역)에 대해 열성적인 활동을 하는 사람(전문가, 시민사회 운동가, 정치인, 관료 등)으로서, 자신의 가치관에 부합하는 정책문제 해석 및 정의가 정부에 의해 채택될 수 있도록 노력하는 사람이다. 아무런 자취도 없던 곳에서 갑자기 난데없이 가치를 창출(creating value out of thin air)해내는 사람이라는 기업가 (起業家, entrepreneur) 정의에 맞게 정책기업가는 자신이 생각하는 정책이 실현되게 하기 위해, 특정 정책에 대한 지지 및 관심이 거의 없는 상태에서부터 열성적으로 특정 정책(문제) 관련 공론장 형성 노력을 하고, 이를 통하여 궁극적으로 정책의 창이 열리는 기회가 올 수 있도록 지속적으로 정책활동을 하는 역할을 한다. 공론장에 참여하는 시민들은 서로 다른 소속, 문화, 가치관 등에 따라 자발적으로 그리고 때로는 정책기업가의 권유에 의해 소모임에 참여할 것이고, 이러한 소모임 내에서 토의를 시작한다.

이러한 공론장은 누구나 참여할 수 있는 개방적 성격을 가지며, 자신의 가치관에 따라 누구나 자신의 의견을 표명할 수 있으며, 외적인 강제가 없이 모든 참여자는 수평적 관계를 가진다. 그러나 합리적 의사소통을 위한 기본 규칙을 지키지 못하는 참여자의 경우에는 자율적 규제에 의해 제제를 받는데, 규칙위반이 지속될 경우 공론장에서 퇴출될 수도 있다.

이러한 자발적 소모임들에서 도출된 의견들은 다양한 소모임 간 다리 역할을 하는 매개 연결자[28]에 의해 상호침투하게 되고, 다시

---

28) 두 개 이상의 집단에 속한 정책기업가가 여기에 해당한다. 사회생활을 하면서 대부분 사람들이 대개 두 개 이상의 사회집단에 속해 있기 때문에 실질적으로는 대부분의 사람들이 이러한 매개 연결자의 역할을 하게 된다. 예를 들면 지금 이 글을 쓰고 있는 저자의 입장에서 중앙대학교 사회의 일원이면서, 정책학 학문사회의 일원이고, 고등학교·대학교 동창 사회의 일원이기도 하다.

의견 간 조정에 들어가게 된다. 이러한 과정을 거쳐 상호공유된 이해에 도달하게 되면 시민들에 의해 주도된 의제로 발전하게 된다.

일부 시민(또는 정책기업가)으로부터 제기된 의제가 전사회적으로 받아들여지게 되기 위해서는 정부와의 의사소통이 필요하다. 즉 정부에게 일정 규모 이상의 시민들이 합의된 의견을 제시할 때, 정부가 이러한 문제제기를 공적으로 풀어야 할 문제로 인식하게 되면 전사회적 수준에서 해결해야 할 정책문제로 발전된다(정책의제설정과정 참조).

다음 단계로써 정부는 제기된 문제와 관련되는 다른 정책이해관계자들과의 의사소통을 통하여 시민들로부터 제기된 의제의 타당성에 대하여 검증 노력을 한다. 이 단계에 있어 정책기업가는 관련 정부정책 위원회의 민간전문위원 등의 지위로 정부의 공식적 정책과정에 참여하기도 한다. 최종적으로 관련 이해관계자들로부터 제기된 문제의 타당성에 대한 합의에 도달하게 되면 비로소 시민이 제기한 문제가 정책의제로 발전되게 된다.

지속적인 의사소통을 통하여 문제에 대한 일정한 합의가 이루어지는 일련의 과정을 거치면서 의제와 관련하여 공론장에 참여하는 시민 및 관련 정책이해관계자들의 규모가 상당히 커질 것이다. 만약 공론장에 참여하는 행위자들의 규모가 일정 이상 되어 가시성이 높아지면 언론 등 다른 정책행위자들의 참여 역시 자연스럽게 이루어진다. 그러나 반대의 경우, 즉 상호 공유되는 이해에 도달하지 못한 경우에는 일부 시민들만의 공론(空論)으로 막을 내리게 된다.

요약하면, 시민들이 주도하는 공론장에서 논의되는 문제가 그들 간 토론을 통한 공동문제로 발전하고, 사회적으로 반향을 일으켜 규모가 일정 이상 넘어서면, 정부 역시 이러한 의사소통 과정에 참여하게 되면서 공론장의 성격은 공식적, 즉 제도화된 정책과정으로 발전한다. 여기서 공론장 형성, 정책문제의 사회적 반향 유도 등의 적극적 역할을 하는 것이 바로 정책기업가이다.

공식적으로 발전된 공론장에는 시민(정책기업가)뿐만 아니라 정부 및 정치인, 전문가, 관련 이익집단 등 관련 이해관계자들이 상호이해지향을 통하여 합의된 대안을 제시하는 과정을 갖게 된다. 이러한 과정을 통해 산출된 정책에 대한 집행결과의 책임은 시민을 포함하는 모든 정책이해관계자와 정부 공동에게 있기 때문에, 시민들은 정책을 만듦에 있어 이후 발생가능한 비난에 대한 회피를 하기 위하여라도 비합리적인 의사소통을 통한 개인 이익의 극대화를 자제할 것이다.

정책 중재자

정책과정에 있어 갈등은 자연스러운 현상이다. 정책과정에서 행위자들은 신념, 이해관계, 가치관, 선호 등의 차이에 의해 같은 문제(현상)에 대하여 다른 해결책을 선호하기 때문에 기본적으로 상호의견 충돌이 일어난다. 여기서 정책행위자 간 자율적으로 상호이해를 추구하여, 상호학습을 통한 갈등해결 또는 합의점이 도출되는 것이 가장 바람직하지만, 실제 갈등상황에서 상대편의 이야기가 귀에 들어오기 쉽지 않은 것이 인지상정이다.

위에서 논의된 바와 같이 공론장에서 다양한 행위자 간 합리적 의사소통을 통한 공유된 이해 도출 및 정책결정이 가능하다는 것은 이론적인 측면에서 의미가 있는 것이지, 실제 정책과정이 이렇게 논리적인 과정이라기보다는 진흙탕 싸움이 벌어지는 것이 더 흔하다고 볼 수 있다. 그러나 이러한 갈등이 당연한 것이라고 해서, 그냥 넋 놓고 갈등상황을 지켜볼 수만은 없다. 공론장에서 갈등을 최소화하여야만 그만큼 합의에 도달할 가능성이 높아지기 때문이다.

갈등이 심각할 경우(상호 이해관계 충돌이 심각할 경우) 이를 중간에서 중재해 줄 중재자가 필요하다. 갈등 당사자들의 서로 다른 의견 간 팽팽한 줄다리기가 지속된다면, 권위있는 중재자가 개입하여 상호학습을 촉진시킴으로써 중재안에 도달하게 할 수 있고, 최종적으로 상호합의에 도달하게 될 수 있기 때문이다. 이러한 중재 역할은 다양한 방식으로 나타난다.

첫째, 정책 공론장의 연속 선상에서 정책 공론장에서 핵심적인 역할을 하였던 정책기업가 또는 갈등 당사자 일방에 속하지 않은 중립적인 제3의 권위자(예를 들면 전문관료) 등이 전문가로서 중재 역할을 수행할 수 있다.[29] 이러한 중재는 앞서 언급하였듯이 정책행위자 간 상호학습을 촉진시켜 이들 간 차이를 줄여나가 궁극적으로 합의에 이르게 하는 것을 목적으로 한다. 이는 정책문제에 대한 정책이해관계

---

[29] 정책기업가(policy entrepreneur)와 정책 중재자(policy broker)는 유사점도 있지만 서로 다른 개념으로 이해되어야 한다. 즉 정책기업가는 정책과정에서 정책주창 및 중재역할 두 가지 역할을 할 수 있는 반면, 정책 중재자는 정책주창 역할은 하지 않고, 갈등상황에서 조정역할에만 한정된다.

자들의 시각의 차이가 존재할 때 가능한 방식이다. 즉 정책문제에 대한 하나의 옳은 해결책이 존재한다기보다, 서로 다른 방식의 해결책이 공존하며, 이러한 해결책 대안 간에는 옳고 틀린 것이 아닌 차이만이 존재할 때이다.

정책 중재자는 갈등 당사자들 중간에서 당사자 간 직접 대화가 아닌 중재자를 통한 간접 대화를 통해 상호 차이를 이해하도록 하여, 절충점을 찾아나가는 데 있어 주요한 역할을 하게 된다. 정책학자인 폴 사바티어(Paul Sabatier)에 따르면 복잡한 정책과정에서 정책행위자들은 유사한 신념체계를 가지는 둘 이상의 정책옹호 집단으로 연합되며, 이러한 연합 간 정책을 이해하는 방식의 차이, 추구하는 해결책의 차이 등에 의하여 갈등이 발생하게 된다. 정책 중재자는 갈등상황에 있는 연합들 사이에서 상호 정책학습을 도모하고, 이러한 갈등의 타협점 또는 절충안을 제시하는 역할을 한다.

또 다른 측면에서 정책학습을 도모하는 정책중재자는 소극적 중재 역할에만 그칠 수도 있다. 이는 중간에서 각 갈등 당사자들의 의견을 전달하거나 단순히 대화의 장을 마련하는 데 그치는 경우이다. 따라서 합의에 도달하는 것은 갈등 당사자들의 몫이 된다. 소극적 정책 중재자는 단순한 심판의 역할을 수행하게 된다. 예를 들어 갈등 당사자를 포함한 다양한 정책행위자들로 하여금 다수결에 의한 투표를 통해 갈등을 해결하는 방식이다. 이 경우 소수의 의견이 무시된다는 단점이 있으며, 투표에서 패배한 측에서 불복을 할 경우 다시 갈등상황으로 되돌아가는 단점이 있다.

둘째, 정책문제 해결책의 고려에 있어 소위 '정답'이 있다고 믿는 상황에서 발생하는 갈등의 경우에는 정책결정 과정에서 정책 대안을 둘러싸고 일어나는 갈등 및 투쟁 수준이 매우 높아져서 정책이해관계자 간 의견조율이 어렵게 된다. 이에 대한 조정은 대개 정부의 공적 권위자들에 의한 중재역할로 이루어지게 된다. 예를 들어 특정 시점에 반드시 필요한 정책인 경우, 이해당사자 간 합의를 마냥 기다릴 수는 없다는 측면에서, 정부 최고의사결정자(대통령) 또는 국회의 직권으로 정책 조율 및 결정을 하게 된다. 또 다른 측면에서 정책당사자 간 갈등 봉합이 실질적으로 불가능해지는 경우, 이를 법적인 잣대로 풀어서 결정하는 중재(사법부의 권위에 의한 조정)가 있을 수 있다.

4. 정책 정당성

정책 정당성(policy legitimacy)이란 정부정책과 관련된 정책이해관계자들의 정부 정책에 대한 동의 또는 지지 정도에 의해 결정된다. 따라서 민주주의 사회에서는 정책 정당성을 추구하는 주체는 정부이며, 정책에 정당성을 부여하는 주체는 시민(정책이해관계자)이다.

그러면 정책이해관계자가 정부의 정책에 대하여 지지를 하게 되는 이유는 무엇일까? 일반 시민들을 포함하는 정책이해관계자들은 자신들의 입장에서 정부의 정책을 수긍할 수 있을 때, 또는 일반 상식수준에서 공공이익에 부합되는 방향으로 사회문제를 해결하려는 정부의 행태에 대하여는 일반적으로 동의를 해준다.

정부가 정책을 결정하고 실제로 실행하기 위해서는 시민들의 동의인 정책 정당성이 필요하다. 이러한 필요조건으로서 정책에 대한 지지 또는 동의는 저절로 얻어지는 것은 아니다. 정부의 정책결정에 대한 동의 또는 지지를 얻는 과정은, 속된 말로 하면 정부가 하는 일이 얼마나 명분 있는 정책인가 아닌가에 대한 게임이라고 볼 수 있다.

⟫ 그림 25   영화 '범죄와의 전쟁' 중 한 장면

자료: http://www.cgv.co.kr/movies/detail−view/still−cut.aspx?midx=55851#menu

영화 '범죄와의 전쟁' 중 건달 조직의 보스(하정우)는 자신들의 이권을 위하여 하고 싶은 일이 있음에도 "내가 나설 명분이 없는데 … 그게 아니라 명분이 없다 아닙니까, 명분이. 건달세계에도 룰이라는 것이 있는데…"라며 망설인다.

건달들도 다른 건달들(이해관계자)이 상식적인 수준에서 해도 된다는 동의가 있는 일만 할 수 있는데, 하물며 국가(정부)는 더 이상 말할 필요도 없을 것이다. 즉 정부도 어떤 일을 하고자 할 때 정책관계자뿐만 아니라 대국민을 대상으로 꼭 그 일을 해야 할 명분이 있어야만 한다. 왜냐하면 국민이 최종주권자이며, 정부가 쓰는 돈(세금)을 내는 사람이기 때문이다. 이러한 명분은 일반적인 상식수준에서 정부의 결정이 공공의 이익에 부합되는가에 대한 과정 및 내용이다.

정책 정당성은 특정 정책이 우리 사회를 움직여나가는 두 축인 민주주의와 자본주의의 측면에 있어 얼마나 합당한지를 판단하는데 유용한 분석틀 역할을 한다. 먼저 민주주의는 절차적 정당성을 중요시한다. 이는 의사결정 과정에 관련 이해관계자들이 얼마나, 그리고 어떻게 참여하였는가의 문제이다.

자본주의의 측면에서 있어서는 정책의 결과물이 얼마나 효율적으로 집행되었는가에 대한 것에 초점이 맞추어진다. 이러한 효율성 측면에서의 정당성이 중요한 이유는, 정부의 가용한 자원(주로 예산으로 표현되는) 역시 한정적인 것으로서, 가능한 한 유한한 정부자원을 효율적으로 사용하여야 더 많은 시민에게, 더 다양한 공공서비스가 돌아갈 수 있기 때문이다.

정책 정당성의 종류

정책 정당성은 크게 절차적 정당성, 내용적 정당성, 정치적 실현 가능성으로서 정당성 등 세 가지 측면으로 나누어 살펴볼 수 있다.

첫째, 절차적 정책 정당성(procedural policy legitimacy)은 정책형성 및 결정 등 정책과정 전반에 정책관련 이해관계자(넓게는 시민들)의 참여가 얼마나 보장되어 있는가(제도적인 측면), 그리고 실제로 참여에 의해 도출된 상호이해에 기반하여 정책목표가 설정 및 결정되었는가에 대한 문제이다.

민주주의 사회에서는 누구나 원한다면 정책과정에 참여하여 자신의 목소리를 반영할 수 있는 제도적 장치가 있어야 한다. 참여를 원하는 시민과 정책과 관련된 이해관계자들이 정책과정에 자유롭게 참여하여 공식적인 정책행위자들(정부 포함)과 상호학습을 하여 합의된 정책결정을 도출하였을 때, 절차적 정당성이 담보되었다고 볼 수 있다.

이러한 정책의 절차적 정당성에 있어 또 하나 중요한 점으로 정책목표를 달성하기 위한 수단과 정책목표와의 목적－수단 인과관계에 대한 것을 들 수 있다. 즉 정책목표를 달성하였더라도 수단이 사회적으로 바람직하지 않은 경우 정책의 정당성이 있다고 보기 힘들다.

왜냐하면 아래의 예에서 나타나는 바와 같이 정책수단의 선택에 있어 참여가 보장되지 않는다면 국민의 민의에 의해 설정되어 있는 정책수단마저 무시해버릴 수 있기 때문이다.

바람직하지 않은 수단으로 정책목표 달성: 절차적 정당성의 부재

필리핀의 로드리고 두테르테(Rodrigo Roa Duterte) 대통령(2016~2022)은 '모든 범죄자를 처형하겠다'는 공약(범죄와의 전쟁)을 걸고 대통령에 취임 이후 '마약상을 죽여도 좋다'는 발언을 하였다. 그 결과 그가 취임한지 두 달 만에 2천여 명의 마약 용의자가 사살되었다.

마약범죄가 매우 심각한 범죄임에는 이론이 없다. 그러나 민주주의 국가에는 국민들의 합의에 의해 구축된 적법한 절차가 있는데, 두테르테의 정책수단은 이를 무시한 채 진행되었고, 이에 따라 수많은 사상자가 발생하였지만, 범죄를 줄였다는 결과가 나타났다. 이는 바람직하지 않은 수단인 초법적 살인을 통해 마약범죄라는 문제를 해결하였기에 절차적 정당성이 부재한 정책집행이라고 할 수 있다.

둘째, 내용적 정책 정당성(substantive policy legitimacy)이 의미하는 바는 정책의 집행결과 원래 의도하였던 정책문제를 해결하는 결과가 도출되었는가의 문제인데, 이러한 문제는 정책문제 정의가 어떻게 되었는가에 달려있는 것이다. 이는 효율성의 측면과 효과성의 측면에서의 정책 정당성으로 나누어 살펴볼 수 있다. 효율성에 초점을 맞추는 경우에는 정책산출물(output)이 얼마나 효율적으로 도출되었는가(대개 숫자로 성과가 전환되어 평가된다)이며, 효과성에 초점을 맞추는 경우에는 정책이 해관계자들이 우려하였던 문제가 진짜로 해결되었는가라는 정책 임팩트(impact)의 측면에서 평가가 된다.

정책목표에 있어 대국민용 정책목표와 정책결정자 및 엘리트들에 의해 숨겨진 정책목표가 따로 있는 경우 내용적 정당성이 저해될 가능성이 높다. 이러한 경우 대개 권력을 사유화하고 있는 소수 엘리트들의 이익에 부합될 수 있는 정책수단이 선택되기 때문이다. 소수 권력자가 선호하는 정책수단은 숨겨진 정책목표 달성에는 효과적이지만 대국민용 정책목표 달성에는 적합하지 않는 정책수단일 가능성이 높기 때문에, 결국 내용적 또는 실질적 정책 정당성이 떨어질 수밖에 없다.

셋째, 정치적 실현 가능성으로서 정책 정당성(politically feasible policy legitimacy)은 정책맥락에 따라 정책실현 가능성이 담보되었을 때 보장되는 정당성이다. 정책 과정은 정치적 과정이다. 정치적 과정에 있어 상호 이해충돌이 일어날 때, 정책실현을 위해서는 정치적으로 다른 반대편을 설득하여 동조를 일으킬 가능성이 있는지를 아는 것이 중요하다. 만약 상대방이 죽기살기로 덤비는 경우에는 아무리 좋은 정책의제도 정책으로 실현(결정)되기가 매우 어렵기 때문이다.

이러한 측면에서 상호 의사조율(mutual adjustment) 및 정치적 협상 (political negotiation)을 포함하는 정치적 조율을 통해 실제 실시 가능하게 정책을 만들어 나가는 것이 중요하다.30)

정치적 실현가능성으로서 정책 정당성은 일반시민들보다는 실제 정책을 담당하는 정부 내의 엘리트(관료와 국회의원)들이 문제해결을 위해 주어진 조건 아래에서 현실적으로 가능한 대안을 선택하려는 노력에서 담보될 수 있다.

---

30) 정치적 실현가능성으로서 정치적 협상에 의한 정책결정 및 집행의 예로 앨리슨의 관료정치모형 참조.

정책결정자의 숨은 정책목표: 실질적 정당성의 부재

이명박 대통령은 국회의원 시절부터 한반도 물류 선진화를 위한 대운하를 주장해왔고, 이는 대통령 당선 당시 가장 큰 공약이었다. 취임 초기 이명박 정부는 대운하를 추진하려 하였으나 전문가를 포함한 국민들의 커다란 반발에 부딪치게 되었다.

실질적 정당성 부재에 따른 국민의 저항에 의해 절차적 정당성 위기에 부딪친 이명박 정부는 대운하 사업을 4대강 정비사업으로 포장을 바꾸어 추진하게 된다. 이 정책은 녹색성장의 일환인 '4대강 살리기'라는 이름으로 불리게 되면서 치수 및 환경 정책으로 정책 프레임을 바꾸게 된다.

세금을 축낼 것으로 예상되는 개발정책(대운하)을 환경정책으로 바꾸었지만, 여전히 한반도 대운하 사업과 연관된 것이 아닌가에 대한 의심이 있었으며, 이 사업으로 인하여 오히려 4대강의 환경(수질환경)이 악화될 가능성이 있다는 많은 비판이 있었다. 즉 시작부터 실질적 정당성이 부족하였던 정책이 절차적 정당성 위기에 부딪치면서 포장만 바꾸었기에 실질적 정당성 문제는 여전히 유효하였던 것이다.

현재까지도 4대강 사업 결과는 많은 논란거리를 가져오고 있다. 특히 이명박 정부의 소위 '사자방(4대강, 자원개발외교, 방위산업)' 비리가 수면위로 올라오면서 4대강이 치수 및 환경정책이기보다는 단순히 개발사업을 통한 비리를 추구하는 것이 아니었는가에 대한 의심이 상당히 커지고 있는 상황이다.

실제 2013년 감사 결과 4대강 살리기는 한반도 대운하를 추진하는 다른 이름이었다는 것이 밝혀지는 것 등을 보았을 때 4대강 살리기 정책은 정책결정자가 숨은 의도를 가지고 있었기에 실질적 정당성이 부재한 정책이었다고 평가될 수 있다. 이렇게 정당성이 부재한 정책의 무리한 집행결과는 국민의 세금 낭비로 귀결될 가능성이 높다.

아래의 그림은 세 가지 정당성이 어떻게 연관되는가를 도식화시킨 것이다. 절차적 정당성은 성공적 정책을 위한 가장 필수적인 조건으로서, 정책을 둘러싼 이해관계자들의 참여 및 지지에 의해 가능하게 된다. 정치적 실현 가능 정당성은 해당 정책을 둘러싼 그 사회의 사회·문화·경제적 맥락에 근거하여 실제 정책으로 실현 가능성이 담보되는 것을 의미한다. 마지막으로 실질적 또는 내용적 정당성은 정책 내용이 얼마나 효율적으로 그리고 효과적으로 실현되는가에 대한 것이다.

░ 그림 26 **정책 정당성**

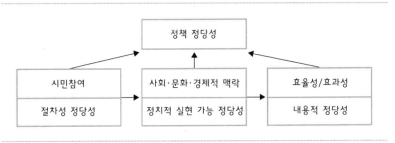

이 세 개의 정당성은 정책이 정당성을 가지기 위해 필요한 조건들이다. 이를 정책과정의 측면에서 보았을 때 시민들의 동의에 의해 사회문제가 정책의제로 설정될 때 획득되는 절차적 정당성이 가장 먼저 필요하며(정책의제설정), 이어 실제 정책으로 결정될 수 있는지 여부와 관련되는 정치적 실현가능 정당성(정책결정), 그리고 정책이 수행되고 난 후 정책 내용(결과)이 얼마나 실질적으로 의미가 있는가인 내용

적 정당성(정책평가 및 환류)의 순서로 정책 정당성이 파악될 수 있다.

정부의 입장에서 정책 정당성을 담보하여 성공적 정책결과를 도출하였던 과거의 경험은, 이후 정부로 하여금 국민들이 필요로 하는 정책수립을 적극적으로 수행할 수 있는 동력을 제공한다. 다시 말하자면 정부의 입장에서 세 가지 정당성을 담보하여 성공적 정책결과를 도출하는 경우, 국민들에게 민주적 문제해결 능력을 인정받게 되어 점진적으로 국민들로부터 신뢰와 지지를 구축해 나갈 수 있다.

이러한 정책 정당성 담보에 따른 성공적인 정책결과의 역사가 쌓이게 될 때, 정부는 정책 정당성 자본(policy legitimacy capital)을 보유할 수 있게 되고, 이러한 정당성 자본은 국민들로 하여금 정부의 정책에 대한 수용도를 높여주는 선순환 효과를 가져올 수 있다.

정책 정당성과 공론장

정책 정당성 중 절차적 정당성이 현실화되는 공간이 공론장이다. 왜냐하면 공론장의 기능이 바로 상호이해지향적 정책학습을 통한 차이에 대한 상호조정(mutual adjustment)이기 때문이다. 이해관계를 상호조정할 수 있는 기본적 메커니즘은 학습이다. 학습은 '오류발견 → 오류의 원인 탐색 → 오류의 수정 → 이에 대한 검증' 과정이 반복적으로 진행되면서 이루어진다.

정책과정에 참여하는 행위자들은 상호 다름에 의해 특정 정책에 대한 해석 및 해결방안에 있어 차이를 보이기 마련이다. 학습의 시각에서 보면 나와 상대방 간 차이가 있을 때, 나의 시각을 상대방에 맞추는 것이 더 바람직한 경우에는, 나의 시각의 오류가 발견되었다고 할 수 있다(반대의 경우도 동시에 일어나는 것이 보통이다). 일단 차이가 인식되면, 왜 이러한 차이(오류)가 나타나는가를 탐색하고, 상대방과의 치열한 의사소통을 통하여 이러한 차이의 보정(또는 오류의 수정)을 추구한다.

정부와 시민 간 상호 오류의 수정 및 조정과정을 거친 후 도달하는 합의가 바로 정책 정당성으로 연결되는 것이다. 즉 정책의 측면에서 공론장의 기능은 정책의 정당성 확보라고 볼 수 있는 것이다.

공론장의 정책행위자는 모두 평등한 관계이며, 공론장에서의 의사소통은 정책행위자 간 상호이해를 목적으로 한다. 여기서 정책행위자들은 다른 정책행위자들을 자신의 목적을 달성하기 위한 수단(사물)으로 간주하지 말아야 한다. 그들 역시 타인과 상호이해 및 조율을 수행하는 주체로서 종국적으로는 함께(협력)해야 하는 대상(인간)으로 인식하여야 한다.

아래에서는 사전적 정당성 확보와 사후적 정당성 확보라는 두 가지 측면에 초점을 맞추면서, 각 정당성 확보 노력에서 공론장이 어떤 역할을 하는가에 대하여 살펴본다.

첫째, 사전적 정당성 확보는 정책문제 상황에서 시민들이 자율적이며 적극적인 참여를 하였을 때 가능하다. 이는 다시 두 가지 측면에서 가능하다.

① 시민들이 스스로 자신들의 생활영역에 영향을 주는 문제를 찾아내어, 자율적으로 공론장을 형성하고, 이를 합리적 의사소통 방식

으로 토의 및 대안 탐색 등을 할 때(bottom-up)이다. 공론장에서 관련 시민들 간 상호 차이에 따른 다양한 의견들이 걸러지고 난 이후, 공유된 이해에 바탕을 두고 하나로 집약된 대안을 가지고 정부에 정치적 영향력을 가하는 경우이다.

즉 다수의 서로 다른 시민들이 일반적으로 바람직하다고(특정 공간, 시간에 한정) 공통적으로 동의하는 대안이 도출되었을 때, 이것이 하나의 거대한 여론으로 만들어질 수 있다.31) 시민들로부터의 대안이 하나의 거대한 여론으로 만들어졌을 때 비로소 정치권력(정책과정)에 영향력을 행사하여, 실제 정책과정에 의미있게 반영될 수 있다. 마지막으로 정부가 적극적으로 대응하여 이를 정책으로 반영하였을 때, 정책의 사전적 정당성이 확보되는 것이다.

② 정부가 정책문제 해결을 위해 (다수의) 대안을 시민들에게 제시하고, 이에 대한 시민의 의견을 수렴하여 정책 조정 및 수정을 하는 경우(top down)이다. 정부는 이러한 과정을 통하여 정책에 대한 지지 확보(예를 들면 공청회, 인터넷에서 대안을 제시하고, 주민들로 하여금 선호하는 것을 투표하게 하는 것)를 할 수 있게 된다.

여기서 시민들의 의견·선호와 사전적으로 정부가 제시한 대안 간의 차이가 있을 경우, 시민들과 충분한 상호의사소통 및 상호이해를 추구하여 정책을 수정하는 경우에만 사전적 정당성이 확보(절차적 정당성에 해당)된다. 반면 정부가 주민들의 의견은 듣지만, 자신들이 미리 결정해 놓은 정책대안에 주민의 의견을 반영시키지 않는 경우는 다음

---

31) 이는 특히 언론이 정책기업가 역할을 하였을 때 그 영향력이 크다.

의 사후적 정당성에 해당된다.

둘째, 사후적 정당성은 권력을 장악하고 있는 정부 또는 정치권력이 자신들의 선호(다수 국민들의 선호가 아닌)에 따라 먼저 결정한 정책(pre-determined policy)에 대하여 ① 자신들에게 우호적인 엘리트들로 하여금 이미 결정된 정책에 유리한 지식 및 증거를 제시하게 하거나, ② 자신들에게 영합하는 일부 시민단체들과의 연합 등을 통하여 사후적으로 자신들이 제시한 정책이 합의되었고, 지지되는 것처럼 포장함으로써 정책 정당성을 담보 받는 것을 의미한다.

사후적 정당성 확보에 있어 공론장은 정부에 의해 일방적으로 제시되며, 대개 정부로부터 시민에게 일방향적 정보제공만이 있게 된다. 즉 정부는 미리 정책결정을 한 다음 자신들이 마련한 정치적 공론장에서 자신들에게 유리한 정책 프레임을 만들고, 이를 (일방적으로) 대중매체 홍보 및 교육을 통해 지속적으로 주입하는 전략을 사용한다. 이는 일방향적 의사소통을 통한 대중선전의 방식으로서, 예를 들면 나치의 선전, 일본의 우경화, 독도문제, 그리고 미국 공화당의 정책 프레임 전략 등 극우성향의 정권에서 많이 나타난다.

셋째, 정부가 자신들끼리 정책결정을 한 후 사후적 정당성마저 무시하였을 때이다. 정책결정에 영향을 받는 시민들의 의견을 듣지 않고 결정된 정책은 정당성이 결여된 정책이다. 이러한 정책이 기술적 (technical)인 정책 내용에 한정되는 경우에는 상대적으로 사회적 문제가 될 여지가 크지 않다. 반면 사회적 논란이 될 수 있는 여지가 있는 사안에 대하여 이러한 정책결정이 이루어진 경우, 민주주의 국가에서는 시민들이 스스로 공론장을 형성하여 문제를 재정의하고 이를 해결하려는 노력을 한다.

정책 정당성을 정책문제제기 주체별로 요약하면, 첫째, 시민들이 자발적/주도적으로 먼저 정책문제에 대한 대응을 하고, 이에 대하여 시민 간 양방향 의사소통이 있는 경우이다. 이러한 시민 간 긴밀한 의사소통이 정책문제 해결책에 대한 합의로 이어지는 경우 이것이 시민과 정부 간 긴밀한 양방향 의사소통으로 발전할 가능성이 높아지고, 종국적으로 자연스럽게 정책 정당성이 형성된다.

둘째, 정부가 먼저 정책문제를 제기하는 경우에는 대개 정부가 사전적 정책 정당성 확보 노력을 하게 된다. 이때 정부-시민 간 상호 피드백을 통한 균형적 양방향 의사소통 방식을 통해 정부의 문제제기에 대한 해결책의 합의가 이루어지면 정책 정당성이 담보된다. 반면, 정부가 먼저 문제해결책을 미리 결정한 후 이에 대한 사후 정당성을 확보하려는 경우에는 대개 정부→시민사회로의 일방향적 의사소통 방식이 정부의 정책 정당성을 확보하기 위한 의사소통 전략이 되고, 대부분 정책 정당성 결여로 귀결된다.

정보통신기술 발전에 따른 주민참여 확대와 정책 정당성 확보의 관계

21세기 이후 인터넷의 발전 및 급속한 보급에 대응하여 정부는 인터넷 설문 등의 주민참여 방법을 통하여 일반 시민들에게 정책의 최종 결정에 대한 의견을 수렴하여 정책 정당성 확보를 하려는 노력을 기울이고 있다. 이는 일방적으로 정책을 결정하고 이를 주민들에게 일방향적으로 알리는 시혜적 정책결정이라기 보다는 주민들에 의해 제기된 문제해결에 대한 다수의 대안을 주민들에게 다시 제안하고, 대안 중 주민들로부터 가장 많은 선호를 획득한 것을 정책문제 해결책으로 결정하는 방식이다.

그러나 실제 연구결과를 보면, 2000년대 초중반(2001년 9월~2004년 7월) 기간 동안 서울의 한 지방자치단체의 경우 주민들에게 정책 대안에 대한 선호 설문조사를 한 이후 이를 실제로 반영한 경우는 전체 설문조사의 38%에 그쳤고, 미래 반영계획이라고 하며 미온적이거나(27%), 반영을 하지 않은 경우(35%)가 더 많은 것으로 나타났다.

즉 정보통신기술의 발전에 따라 주민들의 의사 및 선호도가 반영될 수 있는 통로는 넓어지고 있으나 주민들의 의견이나 선호도가 결정에 실질적으로 반영되는 정도는 상대적으로 만족할 수준이 아니라고 평가할 수 있다.

최근에는 스마트폰의 급속한 발전에 의해 그 통로가 더욱 넓어지고 있다. 그러나 정보통신기술의 발전에 따라 시민들의 의사표출 및 반영기회는 더욱 커지고 있지만, 이를 받아들이는 정부는 아직 기술과 시민들의 성숙한 발전속도에는 미치지 못하고 있다고 보여진다.

자료: 하혜영·박치성(2008).

맺는말

우리의 삶에 있어 정부 정책의 중요성이 얼마나 큰 것인지에 대하여는 새삼 재론할 필요가 없을 것이다. 그러나 정책이 어느 순간부터 우리의 삶에서 점점 멀어지고 있다. 정부의 정책과 우리의 삶이 상호 배타적으로 동떨어져 있는 것이 아니기에, 우리는 정책이 무엇인지에 대하여 알 필요가 있다.

이를 위한 시작점으로 들 수 있는 것이 정책을 둘러싼 맥락에 대한 이해를 가능하게 해주는 비판적 시각을 키우는 것이다. 이러한 비판적 시각을 가진 시민들이 주인의식을 가지고 지속적인 관심과 사랑을 보여 주어야 민주적 정책이 자리잡을 수 있기 때문이다.

마지막으로 민주적 정책을 만들어내는 데 있어 정부의 정책관련 행태와 관련된 논의로 이 글을 마무리하려 한다.

민주적 정책을 위한 제언

정부의 정책 행태 재고찰

정책이해관계자 중 가장 영향력이 큰 행위자가 정부라는 점에 대하여는 큰 이론이 없을 것이다. 여기서 우리가 다시 한 번 되물어 볼 필요가 있는 질문으로, '정부(정치권력을 가진 정책결정자 및 엘리트)는 항상 국민을 위한 정책을 만들고 이를 효과적으로 집행하기 위한 고민을 하는가?'를 생각해보자.

먼저, 공공선택론(public choice theory)에서 제기된 바와 같이 정부의 전문 관료들도 합리적으로 자신의 이익을 추구하는 사회적 행위자 중 한 명일 뿐이라고 볼 수 있다. 이러한 시각에 따르면 정부에서 일을 하는 주요 행위자인 관료들 역시 자신의 이익을 추구한다. 그러나 관료들의 이익극대화는 시장에서의 이윤극대화와는 조금 다른 모습으로 나타난다.

정부관료 역시 이기적 동기를 가질 수 있으나, 시장행위자와 달리 이타적 동기 역시 매우 중요한 행위 결정기준이 된다. 즉 관료들 역시 합리적 행위자로서 사익(self-interest)을 추구하지만, 관료들의 사익은 시장행위자의 사익과는 달리 이타적 또는 공공동기와 복합적으로 결합된 사익이다.

이러한 복합적 사익추구의 예로 관료의 예산의 극대화 현상을 들수 있다. 정부예산은 관료 자신의 사적 이익을 위하여 전용될 수는 없다. 그러나 관료 자신이 관장하는 업무에 있어 예산이 극대화된다는 것은, 자신의 업무 능력이 높다는 것을 의미한다. 이러한 측면에서 관료들은 자신이 사적으로 사용할 수는 없을지라도 자신의 업무 범위의 확장을 의미하는 예산을 극대화하는 경향이 있다는 것이다. 윌리엄 니스카넨(William A. Niskanen)이라는 공공선택 경제학자에 의하면 이러한 관료들의 예산극대화경향은 사회적 낭비를 초래할 수 있기 때문에 이에 대한 감시가 필요하다.

한편, 전문 관료가 아닌 정치적으로 임용된(politically appointed) 공무원(대통령을 포함한 선출직 및 이들이 지명, 임용한 중·고위직 관료)들은 자신의 사익을 넘어 완벽한 공공봉사동기(public service motivation)에 의해 이들을 선출해준 시민들의 이익을 대변하는가?

우선 이들은 국민의 투표에 의해 선출된 사람들로서 다수 국민의 이익을 대변하는 정책행위자로 볼 수 있다.32) 여기서 민주적 정부의 지도자가 시민들의 목소리에 대응하는 정부를 지향하는가(수요 중심 정책), 아니면 정부의 엘리트 중심의 공공재 공급 지향적인 정책을 선호하는가에 따라 논의가 달라진다.

먼저, 수요중심적 정책은 두 가지 측면에서 고려될 수 있다. 첫째, 대의민주제 정치적 측면에서 수요중심적 정책으로 고려될 수 있는 것으로 선거공약을 들 수 있다. 이는 선거에 당선되기 위해 내놓는 수요중심적인 공약(표만을 얻기 위해 실행가능성을 무시한 채 제시되는 경우 포퓰리즘이라고 일컬어지기도 함)을 들 수 있다. 그러나 이러한 정책공약들은 많은 경우 공론장

---

32) 소위 독재 정부의 최고 의사결정자는 시민들의 정치에의 무관심을 종용, 그들의 이익을 추구한다. 여기서는 독재자에 의한 문제점은 생략한다.

에서 이루어지는 아래로부터 의견수렴(bottom-up)에 의한 상호이해지향적 토론에서 귀결된 사회적으로 합의된 정책이라기보다 소위 여론, 또는 전문가(선거 캠프 중심)들이 국민들의 수요라고 분석해낸 정책정보라는 한계를 가진다. 전문가들에만 의해 생산된 정책지식은 시민들과의 토론(양방향 소통 및 피드백 반영)을 통한 상호이해 및 합의된 정책지식이라고 보기는 어렵기 때문이다(적어도 절차적 측면에 있어).

둘째, 시민들의 수요가 공론장을 통해 직접적으로 정책과정에 반영되는 것이다. 현대국가의 특성상 완전히 시민들이 주도하는 수요중심적 정부 정책 운영은 현실적으로 불가능하다. 그러나 다양한 방식을 통하여 시민의 참여를 증대시킬 수 있다.

최근 민주적 정부운영 기조가 높아지면서 시민의 목소리가 정부 최고의사결정자에게 직접 전달될 수 있는 통로가 넓어지고 있다. 동시에 정보통신기술 발전으로 인한 집단적 의사소통의 활성화에 의해 앞서 언급했듯이 시민들의 공론장이 더 넓어지고 있다. 이를 통해 정책과정에 있어 시민참여(citizen participation)를 넘어선 시민관여(citizen involvement)가 더욱 활성화되는 계기가 될 것으로 기대되며, 그 결과는 더욱 수요중심적인 민주화된 정책으로 귀결될 것이다.

반면, 공급중심 정책은 시혜적 성격이 크다. 엘리트가 우월한 지식·전문성을 바탕으로 정책문제 정의, 정책해결책 제시 및 결정을 하는 것으로 정책의 주도권은 완전히 정부(엘리트)의 손에 쥐어져 있다.

이들은 사회문제를 자신들의 전문성 아래에서 정의하고, 이에 따른 해결책 역시 자신들의 전문성에 따라 결정한다. 일반시민들의 경험·지식·정보는 과학적·객관적이지 않아 오히려 정책문제 정의 및 해결책 도출에 방해가 된다고 바라본다. 따라서 과학적이며 객관적인 정보·지식·기법을 이용한 정책분석이 가장 사회에 효율적이며 바람직한 결과를 가져올 것이라는 믿음을 가지고, 일반 국민들은 단지 엘리트에 의한 정책에 수동적인 수혜자이면 된다는 자세이다. 이러한 공급지향적 정책은 자칫 잘못하면 '엘리트의 정책이해는 옳은 것 대 시민들의 이해는 틀린 것'이라는 왜곡된 이분법적 도그마에 빠지기 십상이며, 제어되지 못할 경우 독재로까지 이어지기 쉽다.

우리나라의 경우 유신독재와 군부독재 경험이 있고, 이후 민주적 정부의 경우에도 대부분 정책공급 지향적 정부(모든 보수당 정권, 김영삼, 이명박, 박근혜, 그리고 김대중 정부와 노무현 정부)의 모습을 보여 왔다. 문재인 정부는 일부 정책에 있어 정책수요 지향적 실험(예: 광화문 1번지)을 하였으나 아직 한계가 있다.

요약하면, 공급지향적 정책에서 강조되는 전문가 내지 기술적 관료(technocrat)들이 제시하는 전문적 정책지식이 수요지향적 정책에서 초점이 맞추어지는 일반시민들(개별 일반인이 아닌 일반인들의 집단지성 – collective intelligence)의 실용적 정책지식보다 정책문제 해결에 있어 유용한가에 대한 논의는 어느 한쪽이 일방적으로 옳다, 옳지 않다의 문제로 판단해서는 안 된다. 즉 이 둘은 단지 다를 뿐(차이가 있을 뿐)이다. 이 둘을 상황에 맞추어 조화롭게 같이 운영하는 방식만이 민주적 정책이 효율적이며 동시에 효과적으로 실현될 수 있는 방안일 것이다.

정부의 정책에 대한 무조건적 신뢰?

토마스 홉스(Thomas Hobbes)에 따르면 정부와 같은 외부적 강제가 없는 완벽한 자유상태에 놓인 인간은 만인에 대한 투쟁을 통해서만 자신의 생존을 유지할 수 있다. 이 때문에 아이러니컬하게도 개인은 자신의 자유 중 일부를 정부에게 위탁하고 반대급부로 정부로부터 기본적인 서비스를 받음으로써 안정적인 자유를 누릴 수 있다고 한다. 인간은 이성에 근거한 자발적인 합의에 의해서 국가에게 자신의 권리인 자유의 일부를 양도함으로써 개인의 기본권을 보장받을 수 있었던 것이다.

이러한 서구 자유주의적 시각에 따르면 정부는 국민의 필요에 의해, 국민을 위하여 존재하며, 정부는 국민이 인간답게 살면서 행복을 추구하는데 필요한 기초적인 서비스를 제공하여야 한다. 이러한 정부의 존재이유에 따르면 정부가 하는 일은 모두 시민들의 안녕을 위한 것이라고 생각할 수 있다.

이러한 생각은 정부 관료들에게서 더욱 빈번히 나타나는 현상이다. 그러나 상당한 경우 정부의 관료들은 자신도 모르게 정책을 왜곡하고 또는 비윤리적 정책의 일원이 되기도 한다. 이는 특히 전통적 합리성에 초점을 맞추는 정부운영에서 두드러지게 나타난다.

기술적 합리성에 따라 설계된 행정업무(SOP) 처리에 있어 관료들의 경우 자신이 해야 할 일만 가장 효율적으로 처리하면 자신의 업무윤리에 대한 책임완수를 할 수 있게 된다.

대부분의 공공서비스 전달체계는 정책영역에 따라, 업무 역할에 따라 세분화된 분업체계로 이루어져 있다. 이러한 분업의 예로서 우편배달, 통신, 도로정비 등을 들 수 있다. 이렇게 분업화된 업무를 담당하는 개별 일선 관료들의 경우, 이러한 서비스를 필요로 하는 시민들에게 가장 효율적으로 전달하면 자신의 업무가 완성된다. 여기서 일선 관료들의 경우 자신이 하고 있는 업무 자체에만 한정하여 최선의 서비스를 제공하면, 이에 대한 아무런 윤리적 문제가 없을 수 있다.

그러나 상황을 바꾸어, 이와 똑같은 공공서비스 업무를 하고 있는 관료들이 과거 독일 나치정권 아래의 우편배달부, 도로정비 기술관료라고 가정해 보자. 이들이 하는 일 자체는 다른 민주적 국가에서 같은 일을 하는 관료들과 다를 바가 없다. 그러나 큰 틀에서 보면 나치의 대학살(holocaust)에 자신들도 모르게 도움을 준 것이다.

기술적 합리성에 의해 수행되는 개별 업무들의 경우, 이와 연관되는 다른 업무와의 관계를 고려하지 않고, 자신이 맡은 단일 업무에만 한정하여 수행되기 때문에 나타날 수 있는 문제인 것이다. 즉 정책을 구성하고 있는 전체 업무 간 연관성 그리고 환경적 맥락이라는 큰 틀에서 보면 개별 행위자 수준에서 전혀 의도하지 않았던 결과가 발생할 수도 있는 것이다.

이는 정부(관료)의 윤리적(ethic) 역할과 책임에 대한 경종을 울려주는 것으로서, 효율적 목적달성을 위한 상호의존성(즉 테일러리즘에서 나타나는 기계적 분업)에만 매몰되었을 때, 즉 기술적 합리성에 맹종하였을 때 발생할 수 있는 커다란 문제에 대한 내용이다.

그러나 더 문제가 되는 것은 윤리적으로 문제가 되는 것을 알면서도 체제에 순응하여, 윤리적 판단과는 관계없이 문제상황을 묵인하고 업무를 수행하는 경우이다. 이는 정부체제에서 중간 이상 간부급 관료에 해당되는 것이다. 일제 치하 부역자 또는 친일파들의 변명 역시 이러한 측면에서 보면 용서할 수 없는 것이다. 현재 한국의 현실은 어떠한가. 이를 조금 더 넓혀서 살펴보면 우리나라의 현재 진행형인 문제에도 그대로 적용된다.

한국의 예로서 박근혜 정부 시절 문화체육관광부의 노태강 국장(정유라 지원)과 청와대의 조윤선 정무수석(블랙리스트)을 비교해보자. 혹자는 후자의 경우를 두고, 위(절대 권력자)에서 시키는 일을 기술적(technical)으로 수행하는 것일 뿐이기에 조윤선 전 수석은 잘못이 전혀 없이 단순히 기술적으로 블랙리스트 작성에 관여한 것이라고 말할 것이다. 그러나 정말 아무것도 모르고(즉 블랙리스트를 보고도 이를 이해하지 못하고) 우편배달원이나 신호담당 경찰관과 같이 기계적으로·일상적(routine)으로 고안된 단순한 업무를 한 것인지 아니면 윤리적으로 문제가 되는지를 앎에도 불구하고 절대 권력자의 명령에 그대로 따랐는지에 대한 판단은 어렵지 않을 것이다. 이러한 정부 고위관료들의 무분별한 행태가 가져온 것은 총체적인 국정농단이었으며, 그에 대한 피해는 결국 국민에게 귀결되고 말았다.

이러한 정부의 정책왜곡을 해결하는 방법으로 우리는 두 가지 측면에서 왜곡된 정책의 결과가 나타나는 이유를 살펴보아야 한다. 첫째, 정책결정 엘리트들의 고의적인(intentional) 의사결정 행태에 의하여 정책왜곡이 나타날 수 있다. 이는 기술적 합리성이라기보다 '권력'의 남용으로 발생한다고 볼 수 있다. 이는 정책과정을 민주화함으로써 해결이 가능하다. 즉 시민참여 및 관여의 확대, 그리고 견제와 균형 체제의 철저한 구축 및 실행을 들 수 있다.

둘째, 비고의적인(unintentional) 엘리트 관료의 의사결정 및 일선관료의 일상적(효율적) 업무실행으로 나타나는 문제이다. 이는 주로 기술적 합리성 때문에 발생한다. 이에 대한 해결책으로 공무원들의 의식수준 함양이 필요하다. 즉 자신의 업무를 전체 정책의 시각에서 바라볼 수 있는 능력이 필요하다. 또한 앞서 언급되었던 '시민의 불복종'이 시민들에만 한정되는 것이 아니라 관료들에게도 해당될 수 있는 체계를 구축하는 것이 필요하다.

두 가지 형태의 왜곡된 정책현상에 대한 해결책은 종국적으로 하나로 초점이 모아진다. 즉 정책의 민주화 또는 정책을 시민의 품에 다시 돌려놓음으로써 해결 가능한 것이다.

정책이야기의 주인공 되기

스토리텔링으로서 정책이야기에서 국민이라면 누구나 주인공이다. 그러나 모든 국민이 정책이야기의 작가는 되지 못하는 경우가 많다. 누구나 정책이야기를 만들어 낼 수 있지만, 이것이 무차별적으로 사회에서 채택되지는 않는다. 즉 소설 같은 전통적인 스토리텔링 영역에서도 누구나 상상을 하고, 자신만의 이야기를 만들어 낼 수 있지만, 모든 이야기가 출판되어 일반적으로(공적으로) 감상되지 않는다(전문적인 소설가들이 소설을 만든다). 이와 마찬가지로 정책 역시 특정한 틀을 가지며, 이러한 틀 안에서 상대적으로 전문적으로 훈련받은 사람들이 정책이라는 이야기를 만들어 낸다.

그러나 정책이야기가 소설과 다른 점은 정책이야기 안의 주인공은 가상의 인물이 아니라 바로 우리들이라는 것이다. 소설은 픽션이지만 정책, 그리고 우리의 삶은 논픽션이다. 따라서 일반국민은 정책이야기의 작가는 아니지만, 작가보다 더 중요한 주인공 역할을 한다는 점에서 정책이야기를 만들어나가는 데 적극적인 참여가 매우 중요하다(주인공이 주연의 역할을 하지 않는 소설을 상상해 보라. 얼마나 재미없을지).

정책이야기는 신화가 되지 말아야 한다. 신화는 공동체를 하나로 묶기 위하여, 실제 일어난 일을 객관적으로 이야기하기보다 영웅을 미화하는 데 초점이 맞추어지는 경향이 높기 때문이다. 정책을 둘러싼 이야기는 특정 영웅의 헌신적인 노력에만 의존하는 이야기라기보다, 우리들이 스스로 머리를 맞대고 고민하여 스스로 해결책을 만들어나가는 우리들의 이야기가 되어야 한다.

참고문헌

김경만. 2004. 과학지식과 사회이론. 서울: 한길사.

박치성. 2012. 행정학 학문공동체의 공동연구 네트워크 구조에 관한 연구: 1998-2009년간 24개 행정학 학술지의 논문공저자 네트워크의 분석을 중심으로. 한국사회와 행정연구, 22(4): 129-153.

박치성. 2006. 비영리-정부조직간 공식계약관계에 대한 연구: 미국 피츠버그시 사회서비스 공식계약 연결망을 중심으로. 행정논총, 44(4): 231-258.

박치성·명성준. 2009. 정책의제 설정과정에 있어 인터넷의 역할에 관한 탐색적 연구: 2008년 미국산 쇠고기 재협상 사례를 중심으로. 한국정책학회보, 18(3): 41-69.

윤영수·채승병. 2005. 복잡계 개론: 세상을 움직이는 숨겨진 질서 읽기. 서울: 삼성경제연구소.

이준석·박치성. 2013. 대학명성에 의한 행정학과 교수인력 흐름 네트워크 계층화 및 단절화에 관한 연구. 한국행정학보, 47(1): 321-350.

조중걸. 2012. 플라톤에서 비트겐슈타인까지: 서양철학사 인식론적 해명. 서울: 지혜정원.

최성은. 2014. 담배과세의 효과와 재정. 한국조세재정연구원.

하상복. 2009. 푸코 & 하버마스. 광기의 시대, 소통의 이성. 경기 파주: 김영사.

하혜영·박치성. 2008. 지방정부의 온라인 주민참여 분석: 강남구 온라인 주민설문의 내용분석을 중심으로. 한국정책학회보, 17(2): 93-118.

한승준·박치성. 2011. 외국인 정책의 사회적 형성에 관한 연구: 결혼이주자와 외국인근로자의 사례를 중심으로. 한국정책학회보, 20(1): 51-82.

Adams, G.B., and Balfour, D.L. 1998. *Unmasking Administrative Evil.* Thousand Oaks, CA: Sage Publications.

Allison, G. 1971. *Essence of Decision: Explaining the Cuban Missile Crisis.* New York: HarperCollinsPublishers.

Barabási, A－L. 2002. *Linked: The New Science of Network.* Cambridge, MA: Perseus Publishing.

Barber, B.R. 1998. A *Place for Us: How to Make Society Civil and Democracy Strong.* New York: Hill and Wang. 이선향 옮김. 2006. 강한 시민사회 강한 민주주의. 서울: 일신사.

Arendt, H. 1963. *Eichmann in Jerusalem: A Report on the Banality of Evil.* New York: Viking Press. 김선욱 역. 2006. 예루살렘의 아이히만. 서울: 한길사.

Chalmers, A.F. 1982. *What is This Thing Called Science? An Assessment of the Nature of Science and its Method.* 2nd ed. St. Lucia, Queensland: University of Queensland Press. 신일철·신중섭 옮김. 1985. 현대의 과학철학. 서울: 서광사.

Cohen, M.D., March, J.G., and Olsen, J.P. 1972. A Garbage Can Model of Organizational Choice. *Administrative Science Quarterly,* 17(1): 1－25.

Cook, T.D. 1985. Postpositivist Critical Multiplism. In R.L. Shotland and M.M. Mark. (eds). *Social Science and Social Policy,* 21－62. Beverly Hills, CA: Sage Publications.

Darwin, C. 1859. *On the Origin of Species, On the Origin of Species by Means of Natural Selection, the Preservation of Favoured Races in the Struggle for Life.* 박성관 역. 2010. 종의기원, 생명의 다양성과 인간소멸의 자연학. 서울: 그린비.

Dryzek, J.S. 1983. Don't Toss Coins in Garbage Cans: A Prologue to

Policy Design. *Journal of Public Policy*, 3(4): 345－367.

Dunn, W.N. 1994. *Public Policy Analysis: An Introduction.* 2nd ed. Upper Saddle River, NJ: Prentice Hall.

Durkheim, E. 2014. *The Division of Labor in Society.* New York: Free Press.

Engels, F., and Marx, K. 1848. *The Communist Manifesto.* 이진우 역. 2018. 공산당선언. 책세상.

Gottschall, J. 2012. *The Storytelling Animal: How Stories Make us Human.* 노승영 역. 2014. 스토리텔링 애니멀. 서울: 민음사.

Grunig, J.E. & Hunt, T. 1984. *Managing Public Relations.* New York: Holt, Rinehart and Winston. 박기순 외 옮김. 2006. PR의 역사와 개념. 서울: 커뮤니케이션북스.

Habermas, J. 1989. *The Structural Transformation of the Public Sphere: An Inquiry into a Category of Bourgeois Society.* Cambridge, MA: The MIT Press.

Hardin, G. 1968. The Tragedy of the Commons. *Science.* 162(3859): 1243－1248.

Herodotos. (박현태 역). 2008. 헤로도토스의 역사. 서울: 동서문화사.

Hobbes, T. 1651. *Leviathan, or the Matter, Form and Power of a Commonwealth Ecclesiastical and Civil.* 최공웅·최진원 역. 2009. 리바이어던. 서울: 동서문화사.

Johnson, N.F. 2007. *Simply Complexity: A Clear Guide to Complexity Theory.* Oxford, UK: Oneworld Publications. 한국복잡계학회 역. 복잡한 세계 숨겨진 패턴. 서울: 바다출판사.

Kingdon, J.W. 1995. *Agendas, Alternatives, and Public Policies.* 2nd ed. New York: Longman.

Khun, T.S. 1996. *The Structure of Scientific Revolutions.* 3rd ed. Chicago,

IL: The University of Chicago Press.

Lasswell, H.D. 1971. *A Pre−View of the Policy Sciences*. New York: American Elsevier Publishing.

Lakoff, G. 2004. *Don't Think of an Elephant!: Know Your Values and Frame the Debate−The Essential Guide for Progressives*. White River Junction, VT: Chelsea Green Publishing Company. 유나영 옮김. 2015. 코끼리는 생각하지마. 서울: ㈜미래엔.

Lewontin, R.C. 1991. *Biology as Ideology: The Doctrine of DNA*. New York: Harper Perennial. 김동광 옮김. 2001. DNA 독트린. 경기도 파주: 궁리.

Lindblom, C. 1959. The Science of "Muddling Through." *Public Administration Review*, 19(2): 79−88.

Lindblom, C., and Cohen, D.K. 1979. *Usable Knowledge: Social Science and Social Problem Solving*. New Haven, CT: Yale University Press.

Marx, K., and Engels, F. Die Deutche Ideologie. 김대웅 역. 1989. 독일 이데올로기 I. 서울: 두레.

Merton, R.K. 1968. The Matthew Effect in Science: The Reward and Communication Systems of Science are Considered. *Science*, 159(3810): 56−63.

William A. Niskanen. [1971]. 1994. *Bureaucracy and Public Economics*. Bookfield, VT: Edward Elgar.

Olson, M. 1971. *The Logic of Collective Action: Public Goods and the Theory of Groups*. Cambridge, MA: Harvard University Press.

Ostrom, E. 1990. *Governing the Commons: The Evolution of Institutions for Collective Action*. Cambridge, UK: The Cambridge University Press.

Park, C., Lee, J., and Chung, C. 2015. Is "Legitimized" Policy Always

Successful?: Policy Legitimacy and Cultural Policy in Korea. *Policy Sciences*, 48(3): 319－338.

Rittel, H.W.J., and Webber, M.M. 1973. Dilemmas in a General Theory of Planning. *Policy Sciences*, 4(2): 155－169.

Sabatier, P.A. (ed). 2007. *Theories of the Policy Process*. 2nd ed. Boulder, CO: Westview Press.

Schneider, A.L., and Ingram, H. 1997. *Policy Design for Democracy*. Lawrence, KS: University Press of Kansas.

Schön, D.A., and Rein, M. 1994. *Frame Reflection*. New York: Basic Books.

Simon, H.A. 1999. *The Sciences of the Artificial*. Cambridge, MA: The MIT Press.

Simon, H.A. 1997. *Administrative Behavior: A Study of Decision－Making in Administrative Organizations*. 4th ed. New York: The Free Press.

Smith, A. 1776. *An Inquiry into the Nature and Causes of the Wealth of Nations*. 김수행 역. 2007. 국부론. 서울: 비봉출판사.

Thoreau, H.D. 1849. *Resistance to Civil Government (Civil Disobedience)*. Available at http://xroads.virginia.edu/~hyper2/thoreau/civil.html

van Hulst, M., and Yanow, D. 2016. From Policy "Frames" to "Framing": Theorizing a More Dynamic, Political Approach. *The American Review of Public Administration*, 46(1), 92-112.

池谷 裕二(이케가야 유지). 2004. 進化しすぎた腦: 中高生と語る「大腦生理學」の最前線. 朝日出版社. 이규원 옮김. 2015. 교양으로 읽는 뇌과학. 서울: 은행나무.

千葉雅也(지바 마사야). 2022. 現代思想入門. 김상윤 옮김. 2023. 현대사상입문. 파주: Arte.

인명색인

사항색인

저자소개

박치성

연세대학교에서 행정학 학사를, 미국 시라큐스 대학에서 행정학 석사를, 그리고 피츠버그 대학에서 정책학 박사를 받았다. 2008년부터 중앙대학교에서 교수로 재직하고 있다.

제2판
정책학: 맥락으로 정책 이해하기

초판발행	2019년 4월 1일
제2판발행	2024년 6월 25일
지은이	박치성
펴낸이	안종만·안상준
편 집	양수정
기획/마케팅	김민규
표지디자인	Ben Story
제 작	고철민·조영환
펴낸곳	(주) **박영사**
	서울특별시 금천구 가산디지털2로 53, 210호(가산동, 한라시그마밸리)
	등록 1959. 3. 11. 제300-1959-1호(倫)
전 화	02)733-6771
f a x	02)736-4818
e-mail	pys@pybook.co.kr
homepage	www.pybook.co.kr
ISBN	979-11-303-1997-1 93350

정 가 20,000원